Konzepte der Humanwissenschaften

Berthold Thielicke
Das Lerntheater
Modell eines pädagogischen
Theaters
im Strafvollzug

Klett–Cotta

Eine ungekürzte Fassung der Arbeit ist als Dissertationsdruck im Verlag Haag
+ Herchen in Frankfurt am Main erschienen.

CIP-Kurztitelaufnahme der Deutschen Bibliothek

Thielicke, Berthold:
Das Lerntheater: Modell e. pädag. Theaters
im Strafvollzug / Berthold Thielicke. –
1. Aufl. – Stuttgart: Klett-Cotta, 1981.
(Konzepte der Humanwissenschaften)
ISBN 3-12-927930-4
NE: GT

1. Auflage 1981
Alle Rechte vorbehalten
Fotomechanische Wiedergabe nur mit Genehmigung des Verlages
Verlagsgemeinschaft Ernst Klett – J. G. Cotta'sche Buchhandlung
Nachfolger GmbH
© Ernst Klett, Stuttgart 1981
Printed in Germany
Umschlag: Heinz Edelmann
Satz und Druck: Wilhelm Röck, Weinsberg

Vorwort von Profesor Dr. jur. Jürgen Baumann . . . 7

Einleitung . . . 11

I. *Grundlagen der Theaterarbeit im Strafvollzug*

1 Die rechtlichen Grundlagen . . . 17
1.1 Das Strafrecht . . . 18
1.2 Das Strafvollzugsrecht . . . 22
2 Die pädagogischen Grundlagen . . . 26
2.1 Der Strafvollzug im Kontinuum des Lebens . . . 26
2.2 Der Begriff der Identität . . . 27
2.3 Der Stellenwert der Identität im Kontinuum des Lebens . . . 30
2.4 Krise der Identität im Strafvollzug . . . 32
2.4.1 Die Aufnahme . . . 32
2.4.2 Der Vollzug . . . 33
2.4.3 Erwerb der Sträflingsidentität . . . 35
2.4.4 Neuerliche Krise der Identität bei der Entlassung . . . 35
2.4.5 Konsequenzen für die Pädagogik im Strafvollzug . . . 37
3 Die theaterwissenschaftlichen Grundlagen . . . 40
3.1 Spielen für die Zuschauer – die deutsche Aristoteles-Rezeption . . . 41
3.2 Spielen für sich selbst – das Psychodrama . . . 47

II. *Entwicklung des Lerntheaters*

4 Vorbemerkung zum Begriff des Lerntheaters . . . 53
5 Probleme handlungsbezogener Forschungsmethoden . . . 55
5.1 Besonderheiten der praktischen Ausgangssituation . . . 56
5.1.1 Die äußeren Bedingungen . . . 56
5.1.2 Probleme der Methode . . . 57
5.2 Teilnahme und Beobachtung . . . 61
5.3 Die hermeneutische Frage . . . 62
5.3.1 Einfühlung . . . 63
5.3.2 Objektivität . . . 64
5.4 Pädagogik als handlungsbezogene Wissenschaft . . . 65

6   Praxisbericht, 1. Teil – Spielen
für sich selbst? . . . 68

7   Kritische Diagnose des Rollenspiels . . . 76

7.1   Die Ziele des Rollenspiels . . . 76

7.2   Spiel und Ernst im Rollenspiel . . . 77

8   Praxis-Bericht, 2. Teil — Spielen
für Zuschauer! . . . 81

9   Das Lerntheater . . . 89

9.1   Die Mimesis als Basis . . . 91

9.1.1 Die Auswahl des Nachzuahmenden . . . 93

9.1.1.1 Die Auswahl des Themas Strafvollzug . . . 94

9.1.1.2 Die Auswahl der einzelnen Szenen . . . 95

9.2   Die naive Nachahmung . . . 95

9.2.1 Die Erfahrung der Wirklichkeit
im Strafprozeß . . . 96

9.2.2 Die Erfahrung der Wirklichkeit im Spiel . . . 97

9.3   Strafgefangene als Autoren . . . 100

9.4   Die Analyse der gespielten Szenen . . . 104

9.5   Die reflektierte Nachahmung . . . 109

9.6   Spielen für das Publikum . . . 111

9.6.1 Das Produkt . . . 111

9.6.2 Das Publikum . . . 114

9.7   Zusammenfassung . . . 118

10   Das Lerntheater als Modell . . . 121

10.1 Anwendungsbeispiele . . . 123

10.2 Erfahrungen mit dem Lerntheater in der
Jugendstrafanstalt Hahnöfersand . . . 125

10.2.1 Praxisbericht Hahnöfersand . . . 126

10.2.2 Arbeit mit Jugendlichen . . . 128

10.2.3 Arbeit mit Video . . . 130

10.3 Zusammenfassung . . . 132

Anhang

Der Inhalt der Szenenfolge Knast im Nacken . . . 137
Der Inhalt des Video-Films „Die
Suppe aus dem Blechnapf löffeln" . . . 143
Anmerkungen . . . 151
Literaturverzeichnis . . . 165

In § 4 Abs. 1 des Strafvollzugsgesetzes
(in Kraft seit dem 1. 1. 1977) heißt es:
„Der Gefangene wirkt an der Gestaltung
seiner Behandlung und an der Erreichung des Vollzugszieles mit. Seine Bereitschaft hierzu ist zu wecken und zu
fördern". Daß das Vollzugsziel in der
Resozialisierung besteht, ist heute Allgemeingut und auch in § 2 StVollzG
gesetzlich vorgeschrieben.
In § 3 Abs. 1 des Strafvollzugsgesetzes heißt es: „Das Leben im Vollzug soll
den allgemeinen Lebensverhältnissen soweit als möglich angeglichen
werden".

Beide Bestimmungen, aber auch etwa §§ 67 ff StVollzG (über die Gestaltung der Freizeit) und §§ 154 ff StVollzG (über den inneren Aufbau der
Justizvollzugsanstalten), erlauben Theatergruppen nicht nur, sondern fordern sie. Ich will das begründen:

II.

Bei der Durchführung des Resozialisierungsprogrammes (oft muß überhaupt erstmalig sozialisiert werden) geht es um *Integrationsprozesse, die*
erfolgreich absolviert werden müssen. Vorzüglich eignen sich gruppendyna-
mische Methoden, Selbsterfahrungsgruppen, Gruppen, die soziales Verhalten trainieren, und auch die von Therapeuten oft über die Schulter angese-
henen Freizeitgruppen und Sportgruppen erweisen sich zwar nicht als
Allheilmittel, aber immerhin als hilfreich.
Noch vor der Therapie müssen *Diagnostikprozesse* durchgeführt werden.
Die Strafakten geben mitunter nur wenig Aufschluß über die Persönlichkeit
des Gefangenen. Im Strafverfahren werden soziale Defizite nur unzuläng-
lich aufgedeckt. Eine Exploration der Umwelteinflüsse und der dort liegenden kriminogenen Faktoren erfolgt fast nur dort, wo die Gerichtshilfe (nach
§ 160 [3] 2 Strafprozeßordnung) oder die Jugendgerichtshilfe (nach § 38
Jugendgerichtsgesetz) erfolgreich tätig und um Aufklärung bemüht war.
Ohne Diagnose aber keine Therapie! Und hier sind die Möglichkeiten, im
Aufnahmeverfahren (§§ 5 ff StVollzG) in der Anstalt zu gesicherten

Erkenntnissen zu kommen, sehr begrenzt. Die Behandlungsuntersuchung nach § 6 StVollzG, die der Aufstellung des Vollzugsplanes vorausgehen soll, liefert oft nur dürftige äußere Tatsachen. Von einer echten Erforschung „der Persönlichkeit und der Lebensverhältnisse des Gefangenen" (§ 6 Abs. 1 StVollzG) kann in der Regel kaum die Rede sein. Das liegt nicht nur an den beschränkten Kapazitäten der Aufnahmeanstalten oder Aufnahmeabteilungen unserer Vollzugsanstalten. Nur zu oft sperrt sich auch der Gefangene. Er will in Ruhe gelassen werden, seine Strafe „absitzen" und er kapselt sich ab. Erst ganz allmählich kann diese Haltung abgebaut werden, kann die Abschottung gelockert werden, kann man das Vertrauen des Gefangenen gewinnen und damit Einblick in seine Verhaltensstruktur erhalten. Erst allmählich kann man kennenlernen, „mit wem man es zu tun hat", und erst allmählich kann man eine genaue Diagnose erhalten und eine darauf abgestimmte Therapie aufbauen.

Welche *Mittel und Methoden* sind nun besonders geeignet, Diagnose und Therapie zu fördern? Ganz sicher vornehmlich solche, die den Gefangenen veranlassen, aus seiner Isolation herauszutreten, in Kontakt zu Mitgefangenen und Therapeuten zu gelangen und andere Rollen als die bisher gewohnte eigene Rolle zu spielen.
Hier erweist sich jede Art von Rollenspiel, insbesondere aber das *Lerntheater* als nützlich. Kommt hinzu, daß bei diesen Rollenspielen oder gruppendynamischen Methoden die *Aktivität* und *Kreativität* des Insassen gefördert werden, so ist eigentlich der Kampf um den Menschen, der Kampf gegen das Abstumpfen und „Absitzen" schon fast gewonnen: Kommunikation ist angebahnt. Alternativen zur bisherigen Rolle werden sichtbar oder drängen sich sogar auf. Kooperation zumindest in einem kleinen Sozialbereich wird erlernt und Persönlichkeitswerte können sich entwickeln.
Ob derartige Dinge in den Freizeitbereich oder in den Therapiebereich gehören, darüber kann man eigentlich nicht streiten. Sie sind Therapie. Lerntheater gehört zur Therapie, auch wenn es in der Freizeit betrieben werden sollte. Wenn diese Dinge zugleich sinnvolle Freizeitgestaltung sind, wenn „Therapie Spaß macht", um so besser.

Nicht zu vergessen sind die Steigerungen des *Selbstwertgefühls* des Insassen durch *erfolgreiche* Rollenspiele, ferner die Wirkung nach außen auf die Öffentlichkeit, und schließlich der *Konnex* zwischen Gefangenen und *Außenwelt.* Hier beim Lerntheater mit Aufführungen außerhalb des Vollzuges oder mit Aufführungen innerhalb des Vollzuges für von außen kommendes Publikum werden Erfolgserlebnisse genutzt, um gleichzeitig Innen- und Außenwelt im gemeinsamen Erlebnis zu verbinden. So entstehen gegenseitige Achtung und Wertschätzung. Der Gefangene wird mit den Maßstäben der Sozietät konfrontiert — auch mit ihrer Kritik! — und der Bürger erlebt transparenten Vollzug, erlebt den Mitmenschen, der seine Persönlichkeit entwickelt, der Sozialisationsprozesse durchmacht, an sich arbeitet und eben ein Gleicher ist. Die Vorstellungen vom *Anderssein* des Gefangenen werden korrigiert und gegenseitiges Verständnis wird angeregt.

III.

„Es gibt nichts Gutes, außer man tut es". Dem Verfasser gebührt Dank und Anerkennung nicht nur für seine Publikation, sondern auch für die praktische Vollzugsarbeit, die erst diese Publikation ermöglicht hat.
Berthold Thielicke hat ein Modell entwickelt und vorgestellt, welches beispielhaft im echten Wortsinne ist. Die gefundenen Strategien und die erzeugten Verhaltensmuster sind geeignet, unser Know-how in diesem Bereich der „spielerischen Therapie" erheblich zu erweitern. Er hat den homo ludens zum Patienten und den Patienten zum homo ludens gemacht. Das war nur möglich, weil der Verfasser über Identitätskrisen im Strafvollzug, vielfach gefördert durch Reste des Vergeltungsstrafrechts im Strafgesetzbuch und durch grobe Ungeschicklichkeiten im Strafprozeß durch „Formaljuristen", nicht nur nachgedacht hat. Er hat selbst exploriert, diese Krisen erfahren, vor allem durch seine Arbeit in der Anstalt Vierlande. Dort, in der Arbeit mit den Insassen, ist Lerntheater entwickelt worden. Die Filmproduktion in der Anstalt Hahnöfersand konnte schon von der in Vierlande geleisteten Arbeit profitieren und hatte wohl auch stärker den Akzent Außenwirkung.

Ich habe (bei Anstaltskontrollen) gute und schlechte Rollenspiele erlebt, bzw. von solchen erfahren. Rollenspiele, die sich zu weit vom Erfahrungshorizont der Insassen entfernen oder das Vorstellungsvermögen der Insassen überfordern, dürften pädagogisch nicht allzuviel wert sein. Diese mehr akademischen Übungen taugen vielleicht für die Ausbildung junger Therapeuten, kaum jedoch für die Resozialisierung der Insassen.
Pädagogischen Effekt haben Rollenspiele in der Art, wie sie vom Verfasser beschrieben werden. Sie bleiben am Erfahrungsbereich der Insassen orientiert und haben darüber hinaus den Vorteil, daß der Insasse seine eigene Situation, seine Lage im Vollzug, oder wie der Verfasser formuliert, *seinen* „Knast im Nacken" analysiert, reflektiert, verarbeitet und sodann artiku-

9

liert. So entstehen Lehrstücke nicht nur für die Außenwelt, sondern auch für den Gefangenen selbst.

Hoffen wir, daß eines nicht zu fernen Tages Lerntheater im Vollzug selbstverständlich ist. Daß es an Erfahrungen und theoretisch abgesicherten Modellen fehle, diese Behauptung kann nun nicht mehr gewagt werden.

Jürgen Baumann   *Tübingen 1980*

Das Lerntheater — so soll das Kind heißen, das hier vorgestellt wird — hat viele
Väter; sicher mehr, als man auch bei
sorgfältigsten Vaterschaftsuntersuchun-
gen feststellen könnte. Zwei Väter können allerdings sehr eindeutig identifiziert
werden: Das Brechtsche Lehrstück auf
der einen Seite und das Rollenspiel auf
der anderen.[1] Von jenem hat das Kind
den ähnlichen Namen; damit wollte ich
Brecht meine Reverenz erweisen. Zum

Rollenspiel — müssen wir zugeben —
hat sein Kind eine sehr gestörte Beziehung: dies wird im Laufe der
Untersuchung deutlich werden.

Ich habe das Lerntheater in der Praxis entwickelt; wenn das obige Bild noch
weiter strapaziert werden soll: es wurde nicht in der Theorie-Retorte
gezeugt, sondern ganz herkömmlich aus dem praktischen Tun heraus.
Gerade in der Pädagogik, so scheint es, hat sich die Kluft zwischen Theorie
und Praxis immer mehr vergrößert.

Die fast groteske Konsequenz dieser Dissonanz ist eine nicht zu überse-
hende Theoriefeindlichkeit der Praktiker auf der einen und eine Praxisfeindlichkeit der Theoretiker auf der anderen Seite. Die erstere dokumentiert sich in dem häufig wiederkehrenden guten Rat älterer Kollegen an die
frisch von der Universität kommenden Lehrer: „Junger Mann (oder junge
Frau), nun vergessen Sie mal alles, was Sie gelernt haben, hier wird
unterrichtet!" — die Praxisfeindlichkeit der Theoretiker hat zu der Forderung nach einem „Mao-Jahr" für Hochschullehrer geführt, die Lehrer
ausbilden.

Pädagogik ist jedoch eine praktische Wissenschaft d.h. sie muß zugleich
praktisch und wissenschaftlich sein. Sie kann nur leben, wenn sie sich aus
der Praxis nährt und wenn sie ihrerseits auch die Praxis nährt.

Die vorliegende Untersuchung geht nicht den Weg, daß sie eine wie immer
geartete Theorie in der Praxis anzuwenden und auszuprobieren versucht.
Vor diesem Weg war ich schon durch das Scheitern des Versuches von Arno
Paul, mit Berliner Arbeiterkindern emanzipatorisches Theater zu machen,
hinreichend gewarnt: Der kreißende Theorie-Berg hatte — als es in der
Praxis ernst wurde — ein kleines Aschenputtel geboren.[2]

Mein Ausgangspunkt war die Praxis in Form von zwei Projekten mit je
knapp einem Jahr Dauer, die ich in zwei Hamburger Strafanstalten durchgeführt habe.

Das *erste* Projekt, die Herstellung der Szenenfolge „Knast im Nacken" in der Männerstrafanstalt Vierlande, ist die Grundlage dieser Arbeit. Dort habe ich zusammen mit den Gefangenen die pädagogische Methode des Lerntheaters entwickelt.

Das *zweite* Projekt wurde in der Jugendanstalt Hahnöfersand realisiert. Dort habe ich diese Methode erprobt und weiterentwickelt — mit einem gravierenden Unterschied allerdings: in Hahnöfersand haben wir kein Theaterstück produziert, sondern einen Video-Film gemacht mit dem Titel: „Die Suppe aus dem Blechnapf löffeln".

Aus dieser Praxis habe ich das Modell des Lerntheaters entwickelt und versucht, es wissenschaftlich zu fundieren.

Diese zunächst praktische pädagogische Arbeit wissenschaftlich zu fundieren, bedeutete vor allem, die Bedingungen ihres Entstehens mitzureflektieren. Dieser Zwang mußte dazu führen, daß diese Untersuchung neben ihrem eigentlichen — inhaltlichen — Ziel zugleich einen Beitrag zur Methodologie der Pädagogik zu leisten versucht. Ausgangspunkt dafür war die Frage, wie wissenschaftliche Erkenntnis in der Pädagogik überhaupt möglich ist, wie sie aus der Praxis zu gewinnen ist; ebenso aber auch die Frage, wie die gewonnene Erkenntnis wieder für die Praxis anwendbar gemacht werden kann.

Pädagogik hat es ja mit Menschen zu tun; das bedeutet, daß alle pädagogischen Prozesse einmalig und unwiederholbar sind. Darüber hinaus bin ich als „Forschender" in diese Prozesse ständig involviert, ich nehme Einfluß und lasse mich meinerseits beeinflussen.

Will die Pädagogik nicht einem falsch verstandenen naturwissenschaftlichen Methoden-Ideal hinterherlaufen, (das in einer solchen Humanwissenschaft zwar zu „richtigen" Ergebnissen führen kann, die aber keinerlei Aussagekraft zu besitzen brauchen) dann muß sie sich darüber klar werden, wie sie die pädagogischen Prozesse, die sie zu ihrem Forschungsgegenstand macht, *verstehen* kann. Darüber hinaus muß geklärt werden, wie das so Verstandene anwendbar gemacht, „appliziert" werden kann.

Eine pädagogische Hermeneutik hat es in Ansätzen zwar schon gegeben, konnte sich aber bisher nicht als eigenständige Hermeneutik entwickeln. Der Grund dafür mag in der methodologischen Desorientiertheit der Pädagogik gelegen haben.

Ich war deshalb gezwungen, die Prozesse des Verstehens während der praktischen Arbeit zu reflektieren, diese Reflexion wird im Abschnitt „Die hermeneutische Frage" zusammengefaßt.

Ferner mußte ich die Frage nach der Anwendbarkeit prüfen und zwar in zweierlei Hinsicht: *Einmal* die unmittelbare Anwendung des jeweils Erreichten während des eigentlichen Arbeitsprozesses, *dann* aber auch die Anwendung des Produktes: die Frage nach den Möglichkeiten der Übernahme des Lerntheatermodells durch andere. Das erstere wird jeweils im Sachzusammenhang diskutiert, das letzte wird in einem eigenen Abschnitt am Ende der Untersuchung dargestellt.

Aus der engen Verflechtung und wechselseitigen Einflußnahme von Theorie und Praxis — der handlungsbezogenen Forschungsmethode also — ergibt sich auch die Gliederung der gesamten Arbeit: Das Vierlander Projekt steht im Mittelpunkt der Untersuchung, denn dort wurde die Methode entwickelt. Insofern lag es nahe, auch die *Entwicklung* der Methode darzustellen.

Zuvor jedoch mußte ich die *rechtlichen Grundlagen* des Strafvollzugs darstellen, weil sie den Rahmen angeben, in den jede pädagogische Arbeit im Strafvollzug gezwängt ist.

Danach folgen die *pädagogischen Grundlagen* im Strafvollzug. Der Strafvollzug ist ja nicht mit irgendeiner anderen pädagogischen Strafe zu vergleichen: Er trifft den Menschen in seiner Existenz. Deshalb bedürfen die pädagogischen Maßstäbe hier einer durchgreifenden Modifikation.

Die *theaterwissenschaftlichen Grundlagen* sind Gegenstand des nächsten Abschnitts der Untersuchung. Die Frage nach den Wirkungsmöglichkeiten — sowohl der externen auf die Zuschauer als auch der internen auf die Spieler — steht dabei im Mittelpunkt.

Im Hauptteil werden dann jeweils im Anschluß an einen Teil-Bericht die *theoretischen Überlegungen* angeschlossen. Damit — so hoffe ich — kann die enge Verflechtung von Praxis und Theorie deutlich werden.

Die Untersuchung endet mit einem Ausblick auf die Möglichkeit der *Anwendung* des Lerntheater-Modells in anderen Bereichen der Erziehung und stellt abschließend einen eigenen Versuch der Adaption dar.

Zur Orientierung des Lesers wird in einem Anhang eine Zusammenfassung des Inhalts beider Produktionen sowie eine Fotodokumentation angefügt.

I.

Die Grundlagen der Theaterarbeit im Strafvollzug

Pädagogische Arbeit im Strafvollzug ist — wie jede andere pädagogische Arbeit auch — in einen Rahmen gestellt, der ihr einen Platz im System dieser Einrichtung zuweist. Allerdings besteht zu anderen Einrichtungen, wie z. B. der Schule ein ganz entscheidender Unterschied: Während die Erziehungsarbeit in der Schule vorwiegend von pädagogischen Erwägungen getragen wird (oder getragen werden sollte) und außerpädagogische Einflüsse dagegen zurücktreten (oder zu-

1
Die rechtlichen Grundlagen

rücktreten sollten), wird die Arbeit im Strafvollzug von zunächst außerpädagogischen Zielen gesteuert. Der Strafvollzug ist keine erzieherische Einrichtung, er ist eine Einrichtung der Rechtspflege. Folgerichtig ist er auch nicht von pädagogischen Gesichtspunkten geleitet.

Als Einrichtung der Rechtspflege ist der Strafvollzug also von Theorie und Praxis der Justiz abhängig, und sein Ziel und sein Zweck sind vom Recht bestimmt.

Wenn wir den Rahmen beschreiben, den die Jurisprudenz der Pädagogik im Strafvollzug steckt, so intendieren wir damit keine gesellschaftskritische Analyse von Gesetzgebung, Rechtsprechung oder Strafvollzug. Unsere Kritik ist nicht theoretischer Natur, wie es eine gesellschaftskritische Analyse zwangsläufig sein muß, sie ist vielmehr — das wird sich zeigen — *eine praktische* Kritik, die aus dem gemeinsamen Handeln mit den Strafgefangenen entstanden ist.

Die Bestimmung des Strafvollzugs finden wir konkretisiert im Strafrecht und Strafvollzugsrecht, kodifiziert im Strafgesetzbuch und im Strafvollzugsgesetz (StGB und StvollzG).

Dem unbefangenen Betrachter stellt sich das Verhältnis der beiden Gesetze so dar, daß im StGB der Grund und die Ziele des Strafens enthalten sein müßten, die dann ihrerseits im StvollzG ihre Konkretisierung finden. Ich muß ja zuerst wissen, warum und wozu ich strafe, bevor ich mir überlegen kann, wie diese Strafe realiter aussieht.

Legt man aber beide Gesetze nebeneinander, zeigt sich schon bei flüchtiger Betrachtung, daß die hier und dort jeweils angegebenen Straf- und Strafvollzugsziele ganz erheblich differieren.[1]

So heißt es im StGB: „Die Schuld des Täters ist Grundlage für die Zumessung der Strafe. Die Wirkungen, die von der Strafe für das künftige Leben des Täters in der Gesellschaft zu erwarten sind, sind zu berücksichtigen" (§ 17 StGB).

Im StvollzG lesen wir über die Aufgaben des Vollzugs: „Im Vollzug der Freiheitsstrafe soll der Gefangene fähig werden, künftig in sozialer Verantwortung ein Leben ohne Straftaten zu führen (Vollzugsziel). Der Vollzug der Freiheitsstrafe dient auch dem Schutz der Allgemeinheit vor weiteren Straftaten" (§ 2 StvollzG).

Ist der primäre Strafgrund — und der ausschließliche Strafzumessungsgrund — für das StGB die Schuld des Täters, hat sich das StvollzG neben dem Schutz der Allgemeinheit die Resozialisierung des Täters zur primären Aufgabe gesetzt.

Die Tatsache, daß diese beiden inkongruenten Strafzwecke im heute geltenden Recht gleichberechtigt nebeneinander stehen,[2] ist die Leistung der sogenannten Vereinigungstheorie. Der Name weist schon darauf hin, daß sie versucht, beide Strafzwecke miteinander zu vereinigen. Sie tut dies, indem sie sie gleichberechtigt nebeneinanderstellt.

Auf der einen Seite steht die der Kantschen und Hegelschen Schule entstammende absolute Straftheorie, auf der anderen Seite die besonders von Franz von Liszt entwickelte relative Theorie.

1.1 Das Strafrecht

In der heutigen Strafrechtslehre sind daraus die allgemein anerkannten Strafzwecke der Schuldauslöschung, der Generalprävention und der Spezialprävention geworden.

Der Strafzweck der Schuldauslöschung entspringt dem Vergeltungsgedanken. An die Stelle des Übels der Tat wird mechanisch das Übel der Strafe gesetzt und so die Tat vergolten. Die Generalprävention versucht, durch Androhung einer Strafe für ein bestimmtes Verhalten einen potentiellen Täter von der Begehung einer Straftat abzuschrecken. Die Spezialprävention schließlich soll vor allem auf den Täter selbst einwirken. Durch eine Freiheitsstrafe kann er für eine bestimmte Zeit isoliert werden und, so hofft man, schließlich durch den Vollzug gebessert werden.

Allerdings wird das heute geltende Strafrecht — wie die höchstrichterliche Rechtsprechung übrigens auch —[3] vom Gedanken der Strafe als Sühne für eine begangene Straftat beherrscht. Den gleichen Gedanken finden wir auch im Jugendstrafrecht, das eigentlich dem Erziehungsgedanken verpflichtet sein sollte (§ 3). Auch dort finden wir den Strafgrund der Schuld: der jugendliche Straftäter soll bestraft werden, „wenn wegen der Schwere der Schuld Strafe erforderlich ist". (§ 17 JGG). Zugleich aber wird als Ziel des Strafvollzugs genannt, er solle den Jugendlichen „zu einem rechtschaffenen Lebenswandel erziehen" (§ 19 JGG).

In diesem Gedanken der Schuldsühne kommt eine Idee von Gerechtigkeit zum Ausdruck, die von Kant und Hegel eindrucksvoll formuliert worden ist.

In seiner Metaphysik der Sitten fordert Kant:

„Richterliche Strafe . . . kann niemals bloß als Mittel, ein anderes Gute zu befördern, für den Verbrecher selbst, oder für die bürgerliche Gesellschaft, sondern muß jederzeit nur darum wider ihn verhängt werden, weil er verbrochen hat . . . Denn, wenn die Gerechtigkeit untergeht, so hat es keinen Wert mehr, daß Menschen auf Erden leben . . .
Selbst, wenn sich die bürgerliche Gesellschaft mit aller Glieder Einstimmung auflösete (z. B. das eine Insel bewohnende Volk beschlösse, auseinander zu gehen, und sich in alle Welt zu zerstreuen), müßte der letzte im Gefängnis befindliche Mörder vorher hingerichtet werden, damit jedermann das widerfahre, was seine Taten wert sind, und die Blutschuld nicht auf dem Volke hafte, das auf diese Bestrafung nicht gedrungen hat" (Kant 1956, S. 453 ff.).

Bei Hegel heißt es:

„Das Aufheben des Verbrechens ist insofern Wiedervergeltung, als sie dem Begriff nach Verletzung der Verletzung ist und dem Dasein nach das Verbrechen einen bestimmten, qualitativen und quantitativen Umfang, hiermit auch dessen Negation als Dasein einen ebensolchen hat" (Hegel 1970, S. 192).

Die Strafe muß also nur um der Gerechtigkeit willen vollzogen werden, ohne daß sie für die strafende Gesellschaft oder den zu bestrafenden Täter irgendeine konkrete Schutz- oder Besserungsfunktion haben müßte. Diese absolute Straftheorie braucht nicht nach den Ursachen für Straftaten zu fragen; ihr genügt es, einen Verstoß gegen die Ordnung zu konstatieren und die Ordnung durch Sühne wiederherzustellen, eben zu versöhnen.
Nur damit, so meinen Kant und Hegel übereinstimmend, könne der Bestrafte in seiner Menschenwürde geachtet werden. Kant schreibt:

„ . . . denn der Mensch kann nie bloß als Mittel zu den Absichten eines anderen gehandhabt und unter die Gegenstände des Sachenrechts gemengt werden, wowider ihn seine angeborne Persönlichkeit schützt" (Kant 1956, S. 453).

Bei Hegel lesen wir:

„Daß die Strafe darin als sein eigenes Recht enthalten und angesehen wird, darin wird der Verbrecher als Vernünftiges geehrt" (Hegel 1970, S. 191).

Die Sühne hat dann für den Bestraften die Funktion einer Versöhnung „mit sich selbst, mit Gott und der Welt." Indem er Leiden auf sich nimmt, vollbringt er „etwas unmittelbar sittlich wertvolles, eine sittliche Leistung" und erweist sich darin eigentlich als Mensch (Schmidhäuser 1963, S. 45).

Eine solche Sühneleistung als „sittliche Leistung" ist sinnvoll jedoch nur zu vollbringen, wenn sie freiwillig geschieht — der Straftäter müßte also das Gericht um seine Bestrafung bitten. Doch erfahrungsgemäß geschieht dies recht selten, zumeist ist die Strafe ein Akt des Zwangs.

Man könnte sich über diese prinzipielle Bedenken hinwegsetzen und so argumentieren, daß man dem Straftäter wenigstens die Chance zur Sühne aufnötigen, ihn zwingen müssen, seine Strafe auf sich zu nehmen. Doch selbst dann bleiben Bedenken, die den Sinn dieses juristischen Sühne-Begriffs zutiefst fragwürdig erscheinen lassen: Wer bestimmt, welche Straftaten gesühnt werden müssen? Warum z.B. hat derjenige, der nicht erwischt worden ist, die Chance zur Sühne nicht? Warum bekommt der Täter bei manchen Delikten die Möglichkeit der Sühne schon beim Versuch, bei anderen erst bei der vollendeten Tat? Warum bedarf es bei manchen Straftaten erst des „öffentlichen Interesses", während bei anderen nur vom Geschädigten ein Strafantrag gestellt werden kann? Warum darf ich einen Diebstahl an meiner Frau nicht sühnen, während ich sühnen muß, wenn ich meinen Nachbarn bestohlen habe? (vgl. Schmidhäuser 1963, S. 42f.). Schließlich bleibt noch die Frage offen, warum ein Täter, dessen Tat lange Zeit verborgen geblieben war, bei ihrer Entdeckung bestraft wird, auch wenn er vielleicht in jahrelanger entbehrungsreicher Sozialarbeit seine Tat gesühnt hat.

Die Reihe der Fragen ließe sich lange fortsetzen, sie macht uns den Begriff der Sühne keineswegs klarer: rational ist er kaum zu fassen. Sühne als „sittliche Leistung", die mit staatlicher Strafe erreicht werden soll, wird immer fragwürdiger. Es verwundert daher nicht, daß Juristen, die dies erkennen — und das sind lange nicht alle — die Flucht in die Literatur antreten: Dostojewski finden wir an erster Stelle, aber auch Goethe wird zitiert. Wenn „das so entschieden Irrationale" an dem Vorgang des Sühnens wenigstens erkannt wird (Schmidhäuser 1963, S. 71ff.), kann man schon fast zufrieden sein.

Heute, da eine solche Straftheorie, die nicht nach den Ursachen für das strafbare Verhalten fragt, unhaltbar geworden ist, weil unumstritten ist, daß es dafür Ursachen gibt, wird der Begriff der Schuld, wo er nicht ganz abgelehnt oder nur noch zur Unterscheidung von Vorsatz und Fahrlässigkeit verwendet wird,[4] in zwei verschiedene Richtungen gewendet.

Einmal wird er im Sinne einer „dialektischen Vereinigungstheorie" dazu verwendet,[5] das Strafmaß nach oben zu begrenzen; die Strafe darf nicht schwerer sein als die Schuld. Zum anderen aber wird versucht, ihn zusammen mit dem Begriff der Sühne ins Pädagogische zu wenden. Schuldsühne wird dann — ähnlich wie im Struwwelpeter — zum Erziehungsmittel, das durch Übelszufügung von weiteren Straftaten abhalten soll.[6] Dagegen scheint es, daß Aggression nichts anderes als Aggression erzeugt, daß ich, wenn ich Böses mit Bösem vergelte, dieses Böse potenziert zurückerhalte.

Diese Reaktion des Bestraften ist sicher nicht auf die Stufe des Kindesalters beschränkt, sie findet sich auch in sehr starkem Maße bei den Erwachsenen im Strafvollzug, die ihre Gegenaggression auf die Gesellschaft richten.

Strafe als Reaktion auf kriminelles Verhalten wirft viel eher ein Licht auf denjenigen, der bestraft. Nicht erst seit Freud wissen wir, daß „die Strafe den Vollstreckern nicht selten Gelegenheit (gibt), unter der Rechtfertigung der Sühne dieselbe frevle Tat auch ihrerseits zu begehen. Es ist dies ja eine der Grundlagen der menschlichen Strafordnung, und sie hat, wie gewiß richtig, die Gleichartigkeit der verbotenen Regungen beim Verbrecher wie bei der rächenden Gesellschaft zur Voraussetzung."[7]

Diese Ansicht, daß der Vorgang des Strafens ein klares Licht auf den Strafenden wirft, daß Sühne also die Legitimation für dieses Vorgehen ist, läßt sich durch die ganze Philosophiegeschichte verfolgen (Bauer 1967, S. 14ff.).

Weisen wir also diese Anleihe der Juristen bei den Pädagogen zurück und halten fest, daß dieser juristische Begriff der Schuldsühne trotz des Versuchs, ihm ein pädagogisches Mäntelchen umzuhängen, für einen erzieherischen Strafvollzug unbrauchbar ist.

Prüfen wir die beiden anderen von der Vereinigungstheorie angebotenen Strafzwecke auf ihre Brauchbarkeit, müssen wir zur Generalprävention feststellen, daß sie unabhängig von der Frage, ob sie überhaupt wirksam ist, auch insofern zumindest nicht unproblematisch ist, als sie den einen Straftäter für die potentiellen Taten eines anderen potentiellen Täters büßen läßt.[8]

Übrig bleibt die Spezialprävention, die auch aus juristischer Sicht für pädagogische Arbeit einen Spielraum läßt. Darum ist sie als einziger der Strafzwecke für die pädagogische Arbeit im Strafvollzug von Bedeutung.

Allerdings beschränkt sich die Spezialprävention auf die Behandlung des einzelnen Straftäters. Sie läßt die Komplexität des Problems Strafvollzug außer acht. Die Gesellschaft, die durch die „öffentliche Meinung" auf den Strafvollzug einwirkt und die Aufnahmebedingungen für den entlassenen Gefangenen stellt, wird nicht berücksichtigt.

Solange die Ansicht verbreitet ist, daß die härteste Strafe die beste Erziehung ist, kann der Widerspruch, der zwischen Sühne- und Erziehungs-Intention besteht, gar nicht bewußt werden. Dann bleibt der härteste Strafvollzug weiterhin der beste, weil nur er die Möglichkeit zur intensiven Sühne bietet und damit die besten Erfolge verspricht.

Je mehr allerdings pädagogische Einsichten sich durchsetzen, je weiter man sich von der „mittelalterlichen" Strafpraxis entfernt und sich zu einem „humanen" Strafvollzug bekennt, um so deutlicher wird der Widerspruch, der zwischen dem Strafzweck der Sühne und dem Erziehungsgedanken klafft.

Die Polemik gegen den „Vollzug mit weißer Tischdecke", die auch auf die Ersetzung des Fäkalienkübels in der Zelle durch die Spültoilette zielt, entspringt ja gerade dem Primat des Sühnegedankens, der — konsequent angewendet — jegliche Humanisierung und erst recht Pädagogisierung des Strafvollzugs ablehnen muß.

Für die pädagogische Arbeit im Strafvollzug ergibt sich daraus eine wichtige Konsequenz. sie darf sich nämlich nicht auf die Arbeit mit dem einzelnen Gefangenen beschränken, sie muß vielmehr das Ganze des Strafvollzugs im Sinne einer komplexen Lebenssituation im Auge haben. Pädagogik im Strafvollzug muß sich deshalb zugleich mit den Bedingungen beschäftigen, die Strafe und Strafvollzug ausmachen, und zwar nach zwei Seiten: einmal muß der interne Strafvollzug selbst ihre Intentionen bestimmen, dann muß sie aber auch versuchen, extern, auf die Gesellschaft zu wirken. Dort herrschen nämlich noch tiefverwurzelte Vorurteile vor, die eine Resozialisierung, selbst wenn sie im Vollzug gelungen sein sollte, sofort wieder zunichte machen würden.

1.2 Das Strafvollzugsrecht

Nachdem der Zielkonflikt dargestellt ist, mit dem der Strafvollzug insgesamt zu leben hat, soll im folgenden erörtert werden, welchen Raum das StvollzG einer pädagogischen Arbeit wie dem Lerntheater gibt.

Die allgemeinen Ziele des Strafvollzugs, wie sie in § 2 StvollzG formuliert sind, haben wir schon zitiert. Aus ihnen wird deutlich, daß das Gesetz sich dem Gedanken der Resozialisierung verpflichtet fühlt. Zu der Methode, wie dieses Ziel erreicht werden soll, macht das Gesetz in den folgenden Paragraphen (§ 3 und 4) allgemeine Aussagen.

§ 3 sagte zur „Gestaltung des Vollzuges": „Das Leben im Vollzug soll den allgemeinen Lebensverhältnissen soweit als möglich angeglichen werden."

§ 4 sagt zur „Stellung des Gefangenen": „Der Gefangene wirkt an der Gestaltung seiner Behandlung und an der Erreichung des Vollzugszieles mit. Seine Bereitschaft hierzu ist zu wecken und zu fördern."

Damit hat das Gesetz zwei für die Pädagogik im Strafvollzug ganz wesentliche Grundsätze aufgenommen.

Es hat einmal die Konsequenz aus dem Widerspruch gezogen, durch

22

Entzug der Freiheit zur Freiheit erziehen zu wollen.[9] Ich kann ja nicht in einem Raum, der von der Realität, für die ich erziehen will, total isoliert ist, für diese Realität erziehen wollen. Erziehung muß unter den Bedingungen, für die ich erziehen will, stattfinden.

Ferner hat das Gesetz sich die Einsicht zu eigen gemacht, daß Erziehung nicht Manipulation an einem Objekt sein kann — dann hätten wir es mit Dressur zu tun —, daß sie vielmehr erst dann wirkungsvoll sein kann, wenn der zu Erziehende zum Subjekt in dem Prozeß des Erziehens wird. Soweit das Gesetz also allgemeine Grundsätze für die Behandlung des Straftäters im Vollzug aufstellt, kann der Pädagoge zufrieden sein. Problematisch wird es erst, wenn das Gesetz zu den konkreten Erziehungszielen kommt.

Auf der Suche nach Bestimmungen, die eine Aussage über den Rahmen für sozialpädagogische Arbeit machen und die Möglichkeit bieten, das Instrument des Lerntheaters einzuordnen, stoßen wir zunächst auf den fünften Titel des Gesetzes, der Bestimmungen über die Arbeit, Ausbildung und Weiterbildung zum Gegenstand hat. Dort können wir lesen: „Arbeit, arbeitstherapeutische Beschäftigung, Ausbildung und Weiterbildung dienen insbesondere dem Ziel, Fähigkeiten für eine Erwerbstätigkeit nach der Entlassung zu vermitteln, zu erhalten oder zu fördern" (§ 37).

Im folgenden Paragraphen wird dem Gefangenen die Möglichkeit zugestanden, den Hauptschulabschluß nachzuholen oder an einem Sonderschulunterricht teilzunehmen (§ 38).

Fündig werden wir erst im achten Titel des Gesetzes, der die „Freizeit" zum Gegenstand hat. Dort lesen wir: „Der Gefangene erhält Gelegenheit, sich in seiner Freizeit zu beschäftigen. Er soll Gelegenheit erhalten, am Unterricht einschließlich Sport, an Fernunterricht, Lehrgängen und sonstigen Veranstaltungen der Weiterbildung, an Freizeitgruppen, Gruppengesprächen sowie an Sportveranstaltungen teilzunehmen und eine Bücherei zu benutzen" (§ 67).

Bevor wir dem hohen Anspruch, mit dem das Strafvollzugsgesetz angetreten ist, die die Praxis regelnden Einzelbestimmungen gegenüberstellen, müssen wir noch eine letzte, allgemein gehaltene Bestimmung erörtern. In § 3,2 StvollzG heißt es: „Schädlichen Folgen des Freiheitsentzuges ist entgegenzuwirken".

Darin hat eine Erkenntnis ihren Niederschlag gefunden, die schon Franz von Liszt zu der Äußerung bewog: „Wenn ein Jugendlicher oder auch ein Erwachsener ein Verbrechen begeht, und wir lassen ihn laufen, so ist die Wahrscheinlichkeit, daß er wieder ein Verbrechen begeht, geringer, als wenn wir ihn bestrafen" (von Liszt 1905, S. 338).

Geht man davon aus, daß unter den gegebenen Bedingungen Freiheitsentzug als Reaktion auf Kriminalität eine Realität ist, die akzeptiert werden muß, kann man anknüpfend an die Lisztsche Aussage formulieren: Wenn es gelingt, den schädlichen Einflüssen des Strafvollzugs so entgegenzuwirken, daß der Gefangene nicht schlimmer herauskommt als er hineingegangen ist, hat man das wichtigste Ziel schon erreicht.

Zu dieser Aufgabe bekennt sich das StvollzG zwar — es will, daß die Vollzugsschäden möglichst gering gehalten werden — allerdings sucht man auch hier vergeblich nach einer Konkretisierung, die dieses Ziel auch in der Praxis des Vollzugs durchzusetzen ermöglicht.

Die Ausfüllung dieses Anweisungsdefizits wird der Improvisation des (obendrein unzureichend dafür ausgerüsteten) Vollzugsbeamten überlassen.

Stellen wir jetzt den hohen Anspruch des Gesetzes, wie er sich in den allgemeinen Formulierungen zeigt, den einzelnen Bestimmungen gegenüber, die konkret zeigen sollen, wie diese Ziele zu erreichen sind, verschwindet der größte Teil des anfänglichen Wohlgefallens und macht einer gehörigen Skepsis Platz.

Das Leben in „sozialer Verantwortung" heißt dann für das StvollzG nichts anderes als ein arbeitsames, auf Erwerb gerichtetes Leben. Die soziale Verantwortung bedeutet nur noch, daß der entlassene Gefangene nicht mehr der Allgemeinheit zur Last fallen soll, indem er von ihr Sozialhilfe oder ähnliche Unterstützungen empfängt.

Unter diesem Aspekt ist auch das Recht auf eine minimale Schulbildung — bestenfalls Hauptschulabschluß — so einzuordnen, daß damit nur die Voraussetzung für ein künftiges Erwerbsleben geschaffen werden soll.

Für Maßnahmen, die über die Befähigung für das Erwerbsleben hinausgehen, bleibt nur der Bereich der Freizeit, und dort eigentlich neben Sport, Fernunterricht, Freizeitgruppen, Gruppengesprächen und Benutzen einer Bücherei die „sonstigen Veranstaltungen der Weiterbildung" (§ 67).

Der hohe Anspruch also, mit dem das StvollzG angetreten ist, löst sich dann auf, wenn es um die Konkretisierung geht. Der Grund dafür mag einmal darin liegen, daß die Erfüllung dieses Anspruchs finanzielle und personelle Konsequenzen hätte, zum anderen scheint es aber so, daß sich hier der alte Strafgedanke, wie er im StGB zu finden ist, wieder bemerkbar macht: Arbeit auf der einen und „sinnvolle" Freizeitbeschäftigung auf der anderen Seite waren schon vor Inkrafttreten dieses Gesetzes die tragenden Säulen des Strafvollzugs. Fortschrittlich ist nur, daß die Arbeit nicht mehr aus Tütenkleben besteht und die Freizeitbeschäftigung sich nicht mehr auf die Lektüre der Bibel beschränkt.

Der Kreis schließt sich: die zunächst unüberwindlich scheinende Diskrepanz zwischen den Strafzielen, wie sie im StGB formuliert sind, und den

Vollzugszielen, die wir im StvollzG finden, ist doch nicht so groß. Das Bekenntnis des StvollzG zu seinen hohen Zielen bleibt ohne Konsequenzen: Es hat nicht den Mut gehabt, pädagogische Ziele an die Stelle der Sühne zu setzen.

Für uns bleibt festzuhalten, daß für unsere pädagogische Arbeit, die wir mit dem Mittel des Lerntheaters leisten wollen, ein Freiraum vorhanden ist, der zwischen anderen Freizeitbeschäftigungen angesiedelt ist. Wir müssen dabei hinter dem Primat, der vom Gesetz der Befähigung zu einem ertragreichen Erwerbsleben eingeräumt wird, zurücktreten.

Dabei wird es die Aufgabe der pädagogischen Arbeit bleiben, die weiterreichenden Ziele, die in diesem Gesetz angegeben sind, über dem Verdruß an der mangelhaften Konkretisierung nicht aus den Augen zu verlieren.

2

Die pädagogischen Grundlagen

2.1 Der Strafvollzug im Kontinuum des Lebens

Das Schwergewicht dieser Arbeit liegt auf der pädagogischen Arbeit mit Strafgefangenen. Das bedeutet, daß Gegenstand der Untersuchung die Möglichkeiten sind, die sich während der Zeit, die der Gefangene sich im Strafvollzug befindet, bieten. Das bedeutet aber nicht, daß diese Zeit isoliert betrachtet werden darf: Die Entwicklung zur Kriminalität, die den Täter erst in die Strafanstalt bringt, muß ebenso berücksichtigt werden wie die Zeit nach der Entlassung.

Der — eigentlich banale — Grund dafür liegt darin, daß die Zeit des Strafvollzugs keine Zeit außerhalb des eigentlichen Lebens ist, auch wenn die äußeren Bedingungen darauf hindeuten und z.B. Radbruch (1911, S. 353) dazu bewogen haben, die Zeit des Vollzugs als ein Stück „Tod im Leben", als eine Phase gleichsam suspendierten Lebens zu bezeichnen.

Die Kontinuität im Leben, in die auch der Strafvollzug eingebettet ist, ist einmal dadurch gegeben, daß die Ursachen, die den Gefangenen in das Gefängnis gebracht haben, davor in seiner Vergangenheit liegen, daß die Weichen also viel früher gestellt worden sind. Die Zeit im Strafvollzug ist nur die Folge einer Entwicklung, die vorher stattgefunden hat. Die Tempora des Lebens gehen ineinander über.

Der Strafvollzug wirkt aber auch auf die Zeit *nach* der Entlassung; der Gefangene hat sich durch den Strafvollzug verändert — sicher nicht immer so positiv, wie im Strafvollzugsgesetz angestrebt wird. Der Gefangene ist allein schon durch die Tatsache, daß er im Gefängnis war, für die Gesellschaft stigmatisiert. Er trägt den Makel des Vorbestraften, auch wenn er wieder in Freiheit ist.

Die Kontinuität im Leben wird durch den Strafvollzug allerdings auch unterbrochen: der Täter wird mit seiner Inhaftierung aus seinem Lebenszusammenhang gerissen, soziale Beziehungen werden zerstört, und vieles, was Teil seiner Persönlichkeit ist, wird demontiert.

Die Strafzeit „auf einer Backe abzusitzen" und danach dort weiterzuleben, wo der Lebenszusammenhang unterbrochen worden war, ist nicht möglich. Einerseits also, so scheint es, bleibt der Strafgefangene nach seiner Strafzeit der gleiche Mensch, andererseits wird er ein anderer. Kontinuität und Diskontinuität durchdringen sich.

Unserer These, daß die Zeit des Strafvollzugs keine Zeit *außerhalb* des eigentlichen Lebens sei, steht also entgegen, daß der Gefangene, indem er von seinen Mitmenschen isoliert wird, für diese (und auch für sich selbst) sozusagen gestorben ist — zumindest interimistisch.

Wer somit ist der Mensch, der einen Teil seines Lebens im Strafvollzug zubringt? Oder anders gefragt: welche *Identität* eignet demjenigen, der straffällig wird, der ins Gefängnis kommt und dann wieder unter anderen Menschen lebt?

Die Frage nach der Identität kann uns sicher helfen, den oben gezeigten Widerspruch zwischen Kontinuität und Diskontinuität im Leben des Strafgefangenen zu lösen; der Begriff der Identität zielt ja ins Zentrum der menschlichen Existenz und kann deshalb die durchaus existentiellen Probleme des Strafvollzugs thematisch leiten.

2.2 Der Begriff der Identität

Zunächst müssen wir uns um eine Klärung des Begriffs der Identität bemühen. Dieses Unterfangen ist jedoch nicht leicht: der Begriff der Identität ist diffus und divergierend und wird je nach der wissenschaftlichen Position des Benutzers völlig unterschiedlich verwendet.

Wir finden insofern keine allgemein anerkannte Definition dieses Begriffs. Deshalb wollen wir — ohne die Begriffsgeschichte seit Leibniz und Locke aufzurollen — von einer Minimaldefinition ausgehen und von daher Identität, wie sie in unserem thematischen Bereich relevant ist, zu bestimmen versuchen.

Die sehr gründliche Untersuchung des Begriffs der Identität von de Levita (1976) soll uns helfen, bis zu diesem Punkt vorzustoßen. Im Anschluß an seinen ausführlichen Literaturbericht faßt de Levita die verfügbaren Definitionen von Identität zusammen:

1. Identität sei mit Rollen verbunden; 2. Verhalten würde von einigen Autoren in der Nachfolge von Mead ausschließlich als Rollenverhalten definiert; 3. andere, die Goethe („Alles könnte man verlieren, wenn man bliebe was man ist") und Jung folgten, machten einen Unterschied zwischen Rollen und „etwas, das hinter ihnen verborgen liege"; 4. einige (de Levita nennt Wheels und Eissler) nennten dieses „Etwas" Identität, andere wiederum nennten 5. dieses „Etwas" in dem Moment Identität, wenn sie es aus ihrem Versteck ans Licht gebracht hätten (de Levita 1976, S. 190).

Daraus hat de Levita schon früher herausgearbeitet, was allen Definitionen von Identität gemeinsam ist: „Identität bezieht sich auf etwas im Individuum, das dieses veranlaßt, dasselbe zu bleiben, seine Gleichheit und Kontinuität bewirkt. Untrennbar damit verbunden ist die Implikation, daß es durch diese Gleichheit und Kontinuität in die Lage versetzt wird, einen „festen" Platz in der Gemeinschaft einzunehmen. Wenn es immer wieder eine andere Person wäre, könnte schließlich nicht von einem „festen" Platz die Rede sein (de Levita 1976, S. 163).

Einige Autoren, so führt de Levita aus, legen dabei das Hauptgewicht auf den ersten Teil der Definition (die Kontinuität), andere heben den zweiten hervor (den Platz in der Gemeinschaft).

Wir halten zunächst fest: Der Begriff der Identität kann auf der einen Seite so etwas wie die Übereinstimmung mit sich selbst bezeichnen, auf der anderen Seite aber auch den Platz in einer Gruppe bestimmen. Schließlich kann er beides miteinander verbinden.

Bevor wir von der bisher gewonnenen Basis aus auf den für uns geeigneten Begriff der Identität zusteuern, müssen wir uns noch mit einem anderen Aspekt auseinandersetzen: der Frage nämlich nach dem Unterschied zwischen dem, was Identität genannt wird, und dem, was mit dem Begriff der Rolle gemeint ist.

Beide Begriffe werden häufig synonym gebraucht, in manchen Fällen kann man sich des Eindrucks nicht erwehren, daß sie abwechselnd — ohne inhaltliche Differenzierung — nur deshalb gebraucht werden, damit Wiederholungen ein und desselben Wortes vermieden werden.[10]

Die Rollentheorie beruft sich gerne auf die bekannten Shakespeare-Verse:

„Die ganze Welt ist Bühne,
Und alle Fraun und Männer bloße Spieler,
Sie treten auf und gehen wieder ab,
Sein Leben lang spielt einer manche Rollen,
Durch sieben Akte hin."[11]

Von daher wird menschliches Handeln als Rollenhandeln verstanden: ich muß in meinem Leben viele Rollen spielen:

„Die ‚Welt' ist eine Bühne, auf der der Einzelne auftritt und von der er wieder abtritt. Aber er hat nicht nur einen einzigen Auftritt, er erscheint mehrfach und in immer verschiedenen Masken. Derselbe Einzelne kommt als Kind auf die Bühne und verläßt sie, um als Jüngling, erwachsener Mann und Greis wiederzukehren. Erst, wenn er stirbt, tritt er zum letzten Male ab; doch neue, andere Menschen bevölkern dann die Bühne und spielen ‚seine' Rolle (Dahrendorf 1964, S. 21).

Beschränkt sich diese Dahrendorfsche Erklärung noch auf recht allgemeine Aussagen, gehen andere Autoren viel weiter ins Detail:

„Agiert der Schulrat, wenn er mit den Schulleitern verhandelt in derselben Rolle, wie wenn er mit den Vertretern der Elternschaft spricht?" (Krappmann 1976, S. 309).

Sicher kann diese von Krappmann gestellte Frage verneint werden, die Aussage ist sicher nicht falsch. Nur: Kann ich auf diese Weise „Gesellschaft" erklären, ist es möglich, den Menschen auf seine Rollen zu reduzieren? Wenn wir das Bild des Theaters weiter strapazieren: wer ist eigentlich der Schauspieler, der die verschiedenen Rollen spielt? Die Rolle macht das Subjekt der Rolle zum Problem.

Die Definition des Lebens als Theater gewinnt — wenn man sie zur alleinigen Grundlage der Erklärung für „die Gesellschaft" macht, wenn man sie also verabsolutiert — eine ähnliche Qualität wie die bekannte Definition des Lebens als einer Hühnerleiter. Eine solche Reduzierung des Menschen auf seine Rolle ist ja deshalb besonders gefährlich, weil sie nicht falsch ist, sie erscheint zunächst sogar recht einleuchtend: es stimmt ja, daß wir in unserem Leben Rollen spielen, doch sind wir deswegen nicht *nur* Rollenspieler.

Identität, sofern sie als bloße „Rolle" verstanden wird, kann uns also nicht weiterhelfen. Aus diesem Grund können wir uns auch nicht Mead anschließen, der zwar mit dem Begriff der Identität operiert, doch damit die Rolle meint. Nur deshalb konnte er zu einem der „Väter der Rollentheorie" werden.

Das, was Mead Identität nennt, entsteht in einem Interaktionsprozeß, in dem der einzelne auf Grund von Bestimmungen durch die anderen und von Bewertungen durch andere festgelegt wird:

„Der vergesellschaftete Mensch nimmt die Haltung der anderen gegenüber sich selbst und jeder gesellschaftlichen Situation ein, in die er und andere Menschen gestellt oder impliziert sein können; er identifiziert sich daher in der jeweiligen Situation mit den anderen, wobei er implizit so reagiert, wie die anderen explizit reagieren oder reagieren würden, und kontrolliert seine eigene explizite Reaktion dementsprechend" (Mead 1978, S. 281).

Dieses behavioristische Reiz-Reaktions-Schema, wie Mead es entwickelt, entspricht ziemlich genau dem, was seine Nachfolger in der Rollentheorie meinen, wenn sie von der Übernahme von Rollen durch Individuen sprechen. Krappmann schreibt in seiner Zusammenfassung der traditionellen Rollentheorie:

„Erfolgreiches Rollenhandeln setzt voraus, daß die individuellen Bedürfnisse der Handelnden den institutionalisierten Wertvorstellungen der Gesellschaft entsprechen. Die Übereinstimmung von Rollennormen und Bedürfnisdisposition ist das

Ergebnis eines gelungenen Sozialisationsprozesses. Optimal für Rollenhandeln wäre folglich, daß es keine Antriebspotentiale im Individuum gibt, die nicht durch die Internalisierung von gesellschaftlichen Werten in die den Rollennormen entsprechenden Bedürfnisstrukturen eingegliedert wurden" (Krappmann 1976, S. 310).

Die Rollentheorie — und mit ihr Mead —, so halten wir zunächst fest, reduziert den Menschen auf eine oder einige Funktionen; ihr Mangel besteht für uns darin, daß sie nicht den ganzen Menschen — in seinen sozialen Bezügen einschließlich des Umstandes vor allem, daß er das *Subjekt* dieser sozialen Bezüge ist — erfaßt. Mit dem ganzen Menschen haben wir es aber im Strafvollzug — und insbesondere in der Pädagogik — zu tun.

Zurück zu unserer Ausgangsfrage: wie können wir den Begriff der Identität für uns bestimmen? Wir wollen zunächst die Anforderungen charakterisieren, denen er für unsere pädagogischen Absichten genügen muß, damit wir mit seiner Hilfe der komplexen Problematik des Strafvollzugs gerecht werden können. Die wichtigsten Anforderungen sind:

1. Er muß die Lebensgeschichte in sich begreifen, d.h. er muß den Menschen als in seiner geschichtlichen Entwicklung stehend verstehen (historisch-dynamischer Aspekt).

2. Er muß sowohl das Individuum als auch die Gesellschaft in ihrer Wechselbeziehung aufnehmen (dialektischer Aspekt).

3. Er muß den ganzen Menschen zu verstehen versuchen, d.h. er darf ihn nicht auf eine ihm zugeschriebene Rolle und also auf seine bloße gesellschaftliche Funktion reduzieren (anthropologisch-ganzheitlicher Aspekt).

Diesen Forderungen, die wir an den Begriff der Identität stellen, kommt der von Erikson entwickelte am nächsten; wir orientieren uns deshalb zunächst an Erikson (1975, 1977), aber auch an Goffman, der sich im Anschluß an Erikson mit der Identitäts-Problematik auseinandergesetzt hat (1973, 1977).

In einem weiteren Schritt werden wir nach der Darstellung dieses Identitätsbegriffs den Eriksonschen Begriff auf eine zugespitzte Kurzformel bringen, um so eine Möglichkeit prägnanter Gegenüberstellung zu erhalten.

2.3 Der Stellenwert der Identität im Kontinuum des Lebens

Identität wird dem Menschen nicht in die Wiege gelegt, sie muß erst in einem Prozeß der Auseinandersetzung mit sich selbst und mit der Umwelt erworben werden. Diese Auseinandersetzung beginnt — so Erikson — in der frühesten Kindheit in Gestalt einer ganzen Reihe von Identifikationen.

Objekte dieser Identifikationen sind naturgemäß zunächst die primären Bezugspersonen. So gewinnt der Mensch „das innere Kapital, das zuvor in den Erfahrungen einander folgender Entwicklungsstufen angesammelt wurde, wenn eine erfolgreiche Identifikation zu einer erfolgreichen Ausrichtung der Grundtriebe des Individuums auf seine Begabung und seine Chancen geführt hat" (Erikson 1977, S. 107).

Konstitutiv für das Gefühl der eigenen Identität ist aber immer auch, daß „die eigene Gleichheit und Kontinuität auch in den Augen der anderen (gewährleistet) ist". Erikson weist darauf hin, daß besonders Jugendliche und Heranwachsende ihre Identität aus dem Urteil der anderen beziehen: sie seien in „manchmal krankhafter, oft absonderlicher Weise darauf konzentriert, herauszufinden, wie (sie), im Vergleich zu (ihrem) eigenen Selbstgefühl, in den Augen anderer (erscheinen)" (Erikson 1977, S. 106). Der Prozeß der Identitätsentwicklung ist mit der Adoleszenz nicht abgeschlossen, er begleitet den Menschen vielmehr sein Leben lang. Die jeweilige Identität bezeichnet nur eine Stufe, auf der ich mich in den einzelnen Stadien meiner Entwicklung befinde. Würde ich das Ende der Leiter erreichen, gäbe es also *keine* Entwicklung mehr, würde ich aufhören zu existieren. Das Ende der Identitätsfindung wäre zugleich das Ende der Existenz. Darin manifestiert sich ihre konstitutive Bedeutung.

Im Anschluß an Erikson stellt Goffman drei Aspekte der Identität vor, die sich gegenseitig ergänzen:

1. die *soziale* Identität, die das Bild beschreibt, das wir uns von einem Menschen machen und zwar auf Grund von Vorurteilen, die wir aus Tradition, Erfahrung und Gewohnheiten nähren.

2. die *persönliche* Identität, die einmal äußerlich und formal gekennzeichnet ist durch Daten wir Name, Alter, Beruf, Wohnort, sowie „persönliche Kennzeichen" wie Fingerabdrücke u. a., dann aber auch durch die „einzigartige Kombination von Daten der Lebensgeschichte, die mit Hilfe dieser Identitätsaufhänger an dem Individuum festgemacht wird" (Goffman 1979, S. 73f.).

3. die *Ich*-Identität, „nämlich das subjektive Empfinden seiner eigenen Situation und seiner eigenen Kontinuität und Eigenart, das ein Individuum allmählich als ein Resultat seiner verschiedenen sozialen Erfahrungen erwirbt" (Goffman 1977, S. 133).

Der Zusammenhang dieser drei Aspekte der Identität liegt darin, daß „das Individuum sein Bild von sich aus den gleichen Materialien (konstruiert), aus denen andere zunächst seine soziale und persönliche Identifizierung konstruieren" (Goffman 1977, S. 133).

Zusammenfassend läßt sich der Begriff der Identität auf zwei Wesensmerkmale zurückführen: Einmal ist er bestimmt durch die Kontinuität und

Selbstgleichheit in der Zeit, dann muß diese Kontinuität und Selbstgleichheit aber auch von den anderen anerkannt werden, denn dadurch erst gewinnt das Individuum seinen eigenen Platz in der Gesellschaft. Dieser Platz ist wiederum sozusagen nach zwei Seiten abgesichert: ich kann der sein, für den ich mich auf Grund meiner eigenen Lebensgeschichte halte, und zugleich werde ich als dieser von den anderen anerkannt.

Das Medium, das zwischen dem einzelnen und der Gesellschaft vermittelt, ist die Kommunikation: „Ich kann nicht selbst werden, ohne in Kommunikation zu treten und nicht in Kommunikation treten, ohne einsam zu sein" (Jaspers 1932, S. 61).

2.4 Krise der Identität im Strafvollzug

Nach diesem Versuch einer vorläufigen Begriffsbestimmung kehren wir zu dem anfänglich skizzierten Problem zurück. Wir hatten festgestellt, daß der Strafvollzug in der Kontinuität des Lebens steht, zugleich aber auch diese Kontinuität unterbricht.

Die eine Seite des Problems läßt sich ziemlich leicht lösen: ganz sicher bleibt der Mensch, der zuerst straffällig wird, dann dem Strafvollzug überantwortet wird und schließlich wieder in die Gesellschaft entlassen wird, derselbe. Er hat ja seine Geschichte nicht abgelegt — wie der Anouilhsche „Reisende ohne Gepäck" —, er hat ihr nur ein neues Kapitel hinzugefügt. Die Straftat mit ihren Folgen wird ebenso Teil seiner Person wie die Voraussetzungen, die ihn zu seiner Tat gebracht haben, schon Teil seiner Person *waren*.

Der zweite Teil des skizzierten Problems ist schon schwieriger zu lösen und bedarf deshalb einer genaueren Untersuchung. Wodurch wird die Kontinuität des Lebenszusammenhangs unterbrochen, wenn der Straftäter in die Strafanstalt eingeliefert wird, welche Auswirkung hat dies auf seine Identität?

2.4.1 Die Aufnahme

Mit dem Eintritt in die Strafanstalt kommt der verurteilte Straftäter in eine „totale Institution"[12], deren wesentliche Merkmale sind, daß sie nach außen abgeschlossen ist und nach innen tendenziell alle Lebensbereiche des dort Einsitzenden erfaßt.

Damit diese Institution funktionieren kann, müssen auch die Insassen in ganz bestimmter Weise funktionieren: Sie müssen den dort geltenden Regeln angepaßt werden. Diese Anpassung geschieht bei der Einlieferung durch ein festgelegtes Ritual der Entpersönlichung, später übernimmt dieses Geschäft die Struktur der Institution selbst.

Wenn dem neu eingelieferten Gefangenen seine gesamte persönliche Habe weggenommen wird, wenn das letzte Stäubchen von draußen unter der Dusche abgewaschen ist, dann steht er vor den Beamten „wie Gott ihn geschaffen hat", all dessen entkleidet, was *er* aus sich gemacht hat. Die Anstaltskleidung — auch wenn sie nicht mehr gestreift oder mit roten Einsätzen versehen ist —[13] unterstützt diese Tendenz: die „Identitätsausrüstung"[14] des Gefangenen ist verloren.

2.4.2 Der Vollzug

Das Leben in der Strafanstalt ist gekennzeichnet durch den Verlust an Selbstbestimmung, der sich nur unvollkommen als notwendige Folge des Freiheitsentzugs begründen läßt. Sieht man nämlich als Ziel des Strafvollzugs eine wie immer geartete Behandlung des Täters, läßt sich der Entzug der Freiheit nur durch den Schutz der Allgemeinheit legitimieren. Der Verlust der Selbstbestimmung, die auch die „internen" und nicht nur die sozial relevanten Bereiche des Lebens umfaßt, kann daraus nicht begründet werden.

Der Grund für *dieses* Selbstbestimmungs-Defizit ist vielmehr im System der Strafanstalt als sozusagen „immanenter Totalität" zu suchen. Das System muß funktionieren. Das aber ist nur möglich, wenn viele Lebensbereiche reglementiert und standardisiert sind, wenn also keine „Extrawürste" gebraten werden müssen, d. h. wenn alle individuellen Akkommodationen auf ein Minimum reduziert werden. Um funktionieren zu können, muß der in den Einlieferungsritualen schon initiierte Prozeß der Entpersönlichung ständig perpetuiert werden.

Begründet und damit in einem doppelbödigen Sinne „rationalisiert" wird die Struktur mit dem Gebot der Sicherheit und Ordnung einerseits und mit dem Mangel an Personal andererseits.

Die spürbarsten Einschränkungen finden sich im Bereich der sozialen Kontakte: alte Beziehungen werden — wenn sie nicht zerbrechen — solchen Bedingungen unterworfen, daß sie ihre Qualität verändern. Die Entwicklung der Lebensgeschichte geht ja weiter — der Strafvollzug ist kein „soziales Vakuum". Daher ist es sicher nicht möglich, die sozialen Kontakte nach der Entlassung dort fortzusetzen, wo sie bei der Inhaftierung standen.

Die Auswirkungen des totalen Systems der Strafanstalt sind in fast allen Bereichen des Lebens spürbar: Von der Einschränkung der körperlichen Bewegungsfreiheit über die rigorose Beschränkung der sozialen Kontakte

— quantitativ wie auch qualitativ — bis zur fast totalen Entziehung der Autonomie.

Sich gegen diese Beschränkungen aufzulehnen, ist dem Gefangenen kaum möglich; er würde so gravierende Nachteile davontragen, daß sein Überleben in der Anstalt gefährdet würde. Wenn die Auflehnung nicht der Resignation weicht, verdichtet sie sich höchstens zu gelegentlichen Ausbrüchen, dem Bambule.

Die naheliegende und auch verbreitete Reaktion auf diese totale Reglementierung ist, seine psychische Struktur der Struktur der Institution anzupassen, sein rebellisches Erwachsenen-Ich gegen ein willenloses „kindliches" Ich einzutauschen, das unfähig ist zu selbstständigem Denken und Handeln, und das die Autorität der Institution akzeptiert. Statt Konfrontation also Anpassung[15].

Die Regression auf eine kindliche Stufe des Ich ist aber im Grunde nichts anderes als die Aufgabe der Identität des Erwachsenen, einer Identität, die sich mit der Lebensgeschichte entwickelt hat und die jetzt in ihrem Grunde bedroht ist.

Mit der Regression auf frühere Stufen der Entwicklung begibt sich der Gefangene hinter seine eigene Lebensgeschichte. Damit ist eine weitere gravierende Beraubung des Gefangenen angedeutet, die alle anderen Deprivationen zusammenfaßt: *der Verlust der Lebensgeschichte*[16].

Der Hinweis auf die Geschichtlichkeit der menschlichen Existenz schließt zugleich — wenn es an die Pädagogik geht — den Begriff der Zukunft ein. Ich bin nicht nur der, der ich geworden bin, sondern auch der, der ich werden kann.

Die Geschichtlichkeit des Menschen auf die pädagogisch zu bestimmende Zukunft hin verstanden zu haben, ist das Verdienst von Loch, der die pädagogische Zukunftsperspektive mit dem Begriff der „Curricularen Voraussicht" faßt. Der Zukunftsbezug sei für die Erziehung konstitutiv, „weil Erziehung nur dann Sinn hat, wenn Aussicht besteht, daß die Dispositionen und Konzepte, die sie vermittelt, sich im künftigen Lebenslauf des Edukanden bewähren können" (Loch 1979, S. 50).

Wir können darüber hinausgehen und feststellen, daß das Leben des Menschen nicht nur aus der Vergangenheit her zu verstehen ist, sondern auch auf die Zukunft hin: Alles, was ich tue, bekommt nur dann einen Sinn, wenn es auf die Zukunft hin getan wird.

In diesem soeben skizzierten Sinne „geschichtlich" leben zu können, ist dann eine Grundbedingung menschlicher Existenz überhaupt. Geschichtlichkeit ist ein Existential. Wenn wir den Strafvollzug unter diesem geschichtlichen Aspekt betrachten, erkennen wir die existentielle Bedeutung dieses Ein- und Abschnittes im Leben des Gefangenen deutlicher:

Der Gefangene muß gewissermaßen so leben, als habe er bisher noch gar nicht gelebt. Ein großer Teil seiner Erfahrungen, viel von dem, was er gelernt hat, wird irrelevant. Er kann nicht mehr der sein, der er geworden ist.

2.2.3 Erwerb der Sträflings-Identität

Dem Verlust der bürgerlichen Identität folgt der Erwerb der Sträflings-Identität: der Vollzug findet ja nicht in einem geschichtlichen Vakuum statt. Diese neue Identität wird wieder in der Auseinandersetzung mit der eigenen Person und mit der Umwelt erworben, einer Umwelt, die radikal anders ist als die, in der der Gefangene vorher gelebt hat. Diese Umwelt ist jedoch nicht nur sozusagen historisch beschränkt, sie ist es auch inhaltlich: sie ist nur ein Ausschnitt aus der Realität. Dieser Ausschnitt steht aber nicht für das Ganze, er ist nicht der Mikrokosmos, in dem die Realität sich abbildet; er ist nicht Symbol des Ganzen sondern sein Fragment.

Der Erwerb der Sträflings-Identität findet also unter der Bedingung einer unvollständigen und schiefen Umwelt statt, einer Umwelt, die sich zur Lebensgeschichte des einzelnen Gefangenen diskontinuierlich verhält und auch zur Welt außerhalb der Strafanstalt inkommunikativ ist.

Der Gefangene *muß* sich jedoch mit dieser Umwelt auseinandersetzen, er muß ein Verhältnis zu ihr finden. Im Prinzip hat er dafür zwei Möglichkeiten:

Einmal kann er den pervertierten und verengten Ausschnitt der Realität für die Realität selbst nehmen, sich also seiner neuen Umwelt anpassen. Dann kann er aber auch den Ausschnitt der Realität zu einem vollständigen Bild ergänzen; er kann sich mit Hilfe von Phantasie und Träumereien eine imaginäre Ersatz-Umwelt schaffen.

Doch beides führt dazu, daß das Verhältnis des Gefangenen zur Realität leidet. Er verlernt, realistisch zu sein, er hat besonders nach seiner Entlassung Schwierigkeiten, seine wiedergewonnene Umwelt — und auch seine Stellung in ihr — angemessen einzuschätzen und den durchgemachten Reduktionsprozeß seinerseits wieder zu reduzieren, d.h. abzubauen.

2.4.4 Neuerliche Krise der Identität bei der Entlassung

Im Gefängnis — so sagten wir — wird der Gefangene einem Verwandlungsprozeß unterzogen, der ihn vom Bürger zum Strafgefangenen werden läßt; dem Verlust der bürgerlichen Identität steht der Erwerb der Sträflings-Identität gegenüber.

Diesem ersten Bruch in der Entwicklung der Identität, der mit der Einlieferung entstanden ist, folgt bei der Entlassung der zweite: die Gegenwart des Vollzugs wird am Gefängnistor zur Vergangenheit, zu einer Vergangenheit, die mit dem Leben draußen kaum eine Gemeinsamkeit hat.

Zum zweiten Mal wird der Gefangene in eine für ihn radikal andere Umwelt gestellt und muß sich in ihr seinen Platz suchen.

Er kann dabei jedoch nicht an seine alte — bürgerliche Identität anknüpfen: wäre das doch möglich, könnte er also dort weiterleben, wo sein Lebenszusammenhang bei seiner Einlieferung unterbrochen wurde, dann entstünde nicht die tiefe Kluft zwischen ihm selbst und seiner Umwelt, die die Wiedereingliederung in die Gesellschaft so erschwert. Dann wäre die Zeit im Gefängnis nur ein Zwischenspiel gewesen, das ohne Auswirkungen auf die Person des Gefangenen bliebe.

Der Aufenthalt in der Strafanstalt aber hat in der Entwicklung des Strafgefangenen eine „Mutation" bewirkt; er hat ihn seine bürgerliche Identität gegen die Sträflings-Identität eintauschen lassen. Der entlassene Gefangene trifft also nicht als Gleicher auf Gleiche, er steht vielmehr als entlassener Sträfling mit seiner ihm noch anhaftenden, nicht einfach eliminierten Sträflings-Identität der bürgerlichen Gesellschaft und ihrem gleich gebliebenen und bleibendem common sense gegenüber.

Wieder wird sein früheres Leben für ihn irrelevant, wieder hat er sozusagen eine Lebensphase umsonst gelebt. Vieles von dem, was er im Gefängnis gelernt hat, kann er nicht mehr gebrauchen. Er kann nicht mehr als der leben, der er im Gefängnis geworden ist.

Dieser neuerliche Verlust der Identität verhält sich zum ersten spiegelbildlich und zeigt sich wieder in fast allen Bereichen des Lebens.

So erfährt der Gefangene seine Entlassung auch als neuerlichen Verlust seiner *Geschichte*. Das Leben, das er in der Strafanstalt geführt hat, ist wieder für sein Leben draußen irrelevant, er kann kaum etwas davon in sein neues Leben hinüberretten. Er hat zum zweiten Mal einen Bruch in der Kontinuität seiner Geschichte erlebt.

Erneut muß sich der entlassene Gefangene also auf die Suche nach seiner Identität machen. Diese neue Identität — wir wollen sie die „Identität des Vorbestraften" nennen — wird wieder in der Auseinandersetzung mit sich selbst und mit der Umwelt erworben.

Die Auseinandersetzung mit sich selbst findet jedoch in Wirklichkeit kaum statt: Im Gefängnis schon hat die Flucht aus der Realität dies verhindert, nach der Entlassung wird die Tatsache des Gefängnis-Aufenthalts ebenfalls verdrängt und vor fremden Augen versteckt.

Mit der Signatur des „Vorbestraften" wird der entlassene Gefangene erst von seiner neuen Umwelt behaftet. Die Rolle, die die Umwelt dabei spielt, ist deshalb so bedeutend, weil hier zwei Faktoren zusammentreffen, die sich gegenseitig verstärken: einer dieser Faktoren ist der Gefangene selbst, der im Gefängnis infantilisiert worden ist; der andere ist die Gesellschaft, in die hinein der Vorbestrafte entlassen wird.

Der Prozeß der Infantilisierung, der Altersdegradierung, der der Gefangene im Gefängnis unterworfen worden ist, hat zur Folge, daß er mehr als ein „normaler" erwachsener Mensch zur Wahrung seines Selbstbildes auf die Anerkennung durch die Umwelt angewiesen ist. Er muß seine neue Identität also vor allem aus dem Bild beziehen, das sich seine Umwelt von ihm macht.

Die Einstellung der Gesellschaft gegenüber Vorbestraften ist bekannt; sie ist gekennzeichnet von Mißtrauen und Ablehnung und entbehrt so gerade der positiven Resonanz, deren der Gefangene bei seiner Begegnung mit der Umwelt bedürfte.

Der entlassene Gefangene wird von der Gesellschaft mit seiner Vergangenheit identifiziert, die er selbst lieber heute als morgen ablegen würde, die aber doch Teil seines Lebens geworden ist. Diese Vergangenheit wird er nicht mehr los, sie holt ihn immer wieder ein: sei es, daß er bei einer Bewerbung um eine Arbeitsstelle einen Lebenslauf vorlegen muß, sei es, daß er seiner neuen Freundin eines Tages gestehen muß, daß er gesessen hat.

Die Tatsache des Gefängnis-Aufenthaltes ist aus dem Leben des entlassenen Gefangenen nicht mehr zu tilgen, sie ist Teil seiner Identität geworden; sie hat geradezu einen character indelebilis[17].

Obwohl der ehemalige Gefangene häufig besonders bemüht ist, als jemand anerkannt zu werden, der den Normen und Ansprüchen, die an ein normales Mitglied der bürgerlichen Gesellschaft gestellt werden, genügt, bleibt ihm diese Anerkennung meistens versagt: er behält seinen Strafmakel wie ein Kainszeichen; er bleibt für die Gesellschaft und damit indirekt auch für sich selbst immer der ehemalige Sträfling.

Der Status des Vorbestraften ist nicht weniger als die ontologische Signatur seiner Existenz. Wer er „Ist"? Er „Ist" der Vorbestrafte, der Zuchthäusler.

2.4.5 Konsequenzen für die Pädagogik im Strafvollzug

Der im vorigen Abschnitt unternommene Versuch einer existenzialen Analyse des Strafvollzugs gewinnt seinen Sinn erst, wenn er zur pädagogischen Praxis zurückführt. Die Festlegung auf eine von „anonymen Mächten" verordnete Identität lediglich zu konstatieren, reicht dazu nicht aus. Wir müssen die praktischen Konsequenzen aus der eigentlich philosophischen Fragestellung ziehen; wir müssen — in der pädagogischen Praxis — diese Fixierung des Strafgefangenen aufzubrechen versuchen.

Das Prinzip, an dem sich diese praktische Arbeit im Strafvollzug zu orientieren hat, läßt sich aus der oben versuchten Analyse ableiten. Es ist durch die Primärforderung bestimmt, die Strafzeit von ihrer Sinnlosigkeit zu befreien. Die Zeit, die der Gefangene im Strafvollzug verbringt, darf nicht eine Zeit außerhalb des eigentlichen Lebens sein, sie muß sinnvoll in den lebensgeschichtlichen Kontext des einzelnen Menschen eingegliedert werden.

Pädagogik im Strafvollzug muß also gewährleisten, daß der Gefangene schon im Vollzug und später auch nach seiner Entlassung die Kontinuität seines Lebenszusammenhangs möglichst weitgehend wahren kann. Dies wird natürlich immer nur bis zu einem gewissen Grade möglich sein. Denn Freiheitsentzug — und wir müssen davon ausgehen, daß diese Art der Strafe auch noch in fernerer Zukunft vollstreckt wird — ist immer ein gravierender, kontinuitätsstörender Einschnitt im Leben des Bestraften. Die Tendenz muß jedoch deutlich sein: die Strafzeit muß zu einem Stück „Leben im Leben" werden, sie muß dem Gefangenen eine Entwicklung ermöglichen.

Dem Leser wird aufgefallen sein, daß wir uns hier nicht auf die „Kriminalpädagogik" berufen[18]. Wir tun das deshalb nicht, weil sie uns ganz einfach im Stich gelassen hat: Die Werke, die dieses Thema direkt behandeln, befassen sich vorwiegend mit Einzelproblemen der Pädagogik im Strafvollzug[19]; sieht man in den Registern der einschlägigen Werke zur Kriminologie nach, findet man dieses Stichwort entweder überhaupt nicht, oder — wenn es auftaucht — verweist es auf einen Nebensatz, in dem dieses Gebiet lediglich angetippt wird[20].

Die Kriminalpädagogik ist ja auch in erster Linie ein *juristisches* Wissensgebiet mit der dieser Disziplin eigenen Auffassung von Strafe. Insofern ist sie keine *Pädagogik* der Strafe[21]. Das Hauptübel, warum diese „Hilfswissenschaft" der Rechtswissenschaft für uns keine verwertbaren Ergebnisse bringt, liegt sicher darin, daß sie jegliche Form der Kriminalstrafe als Übelszufügung versteht — der Geldstrafe wie auch der Freiheitsstrafe also die gleichen Qualitäten zumißt und sie in einen gemeinsamen Topf wirft. Der Bezug zur Pädagogik liegt nur darin, daß es auch dort „pädagogische" Strafen gibt, mit denen auf das zu erziehende Objekt eingewirkt werden soll.

Gerade das Verständnis der Freiheitsstrafe als bloße Übelszufügung läßt aber ihre eigentliche Qualität nicht erkennen. Freiheitsstrafe ist eben unendlich viel mehr als nur die Zufügung eines Strafübels: das gerade haben wir zu zeigen versucht.

Auch die moderne *Kriminologie* hilft uns nicht weiter: der labeling approach etwa vermag die Genese eines Außenseiters zu beschreiben, er kann die zunehmende Stigmatisierung eines Außenseiters erklären, die er im Kontakt mit den Institutionen erleidet. Vielleicht kann dieser Ansatz damit die Entstehung von Kriminalität erklären, doch uns hilft er hier nicht weiter. Wenn wir wissen, wie ein Stigma entsteht, wissen wir noch lange nicht, wie es zu überwinden ist. Uns geht es um die Frage nach der pädagogischen Möglichkeit zur Überwindung des Außenseiters-Status.

Konkret bedeutet dies, daß Pädagogik im Strafvollzug einmal über den eigentlichen Strafvollzug *hinauswirken* muß, zum anderen aber auch die Zeit im Gefängnis als eigentliche Lebenszeit — mit der Forderung nach entsprechender „Lebensqualität" anzunehmen hat.

Aus diesem Prinzip lassen sich wiederum einige Ziele ableiten, die pädagogische Arbeit im Strafvollzug bestimmen müssen. Im folgenden wird das Erarbeitete thesenhaft zusammengefaßt.

1. Die Zeit vor der Inhaftierung muß — ebenso wie die Zeit nach der Entlassung — in die pädagogische Arbeit einbezogen werden.

2. Die eigentliche Haftzeit muß aber auch als Lebenszeit akzeptiert werden.

3. Die durch die Inhaftierung entstehenden Schäden sind möglichst gering zu halten. Dieses Ziel muß aber, will man nicht ein repressives Strafsystem mit einem pädagogischen Pflästerchen verdecken, mit einem weiteren Ziel verbunden sein:

4. Pädagogik im Strafvollzug muß auch auf die Veränderung des bestehenden Strafvollzugs drängen. Ihre Forderung, den engen Rahmen, der ihr gesteckt ist, ständig zu erweitern, ist grundsätzlich zu verstehen und nicht aus einem pro-domo-Interesse zu erklären.

5. Sie muß versuchen, die Gefangenen dazu zu befähigen, sich auch ihrerseits für die Veränderung ihrer Situation einzusetzen. Die Vorbereitung der Gefangenen dazu ist selbst bereits eine Vermittlung von Situationseinsicht und Selbsterfahrung.

6. Schließlich muß die pädagogische Arbeit im Strafvollzug auch die „Erziehung" der Öffentlichkeit zum Ziel haben. Sie muß auf die Veränderung der „Aufnahmebedingungen" des entlassenen Gefangenen in die Gesellschaft hinwirken, sie muß zugleich bemüht sein, die öffentliche Meinung über den Sinn des Strafvollzugs und damit auch über die Strafgefangenen selbst zu ändern[22].

3

Die theaterwissenschaftlichen Grundlagen

Wenn wir uns mit den theaterwissenschaftlichen Grundlagen des Lerntheaters beschäftigen wollen, kommen wir — bevor wir den ersten Satz geschrieben haben — schon in Schwierigkeiten: die Theaterwissenschaft bietet uns keine Methode, mit der wir so arbeiten könnten, daß unsere Ergebnisse in diesem Betracht fundiert und entsprechend abgesichert wären. Die Theaterwissenschaft kämpft nämlich, seit sie sich nicht mehr als nur historisch-deskreptiv versteht, seit den Zeiten von Kutscher, Knudsen und Kindermann also, um einen Platz als eigenständige Wissenschaft und ist seitdem auf der Suche nach einer eigenständigen Methode. Dabei hat sie fast alle Methoden-Angebote durchprobiert, von einer phänomenologischen Beschreibung — die allerdings eher ein formalistisches Aufdröseln ist — bis zu einer informationstheoretischen Ästhetik, unter deren normative Leitgedanken die theatralischen Einzelphänomene sorgfältig subsumiert werden.

Wir brauchen uns hier nicht in das Labyrinth der theaterwissenschaftlichen Methodologie zu begeben, wir beschränken uns vielmehr auf die Absicht zu beschreiben, welche zunächst historischen, dann aber auch systematisch einzuordnenden theatralischen Phänomene die Grundlage unseres Theaterversuchs bilden. Dabei gehen wir bewußt die Gefahr ein, daß unsere „Methode" von denjenigen angegriffen werden kann, die ihrerseits von der Gesichertheit ihrer Methode meinen ausgehen zu können.

Im Zentrum unserer Betrachtung steht dabei das Theater hinsichtlich seiner Adressiertheit an das Publikum, der Absicht also, auf das Publikum zu wirken. Wir orientieren uns deshalb nicht an der in jüngerer Zeit in Mode gekommenen Rezeptionsästhetik. Der Grund dafür liegt darin, daß wir den Versuch des Lerntheaters ganz sicher nicht vom Zuschauer her verstehen können: Die Wirkung auf den Zuschauer geht hier ja mit der Wirkung auf den Produzenten zusammen und ist von ihr abhängig.

Wir gehen bei unseren Überlegungen von einem Modell des Theaters aus, das bewußt simplifizierend den komplexen Vorgang des Theaters auf drei Faktoren beschränkt: Theater, so kann man sagen, besteht aus einer Aussage (die im allgemeinen die Form eines Dramentextes hat), Schauspieler (die diesen Text vermitteln) und dem Publikum (das diese Aussage rezipiert). Dieses Modell lehnt sich so in etwa an ein informationstheoretisches Modell von Theater an — mit dem wesentlichen Unterschied allerdings, daß wir damit nicht das Gesamtphänomen des Theaters erfassen wollen. Wir begnügen uns vielmehr mit einer bewußt eingeengten Perspektive, die auf diejenigen Phänomene konzentriert bleibt, die für unser Projekt relevant sein können.

Im Zentrum unserer Fragestellung steht die Wirkung, die mit dem Mittel des Theaters angestrebt wird: Einmal die Wirkung auf die Zuschauer, dann aber auch die Wirkung auf die Spieler.

3.1 Spielen für die Zuschauer — die deutsche Aristoteles-Rezeption

Wir stellen zunächst die wesentlichen Phasen der deutschen Aristoteles-Rezeption dar, mit dem Akzent auf dem für pädagogische Verhältnisse relevanten Begriff der Katharsis. Dieser Begriff — von Aristoteles schon so verstanden — umreißt die mit Theater beabsichtigte Wirkung — und damit haben wir es ja zu tun.

Die barocke Rezeption brachte die pädagogische Absicht, die mit dem Theater verfolgt wurde, mit exemplarischer Stringenz zum Vorschein: Zur Nachahmung der Natur in der Dichtung sagt Opitz (1624/1954, S. 11f.) in der „Poeterey", daß sie „die dinge nicht so sehr beschreibe wie sie sein / als wie sie etwan sein köndten oder solten". „Vornemster Zweck" der Poeterey müsse sein — und damit stellt er sich in die Tradition — „uberredung und unterricht auch ergetzung der leute."

Die bei Aristoteles schon angelegte „Stiltrennungsregel" nimmt Opitz auf und ordnet einer Dreistufung der gesellschaftlichen Stände eine Dreistufung der Stilebenen zu[23]:

„so muß man auch nicht von allen dingen auff einerley weise reden; sondern zue niedrigen Sachen schlechte / zue hohen ansehliche, zue mittelmässigen auch mässige" (Opitz 1624/1954, S. 37).

(Aus diesem Grunde wird nur der Tragödie eine „moralische" Funktion zugesprochen.)

Harsdörffer dann schreibt — gut zwanzig Jahre später — von der moralischen Funktion der Tragödie:

„Das Trauerspiel sol gleichsam ein gerechter richter seyn / welches in dem Inhalt die Tugend belohnet / und die Laster bestrafft" (Harsdörffer 1648/1975, S. 83).

Die Wirkung auf die Zuschauer im Auge fordert er weiter: „Der Held . . . soll ein Exempel seyn aller vollkommenen Tugenden" (ders., S. 84). Verlangt Opitz vom heroischen Gedicht — dem er die Tragödie gleichstellt[24] – daß es „Verwunderung" in den Gemütern erwecke, so spricht Harsdörffer von „Erstaunen". Liegt der aristotelische Ausgangspunkt bei Opitz nicht zu Tage, bietet Harsdörffer fast eine Übersetzung an: „Solches auszuwirken (nämlich die Tugend zu belohnen und das Laster zu bestrafen) ist der Poet bemühet / Erstaunen / oder Hermen und Mitleiden zu erregen" (Harsdörffer 1648/1975, S. 83).

Dieses „Hermen und Mitleiden" hat allerdings noch wenig mit der Bedeutung zu tun, die Lessing mit „Furcht und Mitleid" diesen Begriffen geben wird: bei Harsdöffer bewegen sie sich auf einer vordergründigen Ebene. Sie meinen eine Gefühlssensation, die den Wirkungen, die heute ein Lore-Roman auslöst, am ehesten vergleichbar wäre. „Der Held", schreibt Harsdörffer,

„soll ein Exempel seyn aller vollkommenen Tugenden / und von der Untreue seiner Freunde / und Feinde betrübet werden; jedoch dergestalt / daß er sich in allen Begebenheiten großmütig erweise und den Schmerzen / welche mit Seufftzen / Erhebung der Stimm / und vielen Klagworten hervorbricht / mit Tapferkeit überwinde" (S. 83).

Gottsched dann will — hundert Jahrte nach Harsdörffer — „durch Exempel der Tugenden und Laster, die Zuschauer (. . .) unterrichten" (Gottsched 1751/1977, S. 91). Durch „die Erregung der Affecten" will er die „Leidenschaften der Zuschauer reinigen". Die Methode zielt auf die Auslösung von „Schrecken und Mitleiden" (S. 612).
Die Grundlage muß dabei „eine Nachahmung einer menschlichen Handlung seyn, dadurch eine gewisse moralische Lehre bestätiget wird" (S. 620). Gottsched orientiert sich hier an der französischen Tragödie, die er für ein nachahmenswertes Vorbild hält.
Lessing wendet sich — eine neue Gesprächsphase einleitend — entschieden gegen den von Gottsched akzeptierten Anspruch der französischen Klassiker, die Tradition der griechischen Tragödie fortgeführt zu haben, und versucht eine neue, direkte an Aristoteles orientierte Interpretation des Katharsis-Begriffs. Die unnatürlichen Gestalten der französischen Tragödie könnten nämlich lediglich *distanzierte* Bewunderung erregen, nicht aber Furcht und Mitleid im aristotelischen Sinne.
Damit wendet sich Lessing zugleich gegen die barocken „Helden"; sie könnten einem Stück höchstens „Pomp und Majestät" geben, „zur Rührung tragen sie nichts bei. Das Unglück derjenigen, deren Umstände den unsrigen am nächsten kommen, muß natürlicherweise am tiefsten in unsere Seele dringen[25]."
Mitleid kann der Zuschauer nur haben — so könnten wir es modern ausdrücken — wenn er sich mit einer Bühnengestalt zu identifizieren

vermag. Die Furcht *für* den Helden — nicht die bewundernde *vor* ihm — führt zum Mitleid. Sie ist „das auf uns selbst bezogene Mitleid" (Lessing 1967, S. 420). Beide, Mitleid und Furcht, dienen der Katharsis, die „in nichts anderem beruhet, als in der Verwandlung der Leidenschaften in tugendhafte Fertigkeiten" (ders., S. 434).

Die Lessingsche Katharsis bekommt nun insofern eine gesellschaftliche Funktion, als sie in einem moralisch-psychologischen Prozeß beim Zuschauer ein Regulativ bildet, das Mitleid in eine gemäßigte Form bringt. Lessing hält nämlich sowohl ein Zuviel als auch ein Zuwenig an Mitleid für gesellschaftlich schädlich. Der moralische Zweck der Tragödie liegt für Lessing dann darin, daß sie die *Fähigkeit* zu Furcht und Mitleid fördern und steuern kann und insofern eine gegebene psychische Potentialität aktiviert. Zugleich verhilft Lessing der Komödie wieder zu Ehren, die durch die Übernahme der aristotelischen Stiltrennungsregel zu einem Mauerblüm-chen-Dasein verurteilt gewesen war: sie soll den Zuschauer durch Lachen bessern, nicht durch Verlachen. Die Fähigkeit, „lächerliche Unarten" zu verlachen, setzt eine große Distanz zwischen Bühnengestalt und Zuschauer voraus, während „Lachen" persönliche Anteilnahme erfordert. Lessing stellt mit diesen Überlegungen den Bezug zum *Zuschauer* her; die Wirkung auf den Zuschauer gerät in den Vordergrund, wenn auch nicht im Sinne einer verändernden Beeinflussung, sondern als Bestätigung:

„Zugegeben, daß der ‚Geizige' von Molière nie einen Geizigen, der ‚Spieler' des Regnard nie einen Spieler gebessert habe; eingeräumet, daß das Lachen diese Toren gar nicht bessern könne: desto schlimmer für sie, aber nicht für die Komödie. Ihr ist es genug, wenn sie keine verzweifelten Krankheiten heilen kann, die Gesunden in ihrer Gesundheit zu befestigen" (Lessing 1967, S. 236).

Goethe dann gründet seinen Begriff der Katharsis auf die falsche Übersetzung eines griechischen Genetivs: In dem Aufsatz „Nachlese zu Aristoteles' Poetik", der am Ende einer immer wieder aufgenommenen Auseinandersetzung mit Aristoteles steht, übersetzt er die entscheidenden Passagen von Aristoteles so:

„Die Tragödie ist die Nachahmung einer bedeutenden und abgeschlossenen Handlung, die eine gewisse Ausdehnung hat und in anmutiger Sprache vorgetragen wird, und zwar von abgesonderten Gestalten, deren jede ihre eigene Rolle spielt, und nicht erzählungsweise von einem einzelnen; nach einem Verlauf aber von Mitleid und Furcht mit Ausgleich solcher Leidenschaften ihr Geschäft abschließt" (Goethe [6]1967, S. 342 ff.).

Diese Übersetzung macht den Fehler – und das ist seit Bernays' (1880) Untersuchungen bei Philologen nicht mehr umstritten —, daß sie den

Genetiv κάθαρσις τῶν παθημάτων als Genetivus objectivus auffaßt und nicht — wie philologisch korrekt — als genetivus separativus. Richtig verstanden meint Aristoteles also die Reinigung *von* den Leidenschaften, während Goethe die Reinigung *durch* die Leidenschaften anvisiert.

Diese philologische Frage interessiert uns nur am Rande: wir wollen wissen, ob Goethes Irrtum „fruchtbar" war[26], ob sein Verständnis der Katharsis sich weiterführend über das alte erhob.

Die interpretierende Übersetzung des Katharsis-Begriffs zeigt, was er für Wirkung und Ziel der Katharsis hält: Ziel sei die „Versöhnung solcher Leidenschaften" *„auf dem Theater"* (Goethe 1967, S. 343), an eine darüber hinausgehende Wirkung auf den Zuschauer denkt er nicht:

> „Wie konnte Aristoteles in seiner jederzeit auf den Gegenstand hinweisenden Art, indem er ganz eigentlich von der Konstruktion des Trauerspiels redet, an die Wirkung und, was mehr ist, an die entfernte Wirkung denken, welche eine Tragödie auf den Zuschauer vielleicht machen würde? Keineswegs!" (Goethe 1967, S. 343).

Der Begriff der Katharsis ist bei Goethe also ein rein ästhetischer, dem Kunstwerk immanenter Begriff; es geht ihm nicht um moralische Wirkungen, sondern um ein ästhetisches Erlebnis:

> „Aristoteles spricht von der Konstruktion der Tragödie, insofern der Dichter, sie als Objekt aufstellend, etwas würdig Anziehendes, Schau- und Hörbares abgeschlossen hervorzubringen gedenkt" (Goethe 1967, S. 345).

Die Aufgabe, auf die Moralität zu wirken, komme keineswegs der Kunst zu, dies könnten nur Religion und Philosophie. Der Zuschauer hat nur Teil an dem Werk, das vor ihm — aber ohne ihn — abläuft; das Kunstwerk hat keinen Einfluß auf sein Leben:

> „Hat nun der Dichter an seiner Stelle seine Pflicht erfüllt, einen Knoten bedeutend geknüpft und würdig gelöst, so wird dann dasselbe in dem Geiste des Zuschauers vorgehen; die Verwicklung wird ihn verwirren, die Auflösung aufklären, er aber um nichts gebessert nach Hause gehen; er würde vielmehr, wenn er asketisch-aufmerksam genug wäre, sich über sich selbst verwundern, daß er ebenso leichtsinnig als hartnäckig, ebenso heftig als schwach, ebenso liebevoll als lieblos sich wieder in seiner Wohnung findet, wie er hinausgegangen" (Goethe 1967, S. 345).

Goethe wendet sich also dezidiert gegen die mit der Tragödie verfolgte Wirkung auf die Zuschauer — wie sie in den alten Poetiken im Zentrum stand; Kunst ist autonom und darf keinen außerhalb ihrer liegenden Zwecken dienen.

Schiller schließlich, den wir auch noch kurz ansprechen wollen, verstand die Schaubühne als „moralische Anstalt". Dieser Begriff kann jedoch leicht zu Mißverständnissen führen: Er ist keineswegs in dem engen Sinne zu verstehen, den z. B. Gottsched ihm gegeben hatte. In seinen späteren — nachkantischen — Schriften zur Tragödie macht Schiller dies deutlich; am Unterschied zwischen dem „moralischen" und dem „ästhetischen" Urteil zeigt er,

„daß die moralische und die ästhetische Beurteilung, weit entfernt, einander zu unterstützen, einander vielmehr im Wege stehen, weil sie dem Gemüth zwei ganz entgegengesetzte Richtungen geben; denn die Gesetzmäßigkeit, welche die Vernunft als moralische Richterin fordert, besteht nicht mit der Ungebundenheit, welche die Einbildungskraft als ästhetische Richterin verlangt. Daher wird ein Objekt zu einem ästhetischen Gebrauch gerade um so viel weniger taugen, als es sich zu einem moralischen qualifiziert" (Schiller 1881, S. 315).

Dichtung darf nicht — so meint er in deutlichem Konsens mit Goethe — außerhalb ihrer selbst liegenden Zwecken dienen:

„Die Dichtkunst führt bei dem Menschen nie ein besonderes Geschäft aus, und man könnte kein ungeschickteres Werkzeug erwählen, um einen einzelnen Auftrag, ein Detail, gut besorgt zu sehen. Ihr Wirkungskreis ist das Total der menschlichen Natur, und bloß, insofern sie auf den Charakter einfließt, kann sie auf seine einzelnen Wirkungen Einfluß haben" (Schiller 1881, S. 317).

Damit wird — wiederum Goethe nicht unähnlich — die Wirkung der Tragödie auf Mitleid und Rührung gelenkt (das aristotelische Element der Furcht fehlt übrigens bei Schillers Theorie). Sie hat das Leiden und zugleich den Widerstand gegen das Leiden darzustellen, in dem sich die Freiheit des Menschen manifestiert:

„In ästhetischen Urteilen sind wir also nicht für die Sittlichkeit an sich selbst, sondern bloß für die Freiheit interessiert, und jede kann nur insofern unserer Einbildungskraft gefallen, als sie die letztere sichtbar macht. Es ist daher offenbare Verwirrung der Grenzen, wenn man moralische Zweckmäßigkeit in ästhetischen Dingen fordert und, um das Reich der Vernunft zu erweitern, die Einbildungskraft aus ihrem rechtmäßigen Gebiet verdrängen will" (Schiller 1881, S. 319).

Wenn wir die so an der Darstellung der Aristoteles-Rezeption gewonnenen Erkenntnisse zu ordnen versuchen, kommen wir zu zwei wesentlichen Ergebnissen:
Einmal, so können wir festhalten, wurde von Opitz bis Goethe und Schiller Theater als einbahniges Kommunikations-Instrument verstanden; der Zuschauer ist das Objekt, an das der Autor sich über das Medium des

Schauspielers wendet — sei es, um eine moralisierende Botschaft zu vermitteln, sei es, um ihm einen Kunstgenuß zu verschaffen.

Zum zweiten können wir in der deutschen Aristoteles-Rezeption bis Schiller eine klare Linie erkennen: Verstanden die Älteren die Tragödie als Mittel zum Zwecke der moralischen Besserung, sahen die Jüngeren das Kunstwerk primär in sich selbst, genauer (um einen Terminus Kants zu verwenden) als „immanente Teleologie[27]“; sie strebten keine außerästhetischen Wirkungen an.

Mit diesem Theater-Modell — zwischen den Polen seiner Wirkungsabsichten — können wir alle Formen des „bürgerlichen“ Theaters bis in die Gegenwart fassen: vom bürgerlichen Trauerspiel bis zum Boulevard-Theater, vom absurden bis zum politischen Theater.

Die Nachwirkungen der barocken Wirkungsästhetiken, die Theater als ein Transportmittel einer vorher schon vorhandenen Lehre verstehen, finden wir z. B. im politischen Theater wieder. Theater ist dort lediglich eines von mehreren Mitteln (oder Kanälen) zur politisch-propagandistischen Beeinflussung; das Vergnügen am Theater wird der politischen Wirkungsabsicht untergeordnet.

Auch die Goethesche l'art-pour-l'art-Poetik finden wir wieder, z. B. — Goethe möge uns verzeihen — im Ohnsorgtheater, dessen Wirkungsabsicht sich auf interesseloses Wohlgefallen beschränkt. (Für den etwa erhobenen Einwand, daß Amüsement der Entspannung und insofern doch einem Zweck außerhalb l'art diene, hätten wir allerdings ein gewisses Verständnis).

Allen Formen dieser Art des Theaters ist aber gemeinsam, daß der *Schauspieler* im Hintergrund bleibt; er hat lediglich die Aufgabe, die vom Autor an das Publikum adressierte Botschaft kunstfertig zu vermitteln — und sei die „Botschaft“ auch das Kunstwerk selbst; er hat nur auszuführen, was der Autor wollte; vom Werk selbst ist er nicht betroffen, ihm darf es nur um das Handwerk der Vermittlung gehen.

Auch mehrfach in der Theatergeschichte unternommene Versuche, das Publikum in das theatralische Geschehen einzubeziehen, können die prinzipielle Trennung nicht aufheben. Alle diese Versuche müssen auf einer formalen Ebene steckenbleiben: Wirklich beteiligt ist das Publikum nicht; die Bühnenwirklichkeit folgt ihren eigenen Gesetzen, die anders sind als die Gesetze der Realität.

Selbst wenn das Publikum in programmatischer Form als dramatis persona einbezogen, ja geradezu in den dramatischen Prozeß integriert wird, kann es nur den Part spielen, den der Autor ihm zugeschrieben hat — man denke nur an das Kasperle-Theater: Die Aufforderung „nun ruft mal alle ganz laut nach Kasperle“ ändert an der Tatsache nichts, daß nicht das Rufen der

Kinder, sondern der Arm des Puppenführers Kasperle auf die Bühne bringt.

Andere Formen der Einbeziehung finden wir noch darin, Schauspieler in der Rolle von Zuschauern — als deren Repräsentanten sozusagen — auf die Bühne zu stellen: diese Form der „Einbeziehung" ist alt; wir finden sie schon in der griechischen Tragödie, in der der Chor als „idealer Zuschauer" (Schiller) das echte Publikum vertritt. Beim Spiel im Spiel finden wir ebenfalls „Zuschauer" auf der Bühne, im Sommernachtstraum etwa oder auch im Hamlet. Einen Höhepunkt findet diese Technik — mehr ist es nicht — in der Romantik bei Tiecks „Gestiefeltem Kater", in dem die gespielten Zuschauer ins Spiel eingreifen und die Handlung umbiegen. Trotzdem bleibt dieses Publikum ein Spiel-Publikum; das Gegenüber von Bühne und Zuschauerraum bleibt bestehen.

Auch auf architektonischem Wege wurden Versuche unternommen, den Graben zwischen Bühne und Zuschauerraum zuzuschütten, doch auch diese Versuche haben das grundsätzliche Problem der Trennung nicht gelöst, eben weil diese Trennung für das Theater konstitutiv ist.

Eine echte Beteiligung des Publikums sprengt notwendig den theatralischen Rahmen: Wenn z. B. wie 1968 in Paris Studenten ein Theater besetzen, ist die Theater-Veranstaltung zu Ende, und das Geschehen wird zum „Leben".

Erst eine völlig neue theatralische Form, die man vielleicht gar nicht mehr als Theater bezeichnen kann, hat dieses Problem „gelöst": das Psychodrama.

3.2 Spielen für sich selbst — das Psychodrama

Zu Beginn dieses Jahrhunderts setzt eine Entwicklung ein, die zwar ohne die Existenz von Theater nicht vorstellbar wäre, die aber doch mit dem Theater wenig zu tun zu haben scheint: Am Beginn dieser Entwicklung steht das Psychodrama, das von Moreno zu einer Methode der Psychotherapie entwickelt wird[28]. Grundlage des Psychodramas ist der Versuch, die Wahrheit durch *Handeln* zu ergründen; damit steht diese Methode ganz im Gegensatz zur Psychoanalyse Freudscher Prägung, die sich als Medium ja ausschließlich der *Sprache* bedient.

Die Methode des Psychodramas zieht die Konsequenz aus der Einsicht, daß der Mensch ein soziales Wesen sei, indem sie Heilung innerhalb der sozialen Beziehungen des jeweiligen Patienten anstrebt. Deshalb ist das Psychodrama — wenigstens in dieser Form — ein Mittel psychotherapeutischer Gruppenarbeit.

Das Psychodrama versucht, sein therapeutisches Ziel in drei Phasen zu erreichen, die hier nur in ihrer formalen Struktur bezeichnet werden sollen: Die psychodramatische Sitzung beginnt mit der Aufwärmphase (warming up). In ihr sollen einmal die Teilnehmer spielbereit gemacht werden, sie hat ferner die Aufgabe, ein gemeinsames Problem zu finden, das die Gruppe behandeln will, und soll schließlich einen gemeinsamen Protagonisten finden, um den das Problem sich kristallisiert.

Danach folgt die eigentlich Darstellung, die sich der gleichen Mittel bedient, wie sie auch das Rollenspiel benutzt: Tausch der Rollen, Analyse der gespielten Situation, Wiederholung usw.

Schließlich wird die Gruppe, die zum Teil in der Spielphase lediglich zugeschaut hat, an dem therapeutischen Prozeß beteiligt.

Die *Mittel* des Psychodramas lehnen sich — formal wenigstens — an die des Theaters an:

Die *Bühne* schafft dem Patienten einen über das eigentliche Leben hinausgehenden Lebensraum, in dem er sich ausagieren kann.

Der *Protagonist* ist der Patient, der sich selbst darstellen, also keine Rolle spielen soll; die konkretisierte Darstellung des Erlebten soll dabei spontan sein.

Der *Leiter* hat drei Funktionen: er ist auf der einen Seite Spielleiter, zugleich aber auch Therapeut und Analytiker.

Das *Hilfs-Ich* ist nichts anderes als die Summe der Mitspieler, die sowohl die vom Patienten gewünschten Rollen zu spielen haben, als auch ihn therapeutisch zu leiten und zu beobachten haben.

Das *Publikum* schließlich sitzt der Handlung nicht gegenüber: es kann dem Patienten helfen, kann aber auch selbst zum Patienten werden, wenn es seine eigenen Probleme auf der Bühne dargestellt sieht.

Das *Ziel* des Psychodramas — und damit nähern wir uns dem Zentrum unserer Fragestellung — ist nun die therapeutische Katharsis: indem der Protagonist sich mit seinen Konflikten tätig auseinandersetzt — wenn er z. B. die Rolle seines Vaters, seines Arbeitgebers durchlebt — soll im eine Affektabfuhr durch das Ausagieren dieser Konflikte ermöglicht werden. Die Personen, die der Patient verkörpert, verlieren die Macht über ihn. So gewinnt der Patient eine neue, erweiterte Erfahrung der Realität, die ihm die Realität bewältigen hilft. Die Katharsis, die der Patient erfährt, ist eine Handlungskatharsis — im medizinischen Sinne also verstanden als eine Befreiung von unterdrückten Emotionen und seelischen Spannungen als tätige Abreaktion.

Die Katharsis bleibt aber nicht auf den Patienten selbst beschränkt. Auch die Gruppe, die bisher nur zugeschaut hat, wird ihrer teilhaftig: indem die Zuschauer sich mit dem Protagonisten identifizieren, indem sie in dem eigentlich therapeutischen Teil der Sitzung ihren Gefühlen Ausdruck geben und ihre eigenen Erlebnisse ähnlicher Art einander mitteilen, teilen sie ihre Probleme miteinander und bringen sie so einer Klärung näher: Das eben versteht Moreno unter der *Gruppenkatharsis*[29].

Mit diesem Begriff der Katharsis — damit schlagen wir die Brücke zum oben dargestellten Katharsis-Begriff des „bürgerlichen Theaters" — stellt Moreno die aristotelische Katharsis mitsamt ihrer Rezeptionsgeschichte auf den Kopf: Die kathartische Wirkung des Psychodramas liegt nicht zuerst in der Wirkung auf bestimmte — außerhalb seiner selbst stehenden — Adressaten, sondern in der Wirkung auf die *Akteure*. Sie besteht also „nicht im Zuhören (. . .), sondern in den Dichtern, den Stegreifspielern der Tragödie, die sie bilden, indem sie sich zugleich von ihr befreien" (Moreno 1924, S. 81).

Das theatralische Geschehen wird beim Psychodrama auf den *Produzenten* hin verstanden; ein Publikum, dem eine Botschaft vermittelt werden soll, gibt es ja nicht. Die Mitglieder der Gruppe, die zuschauen, werden immer wieder zu Produzenten im theatralisch-therapeutischen Prozeß.

So wie im „bürgerlichen Theater" Schauspieler — beim Spiel im Spiel — Zuschauer spielen können, können im Psychodrama Akteure vorübergehend die Rollen von Zuschauern einnehmen. Im Prinzip jedoch gibt es beim Psychodrama realiter kein Publikum.

Ebenso wie das Psychodrama kennt auch das Rollenspiel — das nichttherapeutische Kind des Psychodramas — keine Zuschauer. (Auf das Rollenspiel werden wir noch zurückkommen; deshalb begnügen wir uns hier mit wenigen Hinweisen.) Formal ist es vom Psychodrama kaum zu unterscheiden. Lediglich die Zielsetzung ist eine andere: Das Rollenspiel will neben der Einsicht in die eigene Situation innerhalb des sozialen Systems vor allem Verhaltensänderungen bei den Spielern erreichen. Es nimmt spielerisch zukünftige Situationen vorweg, um den Spieler auf eine zukünftige reale Situation vorzubereiten.

Wenn wir Psychodrama (und Rollenspiel) in unser oben skizziertes Theater-Modell einordnen wollen, müssen wir feststellen, daß dieses Modell eine solche Form von theatralischer Veranstaltung nicht fassen zu können scheint: es gibt kein Publikum, das dem theatralischen Geschehen als Empfänger gegenübersitzt; es gibt keine vorher schon fertige Aussage, die ein Schauspieler zu vermitteln hätte; jeder der Beteiligten kann eine Aussage formulieren, jeder kann sie an jeden adressieren: die Einbahnigkeit des Mediums Theater ist aufgehoben. Ist damit aber — so müssen wir fragen — nicht zugleich auch das Theater aufgehoben? Ist das Psychodrama also „Theater", das therapeutisch wirkt, oder ist es Therapie, die sich einiger Elemente des Theaters bedient?

Wir wollen die Beantwortung dieser Frage gerne den Theaterwissenschaftlern überlassen; uns geht es nicht um Abgrenzungen oder Definitionen[30]. Wir wollen lediglich die Grundlagen ausbreiten, auf denen das Lerntheater basiert.

Wir haben jetzt zwei Pole theatralischen Geschehens bezeichnet: Theater als Adresse an das Publikum auf der einen Seite, das traditionelle Theater-Modell also, bei dem eine wie immer geartete Aussage an den Zuschauer vermittelt werden soll. Auf der anderen Seite haben wir gesehen, daß mit theatralischen Mitteln, mit dem Spielen der eigenen Situation auch auf den Spielenden selbst eingewirkt werden kann.

Beide Möglichkeiten theatralischer Aktivität haben bisher ein voneinander unabhängiges Dasein geführt. Das traditionelle Theater hat seinen Platz auf den Bühnen der Stadttheater, Psychodrama und Rollenspiel findet in den Kliniken und Schulhäusern statt.

Unsere Frage, die wir an unsere Praxis mit Strafgefangenen stellen müssen, lautet, ob beide Formen sich zu *einem* theatralischen Geschehen vereinigen lassen. Wir wollen wissen, ob Theater nur in der einen oder der anderen Form bestehen kann, oder ob vielleicht beide Chancen des Theaters gleichberechtigt nebeneinander stehen können. Uns interessiert, ob die Selbstdarstellung die Darstellung für andere einschließen kann. Vielleicht können die pädagogischen Absichten, die beide Formen theatralischer Veranstaltungen für sich reklamieren, zu einer anderen Form von Theater, einem *pädagogischen Theater* nämlich verbunden werden. Die Antwort suchen wir nicht in der Theorie, sondern in der Praxis unserer Theaterarbeit in der Strafanstalt Vierlande.

II.

Entwicklung des Lerntheaters

Der Begriff des Lerntheaters, den wir für „unser" Theater verwenden, ist kein in der Pädagogik eingeführter Begriff. Wir müssen ihn erst mit Inhalt zu füllen versuchen.

Dabei stehen wir vor dem methodischen Problem, daß wir schon jetzt mit der Bezeichnung für etwas operieren müssen, was wir erst im Laufe der Untersuchung entwickeln oder vorstellen wollen. Wir müssen sozusagen dem noch ungeborenen Kind einen Namen geben, bevor wir wissen, ob es ein Junge oder Mädchen wird. Da wir mit der Taufe aber nicht bis zum Ende der Untersuchung warten können, müssen wir uns vorläufig darüber verständigen, was wir mit Lerntheater meinen und was nicht.

4
Vorbemerkung zum Begriff des Lerntheaters

Diese vorläufige Verständigung ist deshalb besonders wichtig, damit die Erwartungen des Lesers nicht in die falsche Richtung gehen: mit dem Begriff des Lernens, wie ihn die Lerntheorie hervorgebracht hat, hat unser Theater z. B. nichts zu tun.

Der Name Lerntheater — wir haben es in der Einleitung schon angedeutet — ist in Anlehnung an Brechts Lehrstück entstanden, aber auch in Abgrenzung zu ihm. Wir wollen damit zunächst nicht mehr — aber auch nicht weniger — sagen, als daß wir mit unserem Unternehmen eine pädagogische Absicht verfolgt haben. Insoweit stimmen wir mit Brecht überein. Auch er versteht ja Theater und besonders das Lehrstück-Theater als eine vor allem pädagogische Einrichtung.

Wir unterscheiden uns aber von Brecht darin, wie diese pädagogische Absicht verwirklicht werden soll: Ist bei Brecht die Wirksamkeit des Lehrstücks auf den Spielenden beschränkt, soll dieser durch Einnehmen von Einstellungen und Haltungen, die ihm der Autor vorgegeben hat, „erzogen" werden, wird er also — in einem behavioristischen Sinne — als Objekt der Erziehung verstanden, so gehen wir einen anderen Weg: Gerade für die pädagogische Arbeit im Strafvollzug ist uns klargeworden, daß dort pädagogisch sinnvoll nur gearbeitet werden kann, wenn der Gefangene als handelndes Subjekt verstanden wird, wenn er also im Tätigsein im Rahmen seines Gefangenen-Lebens lernen kann.

Die Möglichkeit, sich mit der eigenen Situation tätig auseinanderzusetzen, scheint andererseits das Rollenspiel zu geben. Doch wird sich zeigen, daß es für uns nicht sinnvoll angewendet werden kann: Neben der Problematik, die im Begriff der Rolle verborgen liegt, fehlt ihm — gehen wir von unserer

Forderung nach „Erziehung der Öffentlichkeit" aus — der Adressat, dem die gewonnenen Erkenntnisse vermittelt werden sollen.

Wir wollen aber nicht zu weit vorgreifen; wir halten zunächst nur fest, daß wir in unserer praktischen Arbeit mit Strafgefangenen versucht haben, beiden Aspekten der Wirksamkeit von Theater gerecht zu werden, beide als aufeinander bezogen zu verstehen: die Wirkung auf den Spieler und die Wirkung auf den Zuschauer. Dies nachzuweisen, wird eine wichtige Aufgabe dieser Untersuchung sein.

Eine Frage, die eigentlich zu den Grundlagen unserer Arbeit gehört, ist das Methodenproblem unserer Untersuchung. Wir behandeln sie jedoch erst hier, weil es ganz unmittelbar mit dem praktischen und theoretischen Hervorbringen unseres Gegenstandes verbunden ist. Methoden sind bedeutsam, führen aber kein Dasein als Selbstzweck. Inhalt und Form erst bilden den ganzen Zusammenhang.

5
Probleme handlungsbezogener Forschungsmethoden

„Wer zur Sache nichts zu sagen hat, spricht über die Methode." — „Methodenfragen sind zu wichtig, als daß man sie den Methodologen überlassen dürfte."

Diese beiden bekannten Sätze bezeichnen die Scylla und Charybdis, zwischen denen wir hindurchnavigieren müssen, wenn wir unsere Arbeit unter dem methodologischen Aspekt diskutieren wollen. Einerseits also fühlen wir uns dem von Gadamer am Ende seiner Untersuchung über die Grundbedingungen des Verstehens zitierten Hegelsatz verpflichtet, „die wahre Methode sei das Tun der Sache selbst" (Gadamer 1965, S. 438), andererseits aber sind wir uns dessen bewußt, daß die noch junge wissenschaftliche Pädagogik in ihren Methoden keineswegs so gefestigt ist, daß sich der Verzicht auf eine methodologische Diskussion rechtfertigen ließe. Ganz im Gegenteil: Der Pädagogik scheint es weitgehend ähnlich zu gehen wie der ebenfalls noch recht jungen Disziplin der Theaterwissenschaft: Die Frage nach der Methode wird dort zur Frage nach dem Sein oder Nicht-Sein der wissenschaftlichen Disziplin[1]. Dabei kann es allerdings geschehen, daß die Sache unter der Frage nach der Methode verschüttet wird.

Wir wollen schon jetzt versuchen, über der Frage nach der Methode die Sache nicht aus den Augen zu verlieren, um nicht in eine abgehobene Methodendiskussion zu geraten. Aus diesem Grunde wollen wir zunächst einmal die Bedingungen untersuchen, denen unsere Arbeit mit Strafgefangenen unterworfen waren; diese wollen wir in einem zweiten Schritt reflektieren und sie schließlich in einen größeren methodologischen Zusammenhang einordnen.

Um ferner die Diskussion der Methoden nicht ausufern zu lassen — um also nicht methodologistisch zu werden — beschränken wir uns hier auf pädagogisch relevante Methoden; sie bilden ja auch das Zentrum der Untersuchung. Andere methodische Fragen, die anderen Wissenschaftsgebieten zugeordnet sind, werden je nach Bedarf im Anschluß an die einzelnen

Abschnitte über die praktische Theaterarbeit erörtert. Auch so können wir den Zusammenhang von Methode und Gegenstand besser erhalten.

Wir wollen also zunächst die für die Diskussion der Methode relevanten Bedingungen unserer praktischen Arbeit kurz zusammengefaßt vorwegnehmen, um so das Fundament zu bilden, auf dem wir unsere Methode reflektieren können.

5.1 Besonderheiten der praktischen Ausgangssituation

5.1.1 Die äußeren Bedingungen

Wenn man der Leitung einer Strafanstalt anbietet, eine „Laienspielgruppe" zu betreuen, stößt man wohl in den seltensten Fällen auf Schwierigkeiten. Laienspielgruppen gelten als unpolitisch und harmlos; sie stehen — sicher nicht ganz zu Unrecht — im Ruf einer ablenkenden Beschäftigungs-„Therapie": solange man Theater spielt, kommt man nicht auf dumme Gedanken. So hatte ich denn auch keinerlei Schwierigkeiten, ins Gefängnis zu kommen — ich mußte nicht einmal auf die Überprüfung meiner politischen Gesinnung warten. Die Anstaltsleitung war wohl ganz froh, daß jemand von außen bereit war, unentgeltlich in der Strafanstalt zu arbeiten, ohne daß ein verdächtiges eigenes Interesse erkennbar wäre.

So wurde unsere Arbeit lange mit interesselosem Wohlgefallen verfolgt. Erst später, als erkennbar wurde, daß unsere Gruppe nicht in das Schema der üblichen Laienspielgruppen paßte, versuchte man diskret, näheres über unsere Arbeit zu erfahren.

Richtiggehend kontrolliert wurden wir jedoch nur einmal: bei der Generalprobe, zu der wir Pressevertreter eingeladen hatten. Der Anstaltsleiter ließ es sich nicht nehmen, selbst zu dieser Veranstaltung zu kommen — bei den eigentlichen Aufführungen draußen war er nicht dabei.

In materieller Hinsicht bekamen wir von der Anstalt keine Unterstützung. Holz und Farben für das Bühnenbild mußten wir selbst bezahlen, ebenso den Druck der Plakate; damit und durch die langen Fahrtwege war unser Unternehmen recht teuer. Die Einnahmen durch die Aufführungen deckten nur einen winzigen Teil der Ausgaben.

Auch in Hahnöfersand war die materielle Situation nicht besser. Zwar bekam ich jetzt eine Vergütung als Leiter einer Freizeitgruppe, zwar unterstützte uns die Anstalt beim Bau der Bühnenbilder, doch mußten wir die Video-Anlage und die Bänder selbst bezahlen.

Beide Male — so mein Eindruck — sah man unsere Arbeit in erster Linie als unser Privat-Vergnügen an; wenn man uns unterstützte, tat man es, von einigen rühmlichen Ausnahmen abgesehen, um uns einen persönlichen Gefallen zu tun. Die Gefangenen — so schien es mir — standen nicht auf der Rechnung.

5.1.2 Probleme der Methode

Als ich mit meiner Arbeit in der Strafanstalt Vierlande begann, hatte ich keine fertige Theorie, die ich nun in die Praxis umsetzen wollte. Meine Vorstellungen von dem, was ich mit den Gefangenen tun wollte, waren keineswegs festgelegt.

Sicher, ich wollte mit ihnen Theater spielen. Doch wie eine solche Tätigkeit konkret aussehen sollte, wußte ich noch nicht. Klar war mir nur, was ich *nicht* wollte: ich wollte kein „Laienspiel im Strafvollzug" betreiben; die Gefangenen sollten keine fremden Texte auswendig lernen und sie dann irgendeinem Publikum vorspielen. Ebensowenig sollten sie Rollenspiele betreiben, in denen sie sich unverbindlich mit der eigenen Situation beschäftigten.

Ich ging von der Vorstellung aus, daß beide Wirkungsaspekte des Theaters — der interne wie der externe — sich miteinander verbinden lassen müßten, daß Theater nicht entweder auf die Vermittlung irgendwelcher Inhalte oder auf die Therapie der Spieler beschränkt zu sein brauche.

Zunächst jedoch hatte Theater für mich auch die Funktion, die Gefangenen überhaupt erst zu motivieren. Die Bereitschaft, sich mit der eigenen Situation auseinanderzusetzen und gar etwas für ihre Veränderung zu tun, ist in der Strafanstalt sicher nicht groß. Entweder hat sie der Resignation Platz gemacht, oder sie ist einer Patientenmentalität gewichen, die gleichfalls in die Passivität führt.

Eine theatralische Beschäftigung mit sich selbst — so meinte ich — könnte zu einer solchen Auseinandersetzung führen: sie braucht ja zunächst noch kein Bewußtsein der eigenen Lage, sondern kann es erst erzeugen.

Die Beschäftigung mit der eigenen Lage wäre dann nicht von vornherein das Thema; sie würde sich erst während der Arbeit ergeben. Die Bereitschaft dazu war ja nicht von vornherein zu erwarten.

Auf diese Weise könnte ich erreichen, daß meine Absicht nicht durch den Argwohn der Gefangenen zunichte gemacht würde.

Eine der ersten Fragen, die mir von den Teilnehmern der von mir initiierten Theatergruppe gestellt wurden, war geprägt von einem solchen Mißtrauen: die Gefangenen wollten wissen, welches Motiv hinter meiner Absicht, mit ihnen Theater zu spielen stecke. Sie fragten, welches Interesse *ich* eigentlich daran hätte. Diese Frage entstammte der Sorge, ich könnte sie als Versuchskarnickel für meine eigenen Zwecke mißbrauchen. Zu oft schon waren sie bloße Studienobjekte oder Opfer teils missionarischen, teils wissenschaftlichen Eifers gewesen.

Meine Antwort war damals, daß hinter meinem Angebot, mit ihnen Theater zu spielen, keine andere Absicht stünde als eine sinnvolle Beschäftigung, die beiden Seiten Spaß machen sollte. Diese Antwort war durchaus ehrlich; ich hatte damals nicht vor, die Arbeit mit den Gefangenen in irgendeiner Weise auszuwerten.

Wenn nun doch die Arbeit mit den Gefangenen in Vierlande und in Hahnöfersand schließlich in die vorliegende Untersuchung mündet und sich zu ihr wie das Mittel zum Zweck zu verhalten scheint, so bedarf das — nicht zuletzt gegenüber den Teilnehmern beider Gruppen — einer Rechtfertigung.

Beide Projekte sind ausschießlich in der Absicht durchgeführt worden, mit den Gefangenen sinnvoll pädagogisch zu arbeiten. Im Verlaufe unserer Versuche stellte sich jedoch heraus, daß eine Arbeit, die sich ausschließlich auf den Strafvollzug beschränkt, nicht sinnvoll ist. Sowohl die Gefangenen als auch ich sahen ein, daß eine solche Arbeit erst sinnvoll werden kann, wenn sie auf ein konkretes Ziel gerichtet ist, wenn sie „action" wird, d. h. in diesem Falle vor allem, wenn sie nach *außen* wirkt. Dann nämlich findet sie erst den oder die Adressaten, die für die Schwierigkeiten der meisten Gefangenen einen großen Teil der Verantwortung tragen.

Das von uns gemeinsam entwickelte Modell des Lerntheaters schien uns in besonderem Maße dazu geeignet, die für sich selbst gewonnenen Erkenntnisse dann auch nach außen, an die Öffentlichkeit zu tragen.

Um dieses Modell nun wissenschaftlich abzusichern, ist es unumgänglich, unsere praktische Arbeit in den Vordergrund dieser Untersuchung zu rücken. Ich gehe dabei von der Hoffnung aus, daß so ein kleiner Beitrag zur Verbesserung der Situation auch anderer Gefangener geleistet werden könnte. Das läge dann auch im Sinne der Teilnehmer beider Gruppen.

Die Tatsache, daß die praktische Arbeit zunächst nicht mit dem Ziel einer wissenschaftlichen Auswertung getan wurde, hatte zur Folge, daß ich nicht systematisch Material gesammelt habe. Der „transitorische Charakter" der Schauspielerei hat nicht weniges verloren gehen lassen, was mit Hilfe der fast regelmäßig angefertigten Protokolle rekonstruiert werden muß. Etwas günstiger ist die Situation bei der Arbeit in Hahnöfersand: die Video-Aufzeichnungen sind alle noch vorhanden, die japanische Transistortechnik half, das Transitorische zu überwinden, wenngleich auch hier nur Ergebnisse, nicht aber der Prozeß des Tuns systematisch festgehalten wurden.

Von dieser Ausgangssituation aus, daß also hinter beiden Projekten zunächst noch kein wissenschaftliches Interesse und auch kein wissenschaftlicher Ansatz steckte, muß die erste für die Methode bedeutsame Frage gestellt werden: Hätte sich an der praktischen Arbeit und an ihrer Auswertung etwas geändert, wenn ich von vornherein mit einer wissenschaftlichen Zielsetzung an sie herangegangen wäre? Hätte ich vielleicht — um es überspitzt zu formulieren — hinter einem Ein-Weg-Spiegel sitzen und die Gefangenen *beobachten* müssen, statt mit ihnen gemeinsam zu *handeln?* Hätte ich also andere Methoden anwenden müssen, als ich es getan habe?

Die erste Frage zur Methode muß also lauten: Ist das gemeinsame Handeln des „Forschers" mit den „Erforschten" zum Zwecke der Veränderung der Lebenssituation der letzteren und — weitergehend — zur Entwicklung eines Modells für künftige Praxis eine wissenschaftlich legitimierbare Forschungsgrundlage?

Diese Frage kann so allgemein jedoch noch nicht beantwortet werden, sie impliziert eine ganze Reihe von weiteren Fragen:

1. Wie sieht dieses „gemeinsame Handeln" aus? In welcher Stellung stehen die Beteiligten zueinander?

Der Ausgangspunkt der praktischen Arbeit war ja keine fertige Theorie, die in der Praxis lediglich erprobt werden sollte. Die Theorie des Lerntheaters entwickelte sich erst im Zusammenwirken des „Forschers", der mit einem bestimmten Vorverständnis von den theatralischen Wirkungsmöglichkeiten an das Projekt herangegangen war, und den „Erforschten", die durch ihr praktisches Tun und durch ihre Reflexion einen ganz wesentlichen Beitrag zur Entwicklung dieser Theorie geleistet haben. Die Gefangenen waren also keine Objekte, keine Forschungsgegenstände, sondern sie waren zugleich Subjekte eines pädagogischen Prozesses, an dem beide Seiten beteiligt waren und der auf beide beteiligten Seiten gewirkt hat.

2. Wie steht es mit den im Laufe der praktischen Arbeit gewonnenen und hier vorgelegten Erkenntnissen? Wie kann ich aus meiner „unwissenschaftlichen" Praxis, die zudem noch sehr komplex ist, überhaupt Erkenntnisse gewinnen?

Die praktische Arbeit mit den Gefangenen war ja ein sehr komplexer Vorgang, den in seiner Gesamtheit zu erfassen kaum möglich ist. Ich habe von den vielfältigen Vorgängen, die in ihm eine Rolle spielten, nur einen Ausschnitt erlebt: ich konnte z.B. nicht wissen, was sich unter den Gefangenen während meiner Abwesenheit abspielte; außerdem habe ich meinerseits bewußt oder unbewußt eine Auswahl getroffen. Andererseits zielte mein „Erkenntnisinteresse" zumindest in der Tendenz auf den Prozeß in seiner Gesamtheit[2]: mir ging es nicht um einzelne isolierte Aspekte. Das dialektische Verhältnis des Ganzen zu seinen Teilen stand also in Frage. Dies bedeutete, daß ich zunächst einmal die pädagogischen Vorgänge, die sich bei unserer Arbeit abspielten, verstehen mußte; ich mußte sie aber auch interpretieren und in einen Gesamtrahmen einordnen. Darüber hinaus mußten die gewonnenen Erkenntnisse wieder in die praktische Arbeit zurückfließen, d.h. ich mußte sie unmittelbar wieder anwenden. Schließlich — sollte meine Praxis in Vierlande und in Hahnöfersand nicht eine Episode bleiben — mußte ich versuchen, sie auch für andere anwendbar zu machen, d.h. ich mußte meinem Anspruch, ein Modell zu schaffen, gerecht zu werden versuchen.

3. Wie kommen überhaupt wissenschaftlich fundierte Erkenntnisse aus einer prozessualen erzieherischen Praxis zustande? Sind sie überhaupt möglich — zumal wenn das erkennende Subjekt in den Prozeß der Erziehung involviert ist?

Unser Projekt wäre ohne meine Beteiligung sicher nicht möglich gewesen, eine Trennung von „Forschendem" und „Erforschten" hätte sich nicht durchführen lassen. Die Erkenntnisse, die wir gewonnen haben, entstanden aus dieser gemeinsamen Praxis und waren deshalb zunächst auch „nur" Alltagserkenntnisse. Allerdings wurden sie in dem Maße, wie die Bedingungen ihres Entstehens reflektiert und wie sie zur Theorie ins Verhältnis gesetzt wurden, eben mehr. Die Praxis, die zunächst „naiv" begann, wurde so immer fundierter und fundierender.

4. Fehlt mir — wenn ich an dem Erziehungsprozeß beteiligt bin — nicht die nötige „wissenschaftliche" Distanz zu meinem Erkenntnisgegenstand, die nur objektive Erkenntnisse ermöglicht — oder ganz im Gegenteil: ist die Distanz nicht vielleicht zu groß, da ich selbst ja kein Strafgefangener bin und die Gefangenen deshalb vielleicht nicht verstehen kann?

Im Laufe der praktischen Arbeit, in dem ich die Gefangenen zu verstehen versuchte, verringerte sich die anfängliche Distanz immer mehr. Dies hatte allerdings nicht zur Folge, daß ich sie deshalb schlechter verstand — ganz im Gegenteil: je mehr ich ihre Lebenssituation kennenlernte, je mehr ich an ihrem Leben teilnahm, desto besser konnte ich mich auch in die Gefangenen einfühlen und sie — wie auch die pädagogischen Prozesse, die sich abspielten — verstehen. Trotzdem mußte ich versuchen, das, was ich verstand, zugleich mit einer größeren Distanz zu betrachten — also von mir selbst Abstand nehmen. An die Stelle einer nicht mehr vorhandenen natürlichen Distanz kam es jetzt und sollte es kommen zu einer artifiziellen, zum Zwecke der Reflexion bewußt hergestellten Distanz. Dies geschah besonders deutlich bei der Anfertigung der Protokolle: Da sie unmittelbar im Anschluß an unsere Treffen geschrieben wurden, war die Erinnerung noch so frisch, daß ich mich an die abgelaufenen Prozesse noch gut erinnern konnte; andererseits konnte ich sie noch einmal reflektieren, ohne in ihnen handeln zu müssen: die Distanz war also dadurch zu erreichen, daß ich einen gewissen zeitlichen Abstand nehmen konnte und — was noch wichtiger ist — vom Zwang zu handeln Abstand nehmen konnte.

5. Eine letzte Frage: Wie kann ich das Problem des „transitorischen Charakters" von menschlichen Beziehungen in den Griff bekommen? Ich kann meinen Erkenntnisgegenstand — anders als ein Naturwissenschaftler

— ja nur aus dem Danach zu erfassen versuchen; ich habe ihn nie wieder unmittelbar vor Augen.

Auch in dieser Frage ist das Problem der Distanz angesprochen, allerdings anders als in der vorhergehenden: diese Distanz ist sozusagen unfreiwillig. Die positive Dimension dieser Art der Distanz ist im vorigen Abschnitt angesprochen worden, wie steht es mit der negativen? Ganz sicher haben wir keine abbildhafte Erinnerung an das damals Geschehene. Trotzdem ist es nicht vergessen. Die einzelnen Geschehensabläufe wurden jeweils in einen Rahmen eingeordnet, der sie dann als Teil eines ganzen Systems enthalten und erhalten hat: die einzelnen Abläufe verlieren dann ihre Bedeutung, wenn sie in einer Ganzheit aufgehen.

5.2 Teilnahme und Beobachtung

Wir haben jetzt die praktischen Bedingungen unseres Handlungs- und Erkenntniszusammenhangs entfaltet und müssen uns auf die Suche nach einer methodischen Lösung dieser Probleme machen. Erschwert wird diese Suche ganz sicher dadurch, daß — wie schon erwähnt — der Methodenkanon der Pädagogik nicht so gefestigt ist, daß wir uns dort einfach nur zu bedienen brauchten — was in handlungsbezogenen Wissenschaften wohl niemals möglich sein wird —, zum anderen dadurch, daß unsere Untersuchung keine rein pädagogische ist (wobei zu klären wäre, ob es diese „reine" und für sich stehende Pädagogik überhaupt geben kann), sondern andere Wissenschaftsdisziplinen in sich aufnimmt.

Die von der Anthropologie entwickelte und von der Soziologie aufgenommene Methode der *teilnehmenden Beobachtung* müßte unseren Intentionen eigentlich am nächsten kommen, sprachen wir doch davon, daß wir gemeinsam mit den Gefangenen handeln, sie zugleich aber auch *beobachten* müßten. Nichts anderes tut die teilnehmende Beobachtung[3].

Wenn wir jedoch unser „Handeln" mit der „Teilnahme" der Anthropologen und Soziologen vergleichen, ergeben sich gravierende Unterschiede: Zunächst einmal haben wir mit einem anderen *Interesse* an dem pädagogischen Prozeß in der Strafanstalt teilgenommen, als es ein anthropologisch oder soziologisch orientierter Forscher bei der Teilnahme an sozialen Prozessen bei einem Indianerstamm etwa oder den Bewohnern eines Stadtviertels hat: Uns ging es erst einmal um die Teilnahme, die Beobachtung fiel sozusagen als Nebenprodukt ab; dem Sozialwissenschaftler geht es primär um die *Beobachtung*, die Teilnahme ist lediglich eine Bedingung, die dieses Ziel zu erreichen hilft. Er kann aus rein praktischen Gründen bei seinem Geschäft nicht unbeobachtet bleiben, er muß seinen zu erforschenden Objekten gegenübertreten und sich deshalb die *Rolle* eines Teilnehmers am sozialen Geschehen zulegen.

Der Unterschied zwischen unserer „beobachtenden Teilnahme" und der teilnehmenden Beobachtung liegt also in einem prinzipiell anderen Theorie-Praxis-Verhältnis: Wir verstehen unser Tun immer mit dem Ziel des Handelns, Eingreifens und Veränderns, während die Anthropologen und Soziologen Resultate der Beobachtung zu erzielen suchen und das Handeln und Verändern lediglich als Faktoren in Kauf nehmen, die das eigentliche Beobachtungsresultat notwendig beeinträchtigen.

5.3 Die hermeneutische Frage

Beobachtung in einem solchen Sinne setzt Verstehenkönnen voraus. Der Versuch einer methodischen Anleihe bei der Anthropologie oder Soziologie führt uns nicht weiter, wir müssen uns also der spezifisch pädagogischen Methode annähern, die wir in unserer Arbeit verwendet haben. Bei unserer Arbeit ging es — kurz zusammengefaßt — um folgendes: wir mußten unseren Gegenstand, den Menschen also, erkennen und verstehen, und wir mußten ferner aus dieser Erkenntnis die praktischen pädagogischen Konsequenzen ziehen. Dabei waren die Bedingungen, unter denen Erkennen und Verstehen überhaupt möglich sind, zugleich mitzureflektieren.

Damit haben wir uns schon mitten in die *hermeneutische* Fragestellung begeben. Die Hermeneutik als „Kunstlehre des Verstehens" war in anderen wissenschaftlichen Disziplinen schon weit entwickelt, bevor es Pädagogik als Wissenschaft überhaupt gab. Deshalb befindet sich die Pädagogik heute erst an einem — verheißungsvollen — Beginn einer Entwicklung einer ihr speziell zugeordneten Hermeneutik — genau wie sie, dies allerdings schon sehr viel länger, mehr und mehr Fragestellungen der philosophischen Anthropologie rezipiert und integriert.

Erst die Aporie der pädagogischen Methoden, die ihren Grund in der Anlehnung an naturwissenschaftliche Methoden hatte und diese wiederum ihren Grund in dem zur Verkrampfung führenden Versuch, Wissenschaftsansprüchen, die von anderen gesetzt wurden, zu genügen, hat die Pädagogik sich auf die hermeneutische Fragestellung rückbesinnen lassen.

Die Frage nach den Bedingungen des Verstehens geht allerdings aller Methode voraus. Diese Frage ist zunächst einmal eine philosophische Frage, die an die Grundbedingungen menschlichen Daseins rührt, im Heideggerschen Sinne also keine Verhaltensweise des Subjekts ist, sondern die Seinsweise des Daseins. Die Frage nach dem Verstehen kann deshalb keinen prinzipiellen Unterschied zwischen einem vor- oder unwissenschaftlichen und einem wissenschaftlichen Verstehen machen.

Wissenschaftlich kann Verstehen erst dann werden, wenn es die Bedingungen seines Verstehens zugleich mitversteht, wenn es also kein naives sondern ein reflexives Verstehen ist.

Diesen Unterschied zwischen einem „einfachen" und einem „höheren" Verstehen hat zuerst Dilthey (1960) gemacht, wobei deutlich sein muß, daß der Unterschied eben nur graduell ist.

Die Grundlage des Verstehens ist bei Dilthey und Schleiermacher die Einfühlung. Dabei allerdings ergibt sich eine gravierende Schwierigkeit: „Die immanenten Gegebenheiten des reflexiv befragten Bewußtseins enthalten das Du nicht unmittelbar und originär" (Gadamer 1965, S. 236). Ich kann die Distanz, die zwischen mir und dem anderen liegt, nicht ohne weiteres überwinden. Das „Du" kann aber nur vom „Ich" aus verstanden werden. Löst Dilthey dieses Problem psychologisch — durch den Begriff der Einfühlung —, geht Husserl einen Schritt weiter: Er klärt die Analogie von Ich und Du über den Begriff der Intersubjektivität der gemeinsamen Welt. Das Ergebnis bleibt das gleiche: „Zunächst wird der andere als Wahrnehmungsding erfaßt, das alsdann durch Einfühlung zum ‚Du' wird" (Gadamer 1965, S. 236).

5.3.1 Einfühlung

Die Einfühlung setzt also — entsprechend der Beziehung von Ich und Du — zugleich Einsfühlung (zu der die Einfühlung führt) und Distanz voraus. Man könnte dabei von einer dialektischen Spannung sprechen. Einerseits muß ich also als Verstehender mit meinem Erkenntnisgegenstand eins sein, andererseits muß ich aber auch der andere bleiben. Konkret: ich muß die Distanz zu den Gefangenen, mit denen ich arbeite, so gering halten, daß ich *wie sie* fühlen kann — nur so kann ich sie verstehen —; andererseits aber muß ich sie von meinem, außerhalb ihrer Lebenssituation liegenden Standpunkt aus betrachten, nur so kann ich *über sie* Erkenntnisse gewinnen. Pointiert formuliert T. S. Eliot diese Spannung, wenn er fragt, ob man, um einen Kannibalen zu verstehen, aktives Mitglied seines Stammes sein müsse (Eliot 1949, S. 51).

An die Frage nach der Einfühlung schließt sich unmittelbar die Frage nach der Qualität der so gewonnenen Erkenntnisse an: Können solche Erkenntnisse „objektiv" (etwa im Sinne von Kants synthetischen Urteilen a posteriori) sein, oder müssen sie im Subjektiven befangen bleiben. Der erste Teil der Frage läßt sich sofort mit einem klaren nein beantworten: selbstverständlich sind diese Erkenntnisse nicht objektiv, sie sollen es aus erkenntnistheoretischen Gründen auch gar nicht sein. Die Antwort auf den zweiten Teil der Frage sparen wir uns noch etwas auf.

5.3.2 Objektivität

Ohne den Positivismusstreit fortführen zu wollen, halten wir nur fest: positivistische Methoden, die in der Pädagogik ja noch weit verbreitet sind, haben auf den ersten Blick den unschätzbaren Vorteil, daß sie zu „objektiven", jederzeit überprüfbaren Ergebnissen kommen. Doch auf den zweiten Blick haben sie den unschätzbaren Nachteil, daß ihre „objektiven" Aussagen nicht unbedingt auch etwas auszusagen vermögen. (Einige, einem extremen Positivismus verfallene Autoren haben auf den Gebieten der Geisteswissenschaft den positivistischen Ansatz dankenswerterweise selbst ad absurdum geführt; man denke etwa an die Textuntersuchungen von Fucks und Lauter[4]. Ich weiß nach diesen Untersuchungen genau, wieviele Wörter Goethe im Durchschnitt pro Satz gebrauchte, aber kenne ich damit Goethe? Ein ähnliches Beispiel findet sich in der Wirkungsforschung des Theaters: der Applaus als einzige meßbare Wirkung einer Theateraufführung wird zum alleinigen Gradmesser; doch erschöpft sich in der Erzeugung von Applaus die Wirkung von Theater?[5])

Die einem extremen Positivismus verfallenen Autoren — so könnte man sagen — verstehen sich darauf, ein Auto in seine Einzelteile zu zerlegen und jedes Teil analytisch zu erfassen, — aber wenn sie sich hinter das Steuer setzen, braucht das Auto deshalb noch lange nicht zu fahren. Objektivität in der Erforschung des Menschen — und damit haben wir es ja zu tun — ist schon deshalb nicht möglich, weil ich immer auch Teil des zu erforschenden Gegenstandes bin, insofern ich immer auch Teil der Gesellschaft bin, in der pädagogische Prozesse sich abspielen. (Genausowenig kann der Sprachwissenschaftler die Welt, die er erforschen will, „von oben" einsehen, er findet keinen Standpunkt außerhalb dieser Welt).

Ferner ist Objektivität nicht erreichbar, weil ich immer nur einen Teil des Untersuchungsgegenstandes erfassen kann: Ich sehe nur einen Teil der Lebensgeschichte der Menschen, mit denen ich zu tun habe, und muß versuchen, den Teil zum Ganzen zu ergänzen: „Man müßte das Ende des Lebenslaufes abwarten und könnte in der Todesstunde erst das Ganze überschauen, von dem aus die Beziehung seiner Teile feststellbar wäre. Man müßte das Ende der Geschichte erst abwarten, um für die Bestimmung ihrer Bedeutung das vollständige Material zu besitzen[6]."

Deshalb, so führt Habermas die Sätze von Dilthey weiter, können „historische Darstellungen, die die Form narrativer Aussagen haben, (. . .) als prinzipiell unvollständig und willkürlich nur erscheinen, wenn sie an einem verfehlten Ideal der Beschreibung gemessen werden" (Habermas 1967, S. 167).

Unser Verstehen bleibt also zwangsläufig immer unvollständig und — durch den Zwang zur Auswahl bedingt — subjektiv. Unser Problem liegt folglich darin, daß wir nicht bis ans Ende der Welt warten können; als Pädagogen müssen wir hier und jetzt erkennen und handeln — und uns dabei allerdings unserer eigenen Beschränkung bewußt sein.

5.4 Pädagogik als handlungsbezogene Wissenschaft

Wenn wir oben gesagt haben, daß wir keine objektiven Erkenntnisse gewinnen *wollen*, so war das nicht darin begründet, daß wir aus der Not — es nicht zu können — die Tugend gemacht hätten, es nicht zu wollen. Daß wir es nicht wollen, hat seinen Grund vielmehr darin, daß wir unsere Aufgabe als Pädagoge nicht darauf beschränkt sehen, lediglich zu betrachten und zu verstehen, nein: wir wollen — und müssen — *handeln*. Unser Verstehen muß also zum Handeln führen, ebenso wie es umgekehrt aus dem Handeln auch überhaupt nur entstehen kann.

Daß Verstehen und Handeln zwei voneinander geschiedene Sachen sind, daß „der Sozialforscher — sozialpsychologisch gesehen — wesentlich Fremder, (. . .) berufsmäßiger Voyeur in der Lebenswelt (ist), die er untersucht (Heinze 1975, S. 28), ist eigentlich eine Forderung des Positivismus. Dagegen hat Gadamer nachgewiesen, daß „hermeneutisches Verstehen transzendental notwendig auf die Artikulierung eines handlungsorientierten Selbstverständnisses bezogen ist (Habermas 1967, S. 168). Am Modell der theologischen und juristischen Hermeneutik wird der Zusammenhang zwischen Verstehen und Applikation deutlich: die Auslegung der Bibel impliziert zugleich die Anwendung in der Predigt als Heilsbotschaft; die Auslegung des positiven Rechts findet ihre Erfüllung im Urteil.

„Die enge Zusammengehörigkeit, die ursprünglich die philologische Hermeneutik mit der juristischen und theologischen verband, beruhte aber auf der Anerkennung der Applikation als eines integrierenden Momentes allen Verstehens. Sowohl für die juristische Hermeneutik wie für die theologische Hermeneutik ist ja die Spannung konstitutiv, die zwischen dem gesetzten Text — des Gesetzes oder der Verkündigung — auf der einen Seite und auf der anderen Seite dem Sinn besteht, den seine Anwendung im konkreten Augenblick der Auslegung erlangt, sei es im Urteil, sei es in der Predigt. Ein Gesetz will nicht historisch verstanden werden, sondern soll sich in seiner Rechtsgeltung durch die Auslegung konkretisieren. Ebenso will ein religiöser Verkündigungstext nicht als ein bloßes historisches Dokument aufgefaßt werden, sondern er soll so verstanden werden, daß er seine Heilswirkung ausübt. Das schließt in beiden Fällen ein, daß der Text, ob Gesetz oder Heilsbotschaft, wenn er angemessen verstanden werden soll, d. h. in jeder konkreten Situation, neu und anders verstanden werden muß. Verstehen ist hier immer schon Anwenden" (Gadamer 1965, S. 292).

Ob es sich bei dem, was wir verstehen wollen, um einen Text handelt, oder ob wir es mit gesellschaftlichen Vorgängen zu tun haben, macht dabei im Prinzip keinen Unterschied.

Die Psychoanalyse, in der es ja auch um das Verstehen geht, kann ein weiteres, moderneres Modell liefern:

„Als reflektierten Mitspieler definiert deshalb auch die Psychoanalyse die Rolle des Therapeuten im Gespräch mit dem Patienten. Übertragung und Gegenübertragung sind Mechanismen, die nicht als Fehlerquellen der klinischen Erfahrungsbasis ausgeschaltet, sondern als die konstitutiven Bestandteile der Versuchsanordnung aus der Theorie selbst abgeleitet werden" (Habermas 1967, S. 99. Vgl. dazu auch Habermas 1968, S. 262 ff.)

Freud hat also praktisch erst gelöst, was bei Dilthey noch offengeblieben war: vom Arzt angeleitet führt die Selbstreflexion des Patienten schließlich dahin, daß das Interesse an der Aufhebung gestörter Interaktion identitsch ist mit der richtigen Erkenntnis der Ursache dieser Störung. *Richtige Erkenntnis ist in diesem Modell also immer zugleich auch praktisch, insofern sie sich als Heilung bewährt.*
Verstehen ist so gesehen kein Vorgang, der sich selbst genügt, der sozusagen in sich ruht und lediglich dazu führt, daß ich sagen kann: ich weiß; Verstehen kann vielmehr eine Dynamik entwickeln, die nach vorwärts gewendet ist — sozusagen einen propulsiven Charakter: so, daß ich sagen kann: ich handle.
Wenn wir also von der Einheit von Verstehen und Handeln ausgehen, kommen wir für die Pädagogik zu ähnlichen Ergebnissen, zu denen andere auf anderen Wegen gekommen sind. Wir meinen damit weniger die pädagogische Forschungsrichtung, die sich als „Handlungsforschung„ bezeichnet — diese bemüht sich ja vor allem um eine ganz bestimmte *Organisation* der Forschung — wir meinen vielmehr das Verständnis der Pädagogik als *handlungsbezogenen Wissenschaft*[7].
Einen solchen Standpunkt vertreten Lauff und Homfeldt (1979), die von der konkreten Erforschung der pädagogischen Prozesse in einem Ferienlager ausgehend eine pädagogische Methode entwickeln, die sie so beschreiben: „Damit (mit der Beschreibung der praktischen Erziehungsprozesse in

einem Ferienlager — d. V.) soll ein Hintergrund geschaffen werden, vor dem einsichtig wird, daß pädagogisch nicht gehandelt werden kann, ohne zu erkennen, und ebenso umgekehrt, daß keine pädagogischen Einsichten möglich werden, ohne gleichzeitig auch pädagogisch zu handeln. Handeln und Erkennen, Praxis und Theorie, gehören in der Pädagogik zusammen" (Lauff & Homfeldt 1979, S. 8).

Das Auseinanderklaffen der akademischen Theorie und der Praxis „an der Front" hat zu Recht jenes kreative und sich positiv auswirkende Unbehagen ausgelöst, das zur Wiederentdeckung der Praxis geführt hat. Die Pädagogik mußte sich — schon von ihrer Zielsetzung her, Pädagogen auszubilden — auf die Praxis besinnen. Sie kann es sich nicht erlauben, wie andere Wissenschaften es vielleicht mit mehr Recht dürfen, einem zuerst im Elfenbeinturm entwickelten akademischen Wissenschaftsbegriff zu huldigen. (Die Literaturwissenschaft z. B. hat ja schließlich keine Dichter auszubilden.) Trotzdem, so meinen wir, darf diese Wiederentdeckung der Praxis nicht zu einer allgemeinen Theoriefeindlichkeit führen und nur gelten lassen wollen, was *unmittelbar* in der Praxis anzuwenden ist.

6

**Praxis-Bericht
1. Teil —
Spielen für sich selbst?**

Der hier vorgelegte Bericht über die praktische Theaterarbeit in der Strafanstalt Vierlande kann, wenn wir den im vorigen Abschnitt angestellten Überlegungen folgen, nicht irgendeinen Anspruch auf Objektivität erfüllen. Die praktizierte Wirklichkeit kann niemals mit der interpretierten Wirklichkeit identisch sein: zwischen beiden steht das erkennende Subjekt, das die Erkenntnis zwangsläufig subjektiv macht.

Der Bericht basiert — ebenso wie die Darstellung der Arbeit in Hahnöfersand — auf jeweils im Anschluß an unsere Treffen angefertigte Gedächtnisprotokollen. Diese Protokolle werden allerdings nicht wörtlich zitiert, der Bericht ist vielmehr — der besseren Lesbarkeit wegen — auf der Grundlage der Protokolle neu geschrieben. Inhaltlich stimmen Protokolle und Bericht überein. Deshalb meinen wir, auf wörtliche Zitate aus den Protokollen verzichten zu können; sie hätten höchstens den *Anschein* einer größeren Objektivität erwecken können, aber nicht mehr: Schon beim Schreiben der Protokolle haben wir aus unseren Beobachtungen ausgewählt und subjektiv interpretiert — jemand anderem wäre sicher anderes der Aufzeichnung wert gewesen.

Der Bericht wird in einzelnen Abschnitten vorgelegt, an die dann jeweils die theoretische Reflexion anschließt. Dieses Verfahren wurde auch in Anlehnung an das tatsächliche Vorgehen gewählt: Die Theorie des Lerntheaters entwickelte sich ja aus der Praxis und floß wieder in die Praxis zurück. Darüber hinaus erlaubt dieses Verfahren, die theoretische Diskussion zugleich im Rückgriff auf die Praxis zu führen. Endlich fällt als Nebenprodukt dabei ab, daß der jeweilige Stand der praktischen Arbeit aufgewiesen werden kann.

Im April 1973 kündigte ich in der halboffenen Männerstrafanstalt Vierlande die Gründung einer „Laienspielgruppe" an. Schon mit dieser programmatischen Absicht hatte ich mich zwischen die Stühle sämtlicher Definitionen von Theater und Rollenspiel gesetzt: Mir war klar, daß ich mit dieser Ankündigung zwar Theaterinteressierte erreichen würde, zugleich aber wußte ich, daß die Art des Interesses — Laienspielgruppen sind ja in Strafanstalten durchaus verbreitete Einrichtungen[8] – mein Vorhaben von Anfang an in eine ganz bestimmte Richtung drängen würde. Die Erwartungen der Teilnehmer würden in die Richtung einer am Ohnsorgtheater orientierten, der Unterhaltung der Mitgefangenen dienenden Aufführung gehen.

Hätte ich mein Vorhaben als „Rollenspielgruppe" oder ähnlich angekündigt, so hätten sich voraussichtlich kaum Teilnehmer gemeldet — so jedenfalls war meine Befürchtung. Mit diesem oder einem ähnlichen terminus-technicus-Etikett hätten die Gefangenen wahrscheinlich nur wenig anfangen können. Mit der gewählten Art der Ankündigung würde ich wenigstens Teilnehmer mit Interesse am Theaterspielen erreichen. Wenn ich erst einmal so ein wenig im Trüben gefischt und eine Gruppe zusammen hätte, würde ich sie schon davon überzeugen können, daß auch eine theatralische Beschäftigung mit dem Strafvollzug interessant und sinnvoll sein könnte. Es schien mir also leichter zu sein, diejenigen, die sich zu einer Laienspielgruppe meldeten, später davon zu überzeugen, daß man die mit den Implikationen des Wortes „Laienspiel" gegebenen Vorurteile überwinden müsse, als mich einer terminologisch zwar korrekten Programmaussage zu befleißigen, dabei aber Gefahr zu laufen, daß niemand die Ankündigung verstünde und sich deshalb auch niemand melden würde.

Die Ankündigung geschah also in der Form von Anschlägen an den schwarzen Brettern der vier Stationen in der Anstalt. Es meldeten sich zehn Gefangene, die Interesse an einer Laienspielgruppe hatten. Dies war im Verhältnis zur Anzahl der Gefangenen, die in dieser Anstalt einsaßen, eine recht hohe Zahl. Für das relativ große Interesse von Gefangenen für Laienspielgruppen, aber auch für andere „künstlerische" Gruppen, gibt es vor allem zwei Gründe: Einmal bewirkt die Leere des Gefängnis-Alltags, daß man jede Gelegenheit, ihm zu entfliehen, wahrnimmt. Es ist eine verbreitete Erscheinung, daß in der Strafanstalt auch Gruppen Zulauf haben, die draußen auf keinerlei Interesse stoßen würden. Meist bröckelt das anfängliche Interesse dann aber bald wieder ab, sowie der Reiz des Neuen vorbei ist. (Der früher wichtigste Grund für die Teilnahme an allen möglichen Veranstaltungen war die daraus sich ergebende Möglichkeit zu Kontakten mit Mitgefangenen und vor allem zu illegalen Tauschgeschäften. Doch heute spielt dieser Grund kaum noch eine Rolle, weil die Gefangenen im allgemeinen andere Möglichkeiten zu Kontakten haben). Der zweite Grund für die allgemein hohen Teilnehmerzahl an „künstlerischen" Veranstaltungen liegt darin, daß das Gefängnisleben außerordentlich stimulierend auf den künstlerischen Betätigungsdrang der Gefangenen wirkt. Nirgendwo sonst gibt es an einem Ort so viele „Dichter", „Maler", und „Schauspieler". Zu verstehen ist dieses Verhalten aus dem Realitätsverlust in der Strafanstalt, der die Insassen zwingt, sich in die Welt des Scheins zu flüchten. Unser erste Treffen fand in einem Schulraum statt, dessen abgeschabte Möblierung und dessen Bohnerwachsgeruch zusammen mit den hallenden kahlen Wänden nicht gerade zu einer lockeren oder gar anregenden Atmosphäre beitrugen.

Ich fragte die Gefangenen nach ihren Vorstellungen von unserem Programm — wohl in der geheimen „sokratischen" Hoffnung, daß einer vielleicht doch einen Vorschlag machen würde, der meinen Intentionen entsprach. Doch diese Hoffnung trog: die Gefangenen wollten ein „Theaterstück" einstudieren und fragten mich denn auch gleich nach den Rollen, die sie zu lernen hätten, und überlegten, welche der vorhandenen Requisiten sie verwenden könnten. Es war klar, daß ihnen das übliche Klischee eines Laienspiels und seines gedruckt vorliegenden Textbuches vorschwebte.

Die Zielgruppe — das künftige Publikum also — sollten die Mitgefangenen sein. So war es bisher immer gewesen. Die Laienspielgruppen unter der Leitung des Lehrers hatten ihre Aufgabe darin gesehen, die Mitgefangenen zu unterhalten.

Meinen Vorschlag, mit dem ich von diesen Erwartungen wegführen wollte, brachte ich dann — zugegebenermaßen etwas schüchtern — in Gestalt einer Frage vor: könnten wir nicht etwas machen, was mit dem Thema Knast zu tun hat? Ich war skeptisch, ob dieser Vorschlag aufgenommen würde. Ich erwartete Widerspruch etwa in der Art: Wenn man von morgens bis abends etwas mit Knast zu tun hat, will man wenigstens in der Freizeit davon verschont werden. Doch wider Erwarten wurde mein Vorschlag begeistert aufgenommen.

Sogleich begannen wir, Szenen zu sammeln, die diesem Thema entsprachen. Folgende Liste kam dabei heraus:

Tageslauf eines Knackis
Gerichtsverhandlung
Zugang / Einweisung
Erster Arbeitstag
ärztliche Untersuchung
Einkleidung
„der Neue"
Führung einer Besuchergruppe durch die Anstalt
Rapport
Filzer
Essen
Kalfaktoren
Freizeit
Entlassung
Abgangsbesprechung

Bei der Sammlung dieser Szenen gingen die Gefangenen immer noch von der Absicht aus, ein „Stück" zu machen und es zur Unterhaltung der Mitgefangenen aufzuführen.

Sie rechneten also nicht damit, für sich *selbst* aus dem Spielen ihrer eigenen Situation einen Gewinn ziehen zu können. Sie waren vielmehr zunächst nur von dem theatralischen Reiz fasziniert, den die Situation des Strafvollzugs ja zweifellos ausübt.

Damit hatten wir uns zwar schon vom Thema her meiner eigentlichen Intention genähert, Rollenspiele über die Situation im Strafvollzug zu machen. Doch die Absicht, eine „Aufführung" zu veranstalten, schien mir immer noch gefährlich, weil der Blick auf ein potentielles Publikum die Spontaneität einschränken und zudem auch zu einer absichtswidrigen „Theatralisierung" beitragen würde.

Meine Befürchtungen bestätigten sich promt bei unserem zweiten Treffen, als einer der Teilnehmer mit einem fertigen „Drehbuch" erschien. Mit seinen sehr ausgeprägten Vorstellungen, die er von „Theater" hatte, sollte er auch später noch einige Schwierigkeiten machen. In seinem Elaborat hatte er aus den von uns gesammelten Szenen und überleitenden Dialogen eine Szenenfolge zusammengestellt, bei der Stimmen aus dem Hintergrund eindringliche Appelle an das Publikum richteten, während die Gefangenen im Halbdunkel der Bühne unter der Last ihrer Gefangenschaft schmachteten.

Die einzige Chance, meine ursprüngliche Absicht zu retten und mich nicht in die Rolle eines „Regisseurs" drängen zu lassen, der ein gegebenes Theaterstück inszeniert, sah ich in dem Versuch, Zeit zu gewinnen und die Teilnehmer der Gruppe vorerst besser kennenzulernen.

Ich begann also, Fragen über das Gefängnis zu stellen und forderte die Gefangenen auf, von sich zu erzählen. Ich hoffte, daß sich dabei eine Möglichkeit ergeben könne, die eine oder andere Szene spontan — aus der Gesprächssituation heraus — zu spielen, ohne daß dahinter die Absicht stünde, sich an ein Publikum zu wenden.

Diese Gespräche bewegten sich zunächst um die Situation der Gefangenen während ihrer Gefängniszeit. Ich lernte dabei viel über die „Infrastruktur" des Gefängnisses. Vor allem erfuhr ich, wie die Betroffenen selbst ihre Situation subjektiv erleben. Waren die Gespräche zunächst noch etwas vorsichtig und tastend, wurden sie im Laufe der Zeit immer offener. Niemand mußte mehr befürchten, daß eine persönliche Äußerung, die er in der Gruppe gemacht hatte, außerhalb unserer Treffen gegen ihn verwendet werden würde. Diese Vertrauensbeziehung war eine conditio sine qua non für die ganze weitere Arbeit.

Der inhaltliche Schwerpunkt unserer Gespräche verlagerte sich dabei unwillkürlich immer mehr auf die Zeit nach der Entlassung. Diesem Ereignis sahen die Gefangenen nämlich keineswegs nur freudig entgegen. Sie waren vielmehr skeptisch und von der beklommenen Frage bewegt, ob sie den Anforderungen genügen könnten, die mit der wiedergewonnenen Freiheit an sie gestellt werden würden. Kein Mitglied der Gruppe saß zum ersten Mal, alle hatten die Erfahrung ihres Scheiterns nach der Entlassung schon hinter sich.

Jetzt war eine ganze Zeit vergangen, in der der Gedanke an eine Aufführung vom Tisch war. Um so mehr wartete ich auf eine günstige Gelegenheit, um aus dem Gespräch heraus den Vorschlag zu machen, eine der angesprochenen Szenen, in denen sich ihre Ängste und Hoffnungen objektiviert hatten, zu spielen.

Die Gelegenheit ergab sich, als einer der Teilnehmer sehr beredt von seiner Gerichtsverhandlung erzählte. Als er gerade beschrieb, wie der Richter hinter seinem Aktenberg thronend väterlich auf ihn einsprach, unterbrach ich ihn mit dem Vorschlag: „Spielt das doch mal!"

Als der erste Schock überwunden war, machten sie sich an die Arbeit. Einige Bänke wurden umgestellt, schon hatten wir die Richterbank, den Platz für den Staatsanwalt und eine Anklagebank. Die Rollen wurden verteilt. Der Teilnehmer, der über seine Verhandlung berichtet hatte, wollte diesmal auf der anderen Seite sitzen: er nahm die Rolle des Richters für sich in Anspruch. Auch ein Staatsanwalt war schnell gefunden, nur an die Rolle des Angeklagten traute sich keiner so recht heran. In dieser Rolle hatten alle schon zu schlechte Erfahrungen gemacht, sie war ihnen wohl zu „existentiell".

Ich hatte für diese Szene erwartet, daß die Gefangenen ihre Aggressionen gegen die Institution Gericht austoben würden, den Richter zum Beispiel als lächerlichen Popanz oder donnernden Rachegott darstellten, den Staatsanwalt zu einem hinterhältigen Bösewicht machten. Doch nichts davon: der Richter führte die Verhandlung sehr freundlich. Es wurde sogar die Absicht deutlich, dem Angeklagten zu helfen. Der Staatsanwalt gab sich ebenfalls höflich und bemüht, nur manchmal ein ganz klein wenig ungeduldig. Trotzdem — und das war das Erschreckende an dieser Szene — wirkte der Angeklagte völlig hilflos und verloren. Er saß zusammengesunken auf seinem Stuhl, wußte nicht, wann er aufzustehen hatte und wann er sitzenbleiben durfte, wußte nicht, wann er sprechen sollte und wann nicht. Ich war zunächst etwas verwirrt, daß gerade der Darsteller des Angeklagten, sonst durchaus nicht schüchtern, diese Rolle so spielte. In unseren nachfolgenden Gesprächen zeigte sich jedoch, daß diese Hilflosigkeit echt und sozusagen realistisch war. In ihr spiegelten sich die Erfahrungen jedes einzelnen. Die Zeremonie der Gerichtsverhandlung hatte sie auch in der Realität sprachlos gemacht.

Was mir beim Spielen dieser ersten Szene auffiel und was sich dann auch bei den anderen improvisierten Szenen bestätigte, läßt sich so charakterisieren:

1. Die Spontaneität: Praktisch aus dem Stand, ohne den Verlauf der Szene miteinander abzusprechen, waren die Gefangenen in der Lage, die Gerichtssituation angemessen darzustellen.

2. Das Aufeinander-eingehen: Im Verlauf der Szene gab es keine Sprünge, keine Brüche. Sie war in sich logisch, obwohl sie, wie gesagt, nicht vorausgeplant war. Die Spieler waren in der Lage, aufeinander zu hören — was sie in der Diskussion übrigens durchaus nicht immer konnten — und aufeinander einzugehen. Das war das Verdienst der Logik, die der zu spielenden Szene innewohnte. Die Szenen waren eben nur spielbar, wenn man aufeinander einzugehen bereit und in der Lage war.

3. Der Gehalt an Realität: Anders als in unseren Gesprächen wurde der Richter eben nicht als dümmlicher Trottel dargestellt und der Angeklagte als Robin Hood der Gerechtigkeit. Die Situation des Spieles bewirkte gegenüber der verbalen Darstellung eine sehr viel genauere und ausgewogenere Art der Portraitierung.

4. Die Motivation: Die Teilnehmer entfalteten einen außerordentlich engagierten Spieltrieb. Das bedeutete zunächst, daß diejenigen, die gerade nicht am Spiel beteiligt waren, Schwierigkeiten hatten, ihre Motivation aufrecht zu erhalten. (Dies änderte sich allerdings in dem Maße, wie wir die Szenen mit anderen Darstellern wiederholten und die unterschiedlichen Darstellungsweisen besprachen.)

5. Die Offenheit: Im Spiel konnten die Teilnehmer zueinander offener sein als in den Gesprächen. Sie kannten sich ja vorher kaum und hatten außerhalb unserer Treffen zunächst wenig Kontakt miteinander. Das Spiel gab ihnen die Möglichkeit, ihre Individualität hinter der Rolle, die sie spielten, zu verstecken.

Unser weiteres Vorgehen gestaltete sich nun so, daß wir die gespielten Szenen mit Hilfe eines Tonbandgerätes aufzeichneten, die Aufnahmen gemeinsam abhörten und darüber sprachen. Die jeweiligen Zuschauer beurteilten die Szenen zunächst vor allem nach dem Kriterium der Realistik; Gut gespielt war eine Szene, wenn sie realitätsgerecht gespielt war.

Seine wichtigste Funktion hatte das Spiel aber darin, daß es zugleich Anlaß und Grundlage für ausführliche Gespräche über die Situation im Gefängnis und über die Situation der einzelnen Gefangenen war. Die Diskussionen fanden nicht mehr im „luftleeren" Raum statt, sie hatten vielmehr eine reale Grundlage, auf die man sich beziehen konnte.
Die einzelnen Szenen wurden immer mit anderen Darstellern wiederholt. Das bewirkte, daß sie sich mit den Personen, die sie spielten, veränderten. Immer kam das jeweilige Subjekt mit seinen Erfahrungen und mit seiner Geschichte mit ins Spiel. Dargestellt wurde ja immer auch die eigene Erfahrung. Aus ihr bezogen die Darsteller ihr Bild von der jeweiligen Situation. Trotzdem — und das war für die Teilnehmer eine wichtige Erfahrung — kam so etwas wie das Allgemeine und Transsubjektive heraus, das hinter den einzelnen Erfahrungen lag. Das Spiel war sozusagen ein Subtraktionsexempel mit den subjektiven Erfahrungen der einzelnen Teilnehmer: am Ende kam der Extrakt dieser individuellen Erfahrungen heraus. Zur Erhebung ins Allgemeingültige trugen ebenfalls die Gespräche über die Szenen und ihre Wiederholungen bei.
Allerdings zeigte sich bei zu häufiger Wiederholung und bei zu intensiver Reflexion eine Gefahr für das Spielen: Schlecht wurde das Spiel immer und sofort dann, wenn es zu intellektuell angegangen wurde, wenn etwas gezeigt werden sollte, was hinter der äußeren Darstellung als „Aussage" steckte. Dann nämlich kam wieder das Theater in den Blick mit einem Seitenblick auf ein potentielles Publikum. Hier störte das reflexive Bewußtsein die Spontaneität.
„Echt" und überzeugend dagegen war das Spiel immer dann, wenn es in gewisser Weise naiv war, wenn also versucht wurde, die Erfahrung darzustellen und nicht die *Interpretation* dieser Erfahrung.
Während dieser Phase der Arbeit war die Absicht, ein Theaterstück herzustellen und aufzuführen, völlig in den Hintergrund getreten. Die Gefangenen spielten jetzt ausschließlich für sich selbst und nicht für irgendein Publikum.
Dann kam der erste Einschnitt: nach dem Pfingsturlaub — die meisten Teilnehmer hatten die Erlaubnis, für ein paar Tage nach Hause zu fahren — war die Gruppe auf die Hälfte ihrer ursprünglichen Teilnehmerzahl zusammengeschrumpft. Zwei Mitglieder waren aus dem Urlaub nicht zurückgekehrt, einer hatte die Möglichkeit, einen Lehrgang zu besuchen, und mußte dafür in eine andere Strafanstalt, drei hatten keine Lust mehr mitzumachen.
Für mich war dieser Schrumpfungsprozeß zunächst etwas enttäuschend. Doch wäre es sicher zu viel verlangt, nach einer so kurzen Zeit der Zusammenarbeit schon einen engen Zusammenhalt der Gruppe zu erwarten, der bewirkt hätte, daß die anderen Interessen hinter der Gruppe zurücktraten.
Die Reaktion der Übriggebliebenen war recht positiv: vorher sei die große Zahl

der Teilnehmer schon ein Problem gewesen, meinten sie; fünf Teilnehmer seien genug, so könne man effektiver zusammenarbeiten.

Jetzt kam es zu viel mehr Gesprächen, die sich auch um ausgesprochen persönliche Angelegenheiten der Gefangenen drehten. Der Schrumpfungsprozeß der Gruppe hatte sie enger zusammengeführt. Er hatte unter denen, die durchgehalten hatten, so etwas wie einen Prozeß der Solidarisierung eingeleitet.

Die Methode der Arbeit blieb auch jetzt die gleiche: Wir versuchten, die Probleme, die sich als drückend für die Gefangenen erwiesen, „spielbar" zu machen, d. h. wir suchten Situationen, in denen diese Probleme thematisiert und dargestellt werden konnten.

Allerdings verlagerten sich die Themen noch entschiedener als vorher auf die Zeit nach der Entlassung. Dann nämlich kämen erst die Schwierigkeiten, die sich einem straffreien Leben draußen in den Weg stellten. In der Strafanstalt lebe man relativ geborgen. Es gebe zwar Verordnungen, die ziemlich streng seien und als repressiv empfunden würden, doch würden sie von den Beamten relativ großzügig ausgelegt. (Dabei sei allerdings problematisch, daß man so in große Abhängigkeit von dem Wohlwollen der einzelnen Beamten gerate: wenn ein Beamter einem Gefangenen nicht wohlgesonnen sei, habe er immer die Möglichkeit, ihn unter Berufung auf die Verordnung, die ja trotzdem gültig sei, zu bestrafen.)

Die gravierendsten Schwierigkeiten sahen die Gefangenen *nach* ihrer Entlassung auf sich zukommen. Dann nämlich seien sie dem Mißtrauen und der Ablehnung der Umwelt ausgesetzt und hätten keine Möglichkeit, sich dagegen zu wehren.

Das vorläufige Resumée dieser Diskussion war denn auch, daß draußen etwas getan werden müsse, daß die „Aufnahmebedingungen" in die Gesellschaft verbessert werden müßten.

Allerdings habe man dazu als Insasse einer Strafanstalt kaum eine Möglichkeit. In der Isolation sei man von der Kommunikation mit der Welt draußen weitgehend abgeschnitten, so daß man sich gar nicht erst für seine Belange einsetzen könne.

Diese Phase der Diskussion war begleitet von der Darstellung der Situationen, die den entlassenen Strafgefangenen draußen erwarten: Seine Versuche der Wohnungssuche, sein erster Besuch beim Bewährungshelfer, seine erste Straßenbahnfahrt und ähnliche Szenen.

In dem Maße wie den Teilnehmern der Gruppe bewußt wurde, daß die Möglichkeiten, die sie in der Anstalt zur Verbesserung ihrer Situation draußen haben, sehr gering sind, verlagerten sie die Überlegungen so konsequenterweise auf die Zeit nach der Entlassung. Zugleich entstand eine gewisse Unzufriedenheit mit unserer Arbeit. Was bringt sie eigentlich für uns? Wenn wir draußen sind, stehen wir doch genauso schlecht da, wie wenn wir nicht gespielt hätten! Wir können ja nicht durch Rollenspiel im Knast die Situation, die uns draußen erwartet, verbessern.

Man müßte, wenn man selbst draußen wäre, etwas für die Verbesserung der

74

Situation der Gefangenen tun. Man könnte einen Verein entlassener Strafgefangener gründen und vielleicht ein Haus mieten, in dem entlassene Gefangene aufgenommen werden.

Doch diese Überlegung wurde nicht lange weiterverfolgt. Man war sich selbst gegenüber recht skeptisch: „Man ist froh, wenn man draußen ist und nichts mehr mit dem Knast zu tun hat."

Damit waren wir mit unserer Arbeit in eine Sackgasse geraten. Durch Rollenspiel können wir aus der Erkenntnis, daß eine Veränderung des straffällig gewordenen Individuums für sich nicht möglich ist, keine Konsequenz ziehen. Was nützt es, wenn ich mich für mich selbst zu verändern versuche, dann aber in eine unveränderte Umwelt entlassen werde?

An dieser Stelle wurde wieder die Möglichkeit des Theaters, sich an ein Publikum zu wenden, zum Gegenstand der Diskussion: Wir müßten der Öffentlichkeit zeigen, wie es den Gefangenen ergeht; wir könnten ihr zeigen, welche Rolle sie beim Scheitern so vieler entlassener Gefangener spielt, und sie zur Überprüfung ihrer Haltung anregen.

Nur so hätte man als Gefangener die Möglichkeit, aktiv etwas gegen die Vorurteile der Gesellschaft zu unternehmen. Diese Vorurteile seien ja aus der Unkenntnis der wirklichen Situation der Gefangenen entstanden. Wenn wir ein Publikum besser informierten, könnten wir einen Beitrag zum Abbau dieser Vorurteile leisten.

Damit hatte unsere Arbeit wieder ein *Ziel* bekommen, das außerhalb der bloß selbstreflektorischen Nabelschau lag.

7

Kritische Diagnose des Rollenspiels

Während der ersten Phase unserer praktischen Theaterarbeit hatte sich das anfängliche Unbehagen am „reinen" Rollenspiel zu einer direkten Ablehnung dieses pädagogischen Instruments entwickelt.

Warum diese Ablehnung nicht auf einer gefühlsmäßigen Abneigung gegen die Selbstdarstellung im Rollenspiel beruhte, sondern triftige — aus der pädagogischen und gesellschaftlichen Aporie dieses Instruments sich ergebende — Gründe hatte, soll im folgenden Abschnitt erklärt werden.

7.1 Die Ziele des Rollenspiels

In den letzten Jahren hat das Rollenspiel einen Aufschwung erlebt, wie er wohl bei keiner anderen pädagogischen Methode je beobachtet werden konnte.

In allen sozialen Bereichen wird mit Rollenspiel gearbeitet; es scheint die „Wunderwaffe" der Pädagogik geworden zu sein.

Ob man von Planspielen, Soziodramen oder von Simulationsspielen spricht, eines ist allen gemeinsam: sie wollen im Spiel Verhaltensänderungen ausprobieren und einüben, die im realen Leben dann praktiziert werden sollen. Die einzelnen Ansätze unterscheiden sich nur darin, welcher Art die angestrebten Verhaltensänderungen sein sollen, und darin, wie man sie erreichen will.

Dabei allerdings lassen sich ganz erhebliche Unterschiede feststellen: Das Rollenspiel ist einmal eine Übung im Treffen von Entscheidungen" (Shaftel & Shaftel 1974, S. 20), es bietet Übungsmöglichkeiten „beim Erlernen neuer Arbeitstechniken" (ebda. S. 23). Rollenspiel kann aber auch ganz allgemein „Gelegenheit (. . .) geben, neue Verhaltensweisen einzuüben und anderes Verhalten zu verlernen" (Schwäbisch & Siems 1974, S. 304). Rollenspiel ermöglicht auch „Erkenntnisprozesse als Voraussetzung emanzipatorischen Handelns" (Balon & Sokoll 1974, S. 38). Auf der anderen Seite dient es „der Einübung des mitgebrachten Grundwissens und Anfangskönnens der in einem Beruf gehörigen äußeren Form und der ihr entsprechenden inneren Haltung" (Rehm 1964, S. 26). Im Rollenspiel können die Spieler „befriedigendere Verhaltensweisen erst einmal auf der realitätsfernen, unbelasteteren und folgenloseren Spielebene erproben" (Nickel 1972, S. 142). Rollenspiel läßt sich „zur Anpassung an geltende Normen und Werte" benutzen, zugleich aber auch „zum Erwerb einer kritischen Haltung und selbstbestimmter, kompetenter sozialer Verhaltensweisen" (Coburn-Staege 1977, S. 9f.).

Die Liste der Ziele, die mit Rollenspiel erreichbar sein sollen, ließe sich beliebig fortsetzen[9]; mit fast jeder der zahlreichen Neuerscheinungen zum Thema Rollenspiel wird ihr ein neues Blatt hinzugefügt.

Ganz sicher würden wir in dem Selbstbedienungsladen der Rollenspieltheorie auch für das Rollenspiel im Strafvollzug ein Ziel-Angebot finden, doch hindert uns hier am Zugriff eine starke Hemmung: Selbst wenn wir Ziele fänden, die in unser Konzept paßten, selbst wenn wir Methoden gewännen, die für den Strafvollzug geeignet wären, wie könnten wir erreichen, daß das Gelernte dann in der Realität tragfähig ist? Und für welche Realität sollten wir erziehen? Für die Strafanstalt oder für draußen[10]?

Damit sind wir auf die zentrale Frage gestoßen, die über Sinn und Unsinn des „reinen" Rollenspiels entscheidet. Sinnvoll ist Rollenspiel ja nur, wenn es gelingt, das im Spiel Gelernte für die Realität nutzbar zu machen.

7.2 Spiel und Ernst im Rollenspiel

Um uns einer Antwort auf diese Frage zu nähern, müssen wir prüfen, in welchem Verhältnis das Rollenspiel sich zur Realität befindet.

Zunächst können wir feststellen: Rollenspiel ist „Spiel" und nicht „Ernst". Seinen „Ernst" bezieht das Rollenspiel nicht aus dem „Ernst des Lebens", sondern aus dem Ernst, mit dem es als Spiel betrieben wird. Der Spieler selbst entscheidet, wie ernst er das Spiel nimmt, ja er kann sogar entscheiden, ob er überhaupt an dem Spiel teilnehmen will. Im Leben hat er diese Möglichkeit nicht: er muß mitspielen, ob er will oder nicht.

Ferner gehorcht das Rollenspiel seinen eigenen Gesetzen, die nicht die Gesetze der Realität sind: diese Gesetze können jeweils von den Spielern gemacht werden; im Spiel kann der Schwache siegen, der Arme reich oder der Aggressive sanftmütig sein.

Schließlich sind die Spielhandlungen ohne Konsequenzen: der Spieler muß die Folgen seines Handelns nicht tragen. Er kann auf der Bühne als Mieter den Hausbesitzer beschimpfen, kann als Angeklagter den Richter ohrfeigen (vorausgesetzt der Spieler des Richters spielt mit) oder als Millionär sein Geld an die Armen verschenken.

Die Welt des Spieles — so halten wir zunächst fest — ist also eine andere als die reale Welt. Zwischen ihnen gibt es keine direkte Verbindung[11].

Trotzdem hat das Rollenspiel einen Bezug zur Realität. Es nimmt schon per definitionem die reale Welt in sich auf, indem es sie zur Grundlage seines Nachspielens macht. Im Rollenspiel wird ja immer „Realität" gespielt. Doch bleiben die Spiel-Welt und die reale Welt zwei verschiedenen Dimensionen zugeordnet. Jeder Versuch, im Spiel die reale Welt einzuholen, muß an dieser Inadäquatheit scheitern.

Ich kann zwar versuchen, mich im Spiel möglichst nahe an der Realität zu halten, ich kann versuchen, sie ganz genau — sozusagen naturalistisch — abzubilden. Damit mag ich zwar erreichen können, daß meine Darstellung realistisch wird; real ist sie aber noch lange nicht. Die Realität hat im Rollenspiel nur die Qualität von Versatzstücken, mit denen ich spiele.

Ich kann weiter versuchen, meine Spielregeln an den Regeln der Realität zu orientieren oder sogar die gleichen Regeln anwenden. Sie werden — benutze ich sie im Spiel — zu Spielregeln. Die Diskrepanz zwischen der „echten" Realität und der gespielten Realität bleibt gleichwohl unüberwindbar[12].

Diesem Dilemma gegenüber nehmen die Theoretiker des Rollenspiels unterschiedliche Haltungen ein.

Einige übersehen dieses Problem geflissentlich und gehen ihm so aus dem Wege[13]. Andere versuchen es in der Weise zu lösen, daß sie Realistik fordern. Sie versuchen also, den qualitativen Unterschied zwischen Realistik und Realität durch eine bloß quantitative Annäherung aufzuheben[14].

Die dritte Möglichkeit wird von einem einzelnen Autorenpaar darin gesehen, daß die Ebenen vom Spiel und Realität vermischt werden: Um bei einem Produktionsplanspiel zu verhindern, daß die Teilnehmer einer „kompensatorischen Freizeitbeschäftigung" nachgehen, die die „während der Arbeitszeit erfahrene Frustration" hätte aufheben können, durften sie sich nur „im Clubzentrum des Hauses aufhalten und unter keinen Umständen tanzen" (Balon & Sokoll 1974, S. 24).

Der letzte Versuch, das Dilemma der Kluft zwischen Spiel und Realität aufzuheben — übrigens der am meisten verbreitete —, geht den umgekehrten Weg. Hier wird nicht versucht, das Spiel der Realität anzunähern, um so den Graben zuzuschütten, hier wird vielmehr die Realität als Spiel verstanden. Man versucht also nicht, das Spiel als Ernst zu nehmen, man faßt vielmehr die Realität als großes Rollenspiel auf[15].

Das „Leben" ist dann das große Theater, auf dessen Bühne wir unsere Rollen spielen, und das Rollenspiel die Probebühne, auf der wir unsere Rollen für das Rollenspiel des Lebens einüben.

Diese Probebühne ist der „Schonraum"[14], in dem ich Verhaltensweisen ausprobieren und durchspielen kann, ohne mich — wie auf der großen Bühne der Gesellschaft — der Gefahr auszusetzen, daß man mich ausbuht.

Ich kann sogar neue Rollen oder neue Interpretationen von Rollen entwikkeln und sie so perfekt einstudieren, daß sie vom großen Publikum vielleicht sogar mit Beifall aufgenommen werden und mich zum Star im Gesellschaftspiel werden lassen.

Die dem Rollenspiel zugeschriebene Möglichkeit, abgeschieden von der realen Welt für diese zu lernen, mag auf den ersten Blick bestechend sein: Rollenspiel müßte dann *das* ideale pädagogische Instrument für den Strafvollzug sein. Mit ihm könnte endlich der Widerspruch, durch Entzug der Freiheit zur Freiheit erziehen zu wollen, nicht nur aufgelöst, sondern sogar ins Positive gewendet werden.

Wir wollen einmal versuchen, diesen Aspekt der Rollenspieltheorie in heuristischer Absicht ernst zu nehmen, und uns überlegen, welche Konsequenzen das für das Rollenspiel im Strafvollzug und für den Strafvollzug allgemein haben könnte.

Den Straftäter verstehen wir dann als einen Menschen, der seine Rolle nicht richtig gelernt hat, der seinen Part im Gesellschafts-Spiel nicht so gespielt hat, wie man es erwarten könnte. Statt sein Geld — wie jeder andere auch — anständig zu verdienen, hat er es sich vielleicht mit einem Banküberfall beschafft, oder statt seine Sexualität — wie jeder andere auch — in der Ehe auszuleben, hat er vielleicht Frauen vergewaltigt.

Deshalb wird er für eine Weile von der Bühne des Lebens geholt und erhält in einem vergitterten Probenraum Nachhilfeunterricht. Dort lernt er „richtiges", das heißt von der Gesellschaft akzeptiertes Verhalten per Rollenspiel: seine Mitgefangenen übernehmen die Rollen, die die Gesellschaft anbietet und geben ihm, wenn er sich „richtig" verhält, das nötige „Feedback".

Erst wenn er seinen Part beherrscht, wenn er also seine Rolle so gelernt hat, wie man es von ihm erwartet, darf er die eigentliche Bühne wieder betreten. Was also in der Realität durch den Erfolg des „richtigen" Verhaltens geschieht, würde in dieser künstlichen Situation auf künstlichem Wege geschehen.

Für den Strafvollzug selbst hätte dies auch erhebliche Konsequenzen: Es würde genügen, dem Gefangenen die Möglichkeit zu Rollenspielen zu geben und ihn ansonsten zu bewachen und zu ernähren. Kontakt zur Umwelt außerhalb der Strafanstalt wäre dann nicht nötig, weil die Realität außerhalb der Strafanstalt ja per Rollenspiel „importiert" werden könnte.

Vielleicht wäre es sogar, um die Bedingungen für das Lernen der richtigen Rollen zu verbessern, günstiger, die Haftbedingungen zu verschärfen, denn damit könnte man den nötigen Leidensdruck erzeugen, der beim Gefangenen den Wunsch verstärkt, seine Rolle als Krimineller gegen die eines guten Bürgers einzutauschen[17].

Wir geben gerne zu, daß diese Darstellung sehr einseitig ist, daß sie „nur" die Wahrheit einer Karikatur hat; sie versteht Rollenspiel ja nur als Instrument der Anpassung an gegebene Verhältnisse.

Rollenspiel kann aber auch, so lesen wir bei vielen Autoren, z.B. bei Arno Paul, Mittel zur „Veränderung außertheatralischer Zustände" sein (Paul 1970, S. 96). Für uns hieße das, daß wir in unserem vergitterten Probenraum die Veränderung der Gesellschaft proben müßten. Wir könnten mit den Gefangenen andere, neue Rollen einstudieren, Rollen, die zu einem Stück veränderter Gesellschaft gehören.

Wir hätten damit aber die Rechnung ohne den Wirt, oder besser: die Inszenierung ohne die Zensur gemacht. Diese Rollen, auch wenn sie noch so gut einstudiert sind, würden die Gefangenen nie spielen können, weil die Gesellschaft sie schlicht keine Rolle spielen läßt. Sie dürften, um im Bild des Theaters zu bleiben, bestenfalls Kulissen schieben.

Die Verwendung des „reinen" Rollenspiels als pädagogisches Mittel im Strafvollzug (und auch anderswo) scheint also vor allem deshalb problematisch zu sein, weil völlig ungeklärt ist, ob und wenn wie das Gelernte in der realen Welt angewendet werden kann. Es wird auch kaum möglich sein, dieses Problem zu lösen, denn es gibt weder eine theoretische, hinreichend plausible Erklärung für seine Wirksamkeit, noch sind Meßmethoden vorstellbar, die den Erfolg der im Spiel erreichten Verhaltensänderung in der Realität messen könnten. Die Messung einer Verhaltensänderung könnte ja immer nur in einer künstlichen Situation erfolgen. Das hieße, daß die in einer künstlichen Situation (im Rollenspiel) erstrebte Verhaltensänderung, die in der Realität wirken soll, wieder in einer künstlichen Situation gemessen wird[18].

Die Hypothese der Rollenspieltheorie, daß Rollenspiele in der Realität wirken können, ist nicht überprüfbar. Sie kann nur aufrecht erhalten werden, wenn die Welt als Theater verstanden wird, wenn also die soziologische Rollentheorie ihr die Gesellschaftstheorie liefert.

Eine Auseinandersetzung mit dieser Rollentheorie wollen wir hier nicht beginnen; sie würde den Rahmen dieser Arbeit sprengen.

Wir sind aber zuversichtlich, daß die Problematik des Rollenspiels — versteht man es als Methode des Lernens für die Realität — auch so hinreichend deutlich geworden ist, zumal diese Problematik beim Rollenspiel im Strafvollzug sich verdoppelt: Dort steht ja zwischen der Spiel-Realität, in der gelernt werden soll, und der Realität, für die gelernt werden soll, die Realität des Strafvollzugs. Sie verhindert, daß das im Spiel Gelernte unmittelbar angewendet werden kann.

Wir hatten unseren Bericht über die Praxis der Theaterarbeit in Neuengamme (Vierlande) an der Stelle unterbrochen, wo wieder die Möglichkeit des Theaters, sich an ein Publikum zu wenden, zum Gegenstand der Diskussion geworden war.

Wir erinnern uns: Die Gefangenen hatten das „reine" Rollenspiel als unbefriedigend empfunden, weil es keine Möglichkeit bot, die eigene Situation zu verändern. Sie hatten erkannt, daß bloße Selbstreflektion nichts dazu beiträgt und wollten deshalb konkrete Versuche unternehmen, die eigene Situation zu verändern.

8

Praxis-Bericht
2. Teil —
Spielen für Zuschauer!

Wir überlegten also, wie diese Absicht realisiert werden könnte. Die „ästhetischen" Probleme bereiteten dabei die geringsten Kopfschmerzen: Wir hatten in den Rollenspielen Rohmaterial erarbeitet, aus dem wir ohne Schwierigkeiten eine Szenenfolge zusammenstellen könnten.

Völlig ungeklärt war dagegen die Frage, ob wir von der Anstaltsleitung die Genehmigung bekommen würden, draußen zu spielen. Dazu kam, daß die Gefangenen unsicher waren, ob sie mit der Darstellung ihrer Probleme bei den Zuschauern überhaupt auf Interesse stoßen würden. Sie konnten sich nicht vorstellen, daß das Thema „Knast" einen Zuschauer vom Fernsehschirm weglocken würde.

Diese Unsicherheit löste denn auch die einzige große Krise in unserer Arbeit aus: Eines Tages, als ich zu einem unserer regelmäßigen Treffen kam, spürte ich zuerst eine ungewohnte Zurückhaltung bei den Mitgliedern der Gruppe. Die Begrüßung war weniger herzlich als sonst, keiner wollte so recht mit der Arbeit anfangen. Dann erst sah ich mehrere Exemplare eines Buches auf dem Tisch, die sich bei näherem Hinsehen als Goetz-Einakter entpuppten.

Ich muß wohl ein so erstauntes Gesicht gemacht haben, daß die Gruppe mir die Situation wie einem enttäuschten Kind zu erklären begann:

Der Lehrer der Strafanstalt habe mit seiner Laienspielgruppe ein Stück aufgeführt, das bei den Gefangenen und bei der Anstaltsleitung große Begeisterung ausgelöst habe. Jetzt befürchteten sie, daß uns das Wasser abgegraben werde: Auf Grund seiner Position habe der Lehrer die besseren Möglichkeiten, sowohl in materieller Hinsicht als auch in Bezug auf die moralische Unterstützung durch die Anstaltsleitung.

Jetzt erwies es sich als verhängnisvoll, daß wir die ganze Zeit — auch gegenüber der Anstaltsleitung — als Laienspielgruppe firmiert hatten. Die Teilnehmer der Gruppe fühlten sich verpflichtet, eine Aufführung für die Mitgefangenen zu produzieren, von einer Laienspielgruppe werde das eben erwartet.

Sie befürchteten, daß die Anstaltsleitung ihrer Erwartung dadurch Nachdruck verleihen könnte, daß sie uns nicht erlauben würde, unser Stück draußen aufzuführen. Auf meinen Einwand, ich hätte die sichere Zusage, daß dies

81

genehmigt würde, entgegnete man: die Anstaltsleitung könne zwar der Gruppe als Ganzes erlauben, draußen zu spielen, sie könne das Projekt aber dadurch zu Fall bringen, daß sie einzelnen Teilnehmern den Ausgang für die Aufführung verbiete. Damit, so meinten sie, könne die Anstaltsleitung eine Zensur durch die Hintertür ausüben; schließlich enthalte die von uns geplante Szenenfolge ja auch Kritik am Strafvollzug.

In diesem Stadium der Diskussion kam heraus, daß die Gruppe für die Goetz-Stücke schon die Rollen verteilt hatte, und einige ihren Part schon auswendig gelernt hatten. Unser Projekt sollte nebenher weiterlaufen.

Die Gruppe zweifelte also nicht an unserem Projekt als solchem, sie war nur skeptisch, ob es gegen verschiedene Widerstände realisierbar sei. Die Furcht vor einer Zensur durch die Hintertür, die die ganze Arbeit zunichte machen könnte, spielte dabei die größte Rolle: Irgendein kleiner Verstoß gegen irgendeine Verordnung könne jedem der Teilnehmer unterlaufen. Normalerweise werde darauf nicht reagiert, doch könne ein solcher Verstoß im Bedarfsfalle den Vorwand liefern, unser Projekt zu Fall zu bringen.

Trotzdem hatten die Teilnehmer unser Projekt nicht völlig aufgegeben: Sie hatten sich nämlich überlegt, was sie mit den Einnahmen, die sie von unserer Aufführung draußen erwarteten, machen wollten. Sie wollten mit dem Erlös einen Kinderspielplatz bauen. Sicher stand hinter dieser Absicht auch die Hoffnung, auf diese Art wenigstens für einige Zeit die Strafanstalt verlassen zu können. Andererseits hatten sie damit aber auch die Konsequenz aus ihrem eigenen Lebenslauf gezogen: Sie wollten einen bescheidenen Beitrag dazu leisten, daß anderen ein ähnliches Schicksal erspart würde.

In dieser Situations sah ich die einzige Chance, unser Projekt zu retten, in dem Versuch, die Gruppe zur Fortsetzung unseres Projekte zu *überreden*. Überzeugen konnte ich sie nicht, denn ich verfügte über keine handfesten Argumente, ich teilte sogar ihre Skepsis. Ich konnte nur die Zusage geben, die Befürchtungen der Teilnehmer offen mit der Anstaltsleitung zu besprechen.

Mein Versuch gelang, die Goetz-Exemplare verschwanden von den Tischen, und die Gruppe machte sich wieder an die Arbeit. Wir wollten eine Szenenfolge zusammenstellen, die zeigt, wie ein entlassener Strafgefangener die erste Zeit nach seiner Entlassung erlebt und welche Schwierigkeiten ihn erwarten.

Jetzt kam auch die Idee für die erste und die letzte Szene: Das Stück sollte in der Abgangszelle beginnen, wo die Gefangenen auf ihre unmittelbar bevorstehende Entlassung warten, die Schlußszene sollte mit der Anfangsszene identisch sein: wieder sind alle in der Abgangszelle versammelt und warten erneut auf ihre Entlassung. Damit, so meinten wir, könnte der Kreislauf der kriminellen Laufbahn deutlich gemacht werden.

Jetzt hatten wir uns also ganz von unseren Rollenspielen entfernt. Die Weiterarbeit stand unter dem Vorzeichen der geplanten Aufführung. Dies hatte zur Folge, daß die Gefangenen sich über ihr potentielles Publikum Gedanken zu machen begannen. Sie überlegten, wie sie auf ihr Publikum wirken würden, sie machten sich Gedanken, wie sie sich diesem Publikum gegenüber darstellen wollten: Dies hatte Auswirkungen auf die Spielweise: Ein Teil der ursprünglichen Spontaneität und Unbefangenheit ging in dieser Phase verloren. Man spielte zum Teil auf dieses zukünftige Publikum hin, das man über die eigene Situation aufklären wollte.

Das führte besonders beim Spielen der „Abgangszelle" zu Problemen: diese Szene hatten wir nicht als Rollenspiel gespielt, sie entstand erst als Teil unserer Szenenfolge, im Bewußtsein also, daß sie vor einem Publikum von relativ Uninformierten aufgeführt werden sollte.

Vor den Mitgefangenen und mir als Publikum — diejenigen, die gerade nicht „dran" waren und ich waren ja immer Publikum — hatte es diese Probleme nicht gegeben. Wir mußten als Zuschauer eine andere Qualität haben als die „Normalbürger". Vor uns glaubte man sich nicht verstecken zu müssen. Man konnte sich so geben, wie man war. Das Verständnis, das man bei uns fand, glaubte man draußen nicht finden zu können; dafür sprachen ja auch die früheren Erfahrungen der Gefangenen.

Zunehmend kamen jetzt ästhetische Probleme in den Vordergrund, wir wollten ja eine „Theater"-aufführung produzieren. Inzwischen waren wir aus dem Schulraum in die Kirche umgezogen, die zugleich als Kino- und Theatersaal diente. Sie war mit einer Guckkastenbühne ausgerüstet, was die Vorstellungen, die die Gefangenen sich von Theater machten, unterstützte.

Theater war in den Augen der Gefangenen vor allem etwas Geheimnisvolles und Feierliches. Der Zuschauerraum mußte im Dunkeln liegen und sollte von der Bühne durch einen Vorhang getrennt sein. Von den Umbauten zwischen den Szenen durften die Zuschauer nichts merken. Das Theater, wie es die Gefangenen sich vorstellten, war ziemlich theatralisch. Woher sie diese Vorstellungen hatten, weiß ich nicht — sicher war noch keiner von ihnen je im Theater gewesen.

In dieser Phase wurde es für mich notwendig, etwas mehr aus dem Hintergrund zu treten. Ich wollte die Gefangenen ja nicht dazu benutzen, *mein* Theater zu machen, mir ging es vielmehr darum, sie bei ihrem eigenen Stück zu unterstützen. Jetzt allerdings fühlte ich mich verpflichtet, darauf hinzuweisen, daß Theatralik nicht unbedingt das beste Mittel sei, um mit Theater Wirkung zu erzielen, daß man vielmehr mit einfachen Mitteln größere Wirkungen erreichen könne. Ich warnte jetzt also ständig vor der Gefahr der Verkitschung.

Die Gefangenen vertrauten wohl meinem Sachverstand und begannen jetzt, sich immer mehr auf mich zu verlassen. Zunehmend versuchten sie, mich in die Rolle eines „Regisseurs" zu drängen, der die Inszenierung bestimmt. Gegen diese Rolle wehrte ich mich — ich wollte sie gern in ästhetischen Fragen beraten, aber ich wollte ihnen dabei nicht ihr Theater aus der Hand nehmen. Doch machten die Gefangenen bald auch die Inszenierungsarbeit zu ihrer eigenen, und ich fand mich wieder als Berater und Diskussionspartner.

Die weitere Arbeit an den Szenen bestand darin, sie zu präzisieren, unverständliche oder nur für den Knast-Insider verständliche Szenen zu ändern. Diese Arbeit war mühsamer, als wir uns vorgestellt hatten: plötzlich standen die Texte den Spielern fremd gegenüber. Sie waren zu Spieltexten geworden, die sogar gelernt werden mußten.

Die treibende Kraft war jetzt nicht mehr die Freude am Spielen sondern das gemeinsame Ziel einer Aufführung. „Rollenspiele" benutzten wir jetzt nur noch dazu, neue Szenen herzustellen oder schon vorhandene zu verbessern. Häufig machten wir es dann so, daß wir über einen Änderungsvorschlag nicht lange diskutierten, sondern ihn einfach spielten.

Je näher der Termin einer möglichen Aufführung rückte, desto dringlicher wurde es, auch den Rahmen für diese Aufführung zu schaffen. Zunächst brauchten wir einmal ein Bühnenbild.

Müßten sich die Gefangenen auch noch um das Bühnenbild kümmern, so hätte dies sie sicher überfordert: sie hatten keinerlei bildnerische Ausbildung, und das Versäumte nachzuholen, wäre in der kurzen Zeit, die uns neben den Proben zur Verfügung stand, nicht zu leisten gewesen. Andererseits war es von großer Bedeutung, daß das Bühnenbild in der richtigen Beziehung zu dem gespielten Stück stand.

Das Bühnenbild mußte *einmal* natürlich billig herzustellen sein — wir hatten keinerlei finanzielle Unterstützung — es mußte aber *auch* einen Gegenpol zu der Realistik des Spiels bilden.

Die Entwürfe für das Bühnenbild wurden von Gloria Umlauft hergestellt — einer Malerin, die mich bei der ganzen Arbeit unterstützte — und dann mit den Teilnehmern der Gruppe diskutiert. Wir entschieden uns für schlichte Holztafeln, auf denen die jeweiligen „Hintergründe" zeichnerisch linear dargestellt wurden. Wir wollten damit eine gewisse Verfremdung erreichen und auf diese Weise unser Stück als „gespielt" zeigen.

Der Rest des Bühnenbildes, die Requisiten, wurden von den Gefangenen beschafft und in der Art vorbereitet, daß sie in die von den Holztafeln gesteckten Rahmen paßten. Auch sie durften nicht zu realistisch erscheinen und wurden deshalb in den Farben angestrichen, die das Bühnenbild verlangte.

Jetzt, wo sich unsere Arbeit dem Abschluß näherte, wurde der Arbeitsaufwand natürlich immer größer, ebenso die organisatorischen Probleme: Wir brauchten zur Herstellung des Bühnenbildes eine Säge und eine Bohrmaschine, was im Gefängnis zum Problem werden kann. Wir mußten überhaupt erst einmal einen Ort finden, an dem wir unser Stück aufführen könnten. Dann mußten wir dafür sorgen, daß unsere Ausrüstung zum Spielort transportiert werden konnte. Plakate mußten entworfen und gedruckt, die Presse mußte informiert werden. Dazu kamen dreimal in der Woche Proben.

Unser Stück war endlich fertig, wir mußten nur noch eine Möglichkeit finden, die Umbaupausen während der Aufführung zu überbrücken. Zunächst dachten wir daran, zwischen den einzelnen Stücken Musik abzuspielen, doch stellte uns diese Lösung nicht zufrieden. Wir wollten die Pausen besser ausnutzen. Schließlich kamen wir auf die Idee, in den Pausen die Lebensläufe der Spieler zu verlesen. Damit könnten wir den Bogen zur Entstehung der Kriminalität spannen; dies war ja in unserem Stück noch gar nicht angeklungen. Zugleich könnten wir die Zuschauer auch mit der Lebensgeschichte der Spieler vertraut machen und so eine engere Beziehung zwischen Spielern und Zuschauern herstellen.

Auch für die Gruppe selbst erwies sich diese Idee als fruchtbar: Dieses Vorhaben war nämlich der Anlaß dafür, daß die Gefangenen untereinander sehr ausführlich ihre Lebensgeschichten erzählten. Dies taten sie so offen, daß sie sich auch gegenseitig viel besser verstanden und sich eine vertiefte Kommunikation ergab. Besonders ein Teilnehmer, der wegen seiner „harmlosen" Straftaten von den anderen als „Eierdieb" verspottet worden war, stieß — als seine mitleiderregende Lebensgeschichte im einzelnen bekannt war — auf Verständnis. So hatten sich die Kriterien, nach denen Gefangene sich gegenseitig beurteilen, wenigstens in unserer Gruppe radikal geändert.

Schließlich waren alle Vorbereitungen abgeschlossen, unser Stück stand, der Termin für unsere Aufführung kam näher.

Eine Woche vor der eigentlichen Aufführung fand eine Generalprobe statt, zu der wir Vertreter der Presse eingeladen hatten. Wir versprachen uns davon bessere Möglichkeiten der Bekanntmachung. Außerdem hatte sich für diesen Termin ein Vertreter der Anstaltsleitung angesagt. Bisher war unsere Arbeit von der Anstaltsleitung geduldet worden, niemand hatte uns ernsthaft kontrolliert. Doch jetzt, wo es ernst wurde, meinte man wohl doch, unsere Aktivitäten in der Öffentlichkeit im Auge behalten zu müssen.

Zu der Aufführung selbst kamen trotz der relativ bescheidenen Bekanntmachung ungefähr 350 Zuschauer, der Saal wurde voll. Jetzt endlich standen die Gefangenen den Leuten gegenüber, für die sie fast ein Jahr gearbeitet hatten. Während die Zuschauer eintrafen, hielten sich die Gefangenen im Foyer auf, um die Besucher zu beobachten und um sich selbst von den Leuten beobachten zu lassen. Sie hatten ihre Anstaltskleidung anbehalten, obwohl sie ihre Privatkleidung hätten anziehen können. Diese brauchten sie ja für die Aufführung und hatten sie deshalb von der Kammer mitnehmen dürfen.

Auch während der eigentlichen Aufführung wurde die Privatkleidung nur dann angezogen, wenn es für die Rolle notwendig war. In allen anderen Situationen — vor der Aufführung, in der Pause und während der anschließenden Diskussion — trugen sie die Anstaltskleidung. So entstand das Paradoxon, daß diesmal die Privatkleidung die Verkleidung war. Obwohl sie ihr Publikum in Privatkleidung hätten empfangen können, trugen sie ihre Anstaltsuniform Sie *wollten* diesmal „Knackis" sein. Zum ersten Mal trugen sie ihre Uniform mit einem gewissen Stolz. Sie verstanden sich als eine Gruppe von Fachleuten, die die Zuschauer über etwas aufklären konnte, was diese noch nicht kannten.

Hätten sie diesen Leuten einzeln gegenübergestanden und wären sie dann als Strafgefangene erkannt worden, hätten sie sich bestimmt ihrer Kleidung geschämt. Das dürfte der psychologische Schlüssel für das im ersten Augenblick merkwürdig anmutende Verhalten sein.

Weil so viele Zuschauer gekommen waren, um ihnen zu begegnen und sie anzuhören, fühlten sie sich von vornherein akzeptiert. Sie konnten stolz auf das sein, was sie geleistet hatten.

Einen gewissen Stolz hatten sie auch in einer anderen Beziehung entwickelt: Die Anstaltsleitung hatte die Gefangenen und auch mich darauf hingewiesen, daß der Genuß von Alkohol während der Zeit, die wir außerhalb der Strafanstalt zubrachten, verboten sei. Tranken die Gefangenen Alkohol, würde das ganze Unternehmen scheitern.

Unmittelbar vor der Aufführung bot der Leiter der Institution, in der unsere Aufführung stattfand, den Gefangenen ein Glas Sekt gegen das Lampenfieber an. Die Gefangenen lehnten es strikt ab, obwohl der aufsichtführende Beamte sich zurückgezogen hatte und sie ganz sicher sein konnten, daß niemand ihre „Sünde" bemerken würde. Selbst der Einwand des Leiters, daß in seinem Hause noch keiner aufgetreten sei, ohne zuvor ein Glas Sekt zu trinken, konnte sie nicht umstimmen.

Diese Ablehnung hatte sicher nicht nur den Grund, daß sie das Ergebnis ihrer Arbeit nicht gefährden sollten, vermutlich stand noch mehr dahinter: Sie nahmen ihre Arbeit ernst, sie wollten sich und vielleicht auch uns zeigen, daß sie unsere Arbeit nicht als bloßes Vehikel benutzt hatten, um andere Ziele zu erreichen — zum Beispiel den Genuß eines Glases Sekt.

Das Publikum, das sich zu unserer Aufführung eingefunden hatte, entsprach ungefähr dem Durchschnitt der Bevölkerung, allerdings war die Jugend eher etwas überrepräsentiert. Die Ankündigungen in der Presse hatten auch Leute angelockt, die vorwiegend aus Sensationslust gekommen waren: Wo konnte man schon „echte Verbrecher" aus so geringer Distanz sehen[19]?

Als der Vorhang sich dann für die erste Szene hob, war das Lampenfieber mit einem Schlag verschwunden. Die Gefangenen waren von ihrem Spiel gefangen. Keiner hatte den Text vergessen, keiner kam ins Stottern.

Die Anwesenheit eines so großen Publikums stimulierte sie, so daß ich manchmal sogar Angst hatte, sie ließen sich zu Improvisationen hinreißen, die dann nicht wieder zu unserem Stück zurückgelenkt werden könnten. Doch alles ging glatt.

Das Publikum war sehr aufmerksam und „ging mit". Man hatte schon während der Aufführung den Eindruck, daß wir mit unserem Stück ankamen. Dieser Eindruck bestätigte sich auch dadurch, daß fast alle Zuschauer noch zur anschließenden Diskussion dablieben. So hatten wir auf jeden Fall Interesse an den Problemen der Strafgefangenen geweckt.

Die anschließende Diskussion bot den Gefangenen die Möglichkeit, „Normalbürgern", die nicht viel über den Strafvollzug wissen, ihre Situation zu erklären. Das Stück selbst hatte, ebenso wie die Lebensläufe, viele Anknüpfungspunkte für die Diskussion geboten.

Die Fragen, die das Publikum stellte, gingen zunächst auch in diese Richtung. Ihnen lag das Bedürfnis nach genauerer Information zugrunde.

Für die Gefangenen war es erstaunlich zu erfahren, wie wenig die Öffentlichkeit über den Strafvollzug und über die Probleme nach der Entlassung unterrichtet war.

Die Gefangenen hatten also einmal die Möglichkeit, das Publikum über die Einzelheiten ihres Lebens in der Strafanstalt und über ihre Erfahrungen nach der Entlassung aufzuklären, zum anderen sahen sie sich aber auch genötigt, sich mit den Vorurteilen, die die Zuschauer ihnen gegenüber hatten, auseinanderzusetzen. In einigen Zuschauerfragen schlugen sich diese Vorurteile recht massiv nieder: Ob die „weiche Welle" im Strafvollzug nicht den eigentlichen Sinn der Strafe zunichtemache, war eine Frage, die in immer neuen Variationen häufig wiederkehrte.

Die Gefangenen waren durch diese Fragen gezwungen, ihre Position zu klären, indem sie sie *erklärten.* Sie mußten den Zuschauern verständlich machen, daß der „Vollzug mit weißer Tischdecke", mit Radio und Fernsehen zwar die äußere Situation der Gefangenen verbessert, daß er aber im Prinzip nicht viel am Strafvollzug ändert, weil die Möglichkeit zu sozialen Kontakten dadurch nicht verbessert wird. So leistete die Diskussion auch einen Beitrag dazu, daß die Gefangenen sich darüber klar wurden, was am Strafvollzug sie eigentlich bedrückte.

Aber auch für die Zuschauer war die Diskussion fruchtbar: Zunächst einmal machten sie eine ganz banale Erfahrung. Keiner der Gefangenen zeigte sich als Krimineller: Der Dieb sprang nicht von der Bühne und griff sich die Handtaschen der Damen in der ersten Reihe, der Totschläger erschlug nicht den ersten besten Zuschauer und der Heiratsschwindler knöpfte den anwesenden Damen nicht ihr Erspartes ab. Die Gefangenen waren für die Zuschauer vielmehr in erster Linie Menschen. Ihre Kriminalität war nicht das, was die Person ausmacht, sie war eher etwa Akzidentielles.

Daneben konnten die Zuschauer auch einen Einblick in die Probleme der Gefangenen während des Vollzugs gewinnen und in die Schwierigkeiten, von denen sie nach ihrer Entlassung erwartet wurden.

Dabei erwies sich die Entstehung des Stückes aus der Nachahmung der Realität als positiv: die Gefangenen hatten ja so gespielt, wie sie die Situationen erlebt hatten; die Zuschauer bekamen die Informationen aus erster Hand. Eine häufige Reaktion der Zuschauer während der Diskussion war denn auch: Das haben wir nicht gewußt.

Die Gefangenen trafen auf viel Verständnis und Hilfsbereitschaft. Eine ganze Reihe von Zuschauern erklärte sich spontan bereit, sie bei der Wohnungs- und Arbeitssuche zu unterstützen. Allerdings waren wir auf die Angebote nicht eingestellt und konnten sie deshalb nicht unmittelbar auffangen.

Insgesamt hatten wir den Eindruck, daß unser Projekt auf ein recht positives Echo gestoßen war. Wir hatten die Schwierigkeiten der Gefangene *den* Leuten vorgeführt, die im Grunde diese Schwierigkeiten verursachen. Jedenfalls verstanden sie sich als Repräsentanten der Gesellschaft, die diese Schwierigkeiten entstehen ließ.

Damit war unsere Arbeit zunächst abgeschlossen: Wir hatten unser Ziel erreicht. Die späteren Aufführungen, die wir an verschiedenen Stellen noch veranstalteten, unterschieden sich von der ersten kaum. Sie waren höchstens ein bißchen weniger engagiert als die erste.

Bei der letzten Aufführung allerdings ereignete sich ein Zwischenfall, der zum Abschluß noch berichtet werden soll. Er wirft ein Licht auf den Zusammenhalt der Gruppe, der im Laufe der langen Arbeit entstanden war.

Der Termin für diese Aufführung lag einen Tag nach dem Ende eines Urlaubs für die Gefangenen. Obwohl alle hoch und heilig versprochen hatten, sie würden bestimmt pünktlich zurücksein, war ich skeptisch. Am Nachmittag, als wir von der Anstalt aufbrechen wollten, fehlte dann auch einer. Wir hatten keinen Ersatz und waren einigermaßen verzweifelt. In Eile verteilten wir die Rollen des Fehlenden auf die restlichen vier Schauspieler. Mit Ach und Krach würden wir auch so über die Runden kommen. Der Saal füllte sich, gleich sollte der Vorhang aufgehen. Da stand der Fehlende plötzlich strahlend, jedoch auf schwankenden Füßen in der Tür und wollte gleich auf die Bühne eilen. Obwohl er wußte, daß er als entsprungener Häftling sogleich festgenommen werden würde, war er gekommen. Er wollte seine neu gewonnene Gruppe nicht im Stich lassen.

Wenn wir jetzt den zweiten Schritt zur Analyse unserer praktischen Arbeit in der Strafanstalt Vierlande unternehmen, müssen wir die *gesamte* Arbeit zum Gegenstand unserer weiteren Überlegungen machen.

9
Das Lerntheater

Wir können dabei zwar vom Ziel und vom Ergebnis unserer Unternehmung — nämlich der Aufführung vor einem Publikum — ausgehen, müssen aber von diesem Ergebnis her auch die anfängliche Rollenspielarbeit noch einmal durchreflektieren. Dieser Abschnitt hat nämlich im Nachhinein, dort, wo aus dem Spiel für die Gefangenen selbst ein Spiel für andere geworden war, einen neuen Sinn bekommen.

Einmal hatten die anfänglichen Rollenspiele ja erst zu der Konsequenz geführt, daß die Gefangenen ihre eigene Situation für andere darstellen wollten: das Scheitern des Versuchs, diese Situation für sich selbst — auf der Ebene des realitätsfernen Spiels — ändern zu wollen, hatte bewirkt, daß die Gefangenen sich auf die Ebene der Realität begaben. Indem sie sich für ihr Spiel einen Adressaten suchten, dem sie ihre Lage zeigen wollten, hatten sie sich auf den Boden der gesellschaftlichen Realität gestellt. Jetzt erst konnten sie sich mit ihrer Wirklichkeit auf dem dafür angemessenen Boden dieser Wirklichkeit auseinandersetzen.

Ferner hatten die anfänglichen Rollenspiele auch insofern eine neue Qualität bekommen, als sie die Basis für die Weiterarbeit bildeten: auf dem Rohmaterial, das wir in den Rollenspielen erarbeitet hatten, basierte ja die ganze weitere Arbeit. Sie waren zum Mittel geworden, mit dem das aufgeführte Stück hergestellt wurde.

Wir müssen unsere praktische Arbeit also noch einmal aufrollen, und zwar von dem Punkt an, an dem wir uns mit der Realität des Strafgefangenen während seiner Inhaftierung und nach seiner Entlassung befaßt haben. Wir müssen uns zunächst fragen, auf welche *Weise* die Auseinandersetzung mit der Realität stattgefunden hat.

Im ersten Anlauf läßt sich diese Frage ganz einfach so beantworten: *Wir haben die Realität des Strafgefangenen nachahmend dargestellt in der Absicht, diese Realität zu beeinflussen.*

Bevor wir jedoch die Frage stellen können, wie die Nachahmung der Realität vonstatten ging, müssen wir uns fragen, ob dies überhaupt eine sinnvolle Mehtode der Auseinandersetzung mit ihr sein kann — es wären ja auch alternative Arten der Auseinandersetzung möglich (z. B. eine wissenschaftliche Analyse oder eine bloße Sach-Diskussion).

Die erste Frage lautet also: Warum ist die Auseinandersetzung mit der Wirklichkeit im Nachspielen — auch angesichts der Konkurrenz mit direkten Formen der Auseinandersetzung — in ihrer Intention und Effektivität überlegen? Wir könnten es uns leicht machen und die Antwort auf diese Frage in der besonderen Situation der Strafgefangenen suchen: Wir könnten z.b. feststellen, daß Gefangene im allgemeinen nicht zu einer wissenschaftlichen Analyse, vielfach auch nicht zu einer einfachen Sach-Diskussion fähig sind — schon weil ihnen die Bildungsvoraussetzungen dafür fehlen. Wir können auch — positiv – auf die Freude am Theaterspielen hinweisen, bei der dann die Beschäftigung mit der eigenen Situation beiläufig abfällt; wir könnten endlich die Vorteile der „kollektiven" Auseinandersetzung im Theaterspielen aufzählen. Doch solche Begründungen würden — obwohl sie sicher ihre Bedeutung haben — nicht das Zentrum unserer Ausgangsfrage treffen. Wir vermuten, daß wir auf einem anderen Wege zu allgemeineren Aussagen über die Funktionen der Nachahmung kommen werden, zu Aussagen, die nicht nur für die Strafgefangenen gültig sind.

Wir stehen jetzt allerdings vor dem methodischen Problem, daß wir die Frage nach dem Sinn einer nachzuahmenden Wirklichkeit im Spiel zwar stellen müssen, daß wir aber noch nicht im Stande sind, sie zu beantworten. Die Antwort auf diese Frage werden wir erst finden können, wenn wir die Methode des Lerntheaters analysiert haben. Die gesamte Analyse muß unter dieser Leitfrage stehen; am Ende dann werden wir sie beantworten können.

Trotzdem könnte man sich über die Berechtigung unserer Fragestellung streiten, vielleicht dürften wir diese Frage gar nicht stellen — wir fragen ja auch Goethe nicht, ob es sinnvoll war, seinen Faust zu schreiben —. Wir wollen es aber trotzdem tun, und zwar in der Absicht, herauszubekommen, *wie sich die Nachahmung der Wirklichkeit im Nachspielen von der „normalen" Rezeption jener Wirklichkeit unterscheidet.*

Wir wollen die Produktion des Theaterstücks „Knast im Nacken" ja nicht literaturkritisch untersuchen. Uns geht es vielmehr um die im eigentlichen Sinne pädagogische Frage: ob nämlich die Herstellung eines solchen Stücks die Gefangenen dazu befähigen kann, ihre Wirklichkeit besser zu verstehen und damit auch besser zu bewältigen.

Trotzdem werden wir im Laufe unserer Untersuchung immer wieder auf Parallelen zur Literatur — besonders zur realistischen — stoßen. Denn dort geschieht ja im Grunde nichts anderes, als was auch wir getan haben: sie ahmt die Wirklichkeit mit einer ganz bestimmten Absicht gegenüber ihren Adressaten nach.

Wie also haben wir während unserer Arbeit in der Strafanstalt Vierlande die

Wirklichkeit in der Nachahmung bearbeitet? Um diese Frage beantworten zu können, wollen wir die praktische Arbeit zunächst in ihre einzelnen Phasen zerlegen und diese erst dann einer Einzelanalyse unterziehen.

Was haben wir während unserer praktischen Arbeit getan?

1. Wir haben zuerst (a.) die Entscheidung getroffen, uns überhaupt mit dem Thema Strafvollzug zu beschäftigen. Sodann (b.) haben wir aus der Realität charakteristische Situationen ausgewählt.

2. Wir haben dann diese Situationen nachgespielt.

3. Wir haben diese Situationen mit jeweils anderen Darstellern wiederholt.

4. Wir haben diese „Vorstellungen" als Grundlage für Diskussionen behandelt, in denen wir eine Analyse dieser Situation versucht haben.

5. Wir haben auf der Basis dieser Analysen die Szenen dann noch einmal gespielt, wieder mit jeweils anderen Darstellern und in einer durch Reflexion gleichsam vertieften Form.

6. Wir haben eine weitere Analyse versucht — auf einer Ebene, die die Ergebnisse der vorhergehenden Diskussionen zur Grundlage hatte.

7. Schließlich haben wir die Konsequenz aus dieser Analyse zu ziehen versucht, indem wir das Ergebnis anderen mitgeteilt haben, und zwar durch das Spiel, d. h. so, daß die Reflexionen in die konkrete Darstellung eingingen.

Die Gliederung unserer praktischen Arbeit in einzelne Abschnitte gibt uns zugleich die Gliederung für die Analyse dieser Praxis: nach einem allgemeinen Überblick über das, was mit Nachahmung gemeint ist, wollen wir die Methode des Lerntheaters in einzelnen Schritten betrachten und sie in ihrem Wert für die Herstellung einer — auf ganz bestimmte Ziele gerichteten — Theateraufführung untersuchen.

9.1 Die Mimesis als Basis

Mit Bedacht wählen wir für die Nachahmung des Lerntheaters den griechischen Begriff der μίμησις, denn nur er kann die spezifische Art der Nachahmung, mit dem das Lerntheater operiert, angemessen beschreiben. Die μίμησις ist ja von der imitatio, wie sie in der Pädagogik im Begriff des Imitationslernens erscheint, völlig verschieden, auch wenn für beide in der deutschen Sprache nur ein Begriff — eben die Nachahmung — zur Verfügung steht. Das Ziel sowohl der imitatio des Imitationslernens als auch der μίμησις des Lerntheaters ist ja das Lernen, doch zeigt sich bei näherer Betrachtung ein wesentlicher Unterschied, der die Nachahmung des Lerntheaters und die des Imitationslernens als zwei völlig verschiedene Dinge erscheinen läßt: bei der imitatio wird das Verhalten anderer zum Zwecke der Aneignung jenes Verhaltens kopiert. Die Imitation selbst ist schon das Ziel dieses Verhaltens. Dabei muß nicht bewußt nachgeahmt werden: das Kleinkind z. B. braucht den Sinn der nachgeahmten Handlung gar nicht zu begreifen; insofern hat diese Nachahmung sicher eine große Bedeutung in der Entwicklung des Menschen. (Dabei hat sie in erster Linie wohl eine Anpassungsfunktion: ich kann ja immer nur ein schon vorgegebenes Modell imitieren).

Ganz anders die Mimesis beim Lerntheater: ihr geht es ja nicht um die Aneignung des nachgeahmten Verhaltens. Der Gefangene etwa, der einen Richter spielt, ahmt ihn nicht deshalb nach, weil er sich in seinem künftigen Leben wie jener verhalten will. Spielt er sich selbst, kann er auch nichts über das hinaus lernen, was er vorher auch schon gekonnt hat.

Die Mimesis des Lerntheaters — das wird sich zeigen — ist keinesfalls eine direkte, bewußte oder unbewußte Nachahmung eines fremden Verhaltens zum Zwecke der Aneigung dieses Verhaltens, sie ist vielmehr eine ästhetisch vermittelte Nachahmung, die nicht zuerst auf Verhalten, sondern auf Erkenntnis zielt.

Der Begriff der μίμησις stammt von Plato (Plato 1958, S. 235 ff.). Er spricht ja der Kunst entschieden die Fähigkeit ab, die Wirklichkeit angemessen abzubilden — geschweige, sie zu beeinflussen. Für Plato ist die Kunst eine Nachahmung dritter Ordnung: Am Beispiel einer Bettstatt erläutert er die Rangfolge der Nachahmung, mit der sie sich zunehmend von dem abzubildenden Urbild entfernt.

An erster Stelle steht „die in der natürlichen Wirklichkeit existierende" Bettstelle, als deren Schöpfer Gott anzusehen ist; an zweiter Stelle folgt die Bettstatt, „die der Tischler macht"; und an dritter Stelle erst die, „die der Maler macht" (ebda. S. 235).

Dem Maler dieser Bettstatt stellt Plato ausdrücklich den Tragödiendichter gleich, der „erst an dritter Stelle von dem Könige und der Wahrheit an gerechnet" steht (ebda. S. 236).

Konsequenterweise hätte Plato noch einen Schritt weitergehen und der *Aufführung* der Tragödie den vierten Rang zuweisen können: Wenn der Schauspieler seinerseits den Text der Tragödie spielt, ahmt er das, was der Tragödiendichter schon nachgeahmt hat, seinerseits noch einmal nach und entfernt sich so noch um eine weitere Stufe von dem nachgeahmten Urbild. Wenn wir Plato richtig verstehen, so meint er, daß mit jeder neuerlichen Nachahmung etwas von dem Urbild, das nachgeahmt wird, verlorengehen muß. Kunst ist eine Proseis des Defizits. Würde Plato heute leben, so hätte er diesen Vorgang des Qualitätsverlusts vielleicht mit dem Vorgang des Fotokopierens verglichen: Wenn ich ein Original fotokopiere und von dieser Kopie wieder eine Kopie fertige, so erhalte ich bei jeder weiteren Kopie eine schlechtere Abbildungsqualität, als sie das Original aufweist. Wenn es also um die Abbildung der Oberfläche der Wirklichkeit — despektierlich ausgedrückt: um den Abklatsch — geht, trifft dieses Bild den Kern — und Plato spricht ja auch davon, daß Künstler lediglich die „Erscheinung" der Dinge nachahmen, also die Kopie kopieren.

Der platonischen Mimesis-Theorie fehlt nun — so scheint uns — die Frage nach dem Adressaten, *für den* nachgeahmt wird — und damit zugleich auch die Frage nach der Absicht, *mit der* nachgeahmt wird. Modern ausgedrückt: die Frage nach dem Rezeptionszusammenhang. Diesen hat erst Aristoteles in seine Theorie der Tragödie aufgenommen, indem er beim Zuschauer etwas erreichen will, eben die Katharsis durch ἔλεος und φόβος[20].

Der Maler, der eine Bettstatt abbildet, will ja keine Schlafgelegenheit schaffen, die wäre sicher unbequem; (ebenso schlecht könnte man übrigens in der Idee eines Bettes schlafen). Der Maler geht eben mit anderen Absichten an die Abbildung dieses Bettes heran als der Tischler.

Ebenso hat der Betrachter einer Bettstelle in der Werkstatt des Tischlers — oder heute im Möbelgeschäft — ein anderes Interesse als derjenige, der sich dem Bild einer Bettstelle nur betrachtend zuwendet. Jenen dürften in erster Linie die Bequemlichkeit und die Stabilität des Bettes interessieren — also die handwerkliche Qualität, daneben auch die ästhetischen Qualitäten der *Bettstelle* —, diesen die ästhetischen Qualitäten des *Bildes* der Bettstelle.

Wir brechen die Betrachtung der platonischen Mimesis-Theorie hier ab — uns ging es nicht um eine Auseinandersetzung mit ihr —; wir wollten nur die Ausgangsfrage für unsere weiteren Überlegungen klarer herausarbeiten: die Frage nämlich, wie die Wirklichkeit in der Nachahmung erscheint (Gadamer 1965, S. 105 ff.).

Konkreter ausgedrückt: ob die Betrachtung der Nachahmung der Wirklichkeit weniger über sie aussagt als die Betrachtung der Wirklichkeit selbst.

Wir müssen also untersuchen, wie die Gefangenen sich in ihrer Arbeit der Wirklichkeit angenähert haben, und uns fragen, ob sie — und auch die Zuschauer, die ihr Stück gesehen haben — die Wirklichkeit im Nachahmen besser verstanden haben bzw. verstehen können.

9.1.1 Die Auswahl des Nachzuahmenden

Den ersten Schritt zur Auseinandersetzung mit ihrer Wirklichkeit taten die Gefangenen mit der Entscheidung, sich überhaupt damit zu befassen — der Entscheidung also, daß sie ihre eigene Wirklichkeit nachahmen wollten. Dem folgte der zweite Schritt, nämlich die Auswahl der einzelnen Szenen aus der Wirklichkeit, die sie in der Nachahmung bearbeiten wollten.

9.1.1.1 Die Auswahl des Themas Strafvollzug

Der Entscheidung, *welche* Situationen aus dem Leben die Gefangenen spielen wollten, ging natürlich die zu weckende Bereitschaft voraus, sich überhaupt mit ihrer eigenen Situation auseinanderzusetzen zu wollen.

Wenn das, was wir in einem früheren Abschnitt herausgearbeitet haben, vorbehaltlos gelten sollte, hätten unsere Gefangenen sich eigentlich *nicht* für eine theatralische Auseinandersetzung mit ihrer eigenen Situation entscheiden dürfen[21]. Die Gefangenen — so hatten wir gesagt — flüchten sich ja vor der Realität des Strafvollzugs in eine Scheinwelt, die ihnen das Überleben in dieser Institution ermöglicht. Eine Auseinandersetzung mit dem Strafvollzug hätte dieser Fluchttendenz widersprochen. Dazu kommt, daß dieses Thema auch im Hinblick auf die Mitgefangenen ein heißes Eisen gewesen wäre; es hätte ja die Gefahr bestanden, daß man sich vor ihnen bloßstellt. Eine Auseinandersetzung mit der Realität des Strafvollzugs würde diese Tatsache so den Gefangenen ins Bewußtsein rücken und würde ihnen den Weg in ihre Scheinwelt versperren.

Warum nun hatten die Gefangenen auf meinen Vorschlag, Szenen aus dem Gefängnisalltag zu spielen, dennoch so positiv reagiert? Um diese Frage beantworten zu können, müssen wir uns noch einmal die Ausgangssituation vor Augen halten, an der unsere Theaterarbeit begonnen hatte: die Gefangenen hatten sich zu einer „Laienspielgruppe" gemeldet, sie wollten „Theater" spielen. Das Motiv war also nicht der Wunsch nach irgendeiner therapeutischen Beschäftigung, sondern ganz schlicht der Wunsch, Theater zu spielen. Offen war nur noch die Frage nach dem Stoff, den wir spielen wollten.

Deswegen war mein Vorschlag, den Knast zum Thema der theatralischen Bearbeitung zu nehmen, zunächst einmal ein Stoff-Vorschlag, den die Gefangenen auch nur als solchen verstanden haben. Der Grund für ihre Zustimmung war zunächst nur, daß sie diesen Stoff wenigstens für möglich hielten. Damit hatten sie ja auch durchaus recht: Der Stoff Knast übt für eine theatralische Bearbeitung zweifellos einen großen Reiz aus, er hat einen nicht zu unterschätzenden Unterhaltungswert — wie wohl jede Extremsituation.

Gleichwohl ist der Stoff „Strafvollzug" selten zum Gegenstand theatralischer Bearbeitung gemacht worden. Das neueste deutsche Theaterstück, das sich mit diesem Thema beschäftigt, ist Lampels „Revolte im Erziehungshaus", das auch schon einige Jahrzehnte alt ist. Wenn der Stoff trotzdem auf die Bühne gekommen ist, dann nur durch die Betroffenen selbst (The Cage). (Die Knast-Episode im „Hauptmann von Köpenick" hat das Gefängnis ja nicht eigentlich als Stoff aufgenommen).

Es läßt sich vermuten, daß dieser Stoff deshalb von so wenigen Autoren aufgenommen worden ist, weil ihnen schlicht die Erfahrung fehlte. Goethe hat ja nicht gesessen und konnte das Gefängnis also kaum beschreiben. Diese Vermutung wird dadurch verstärkt, daß von den Autoren, die im Gefängnis gesessen haben, sehr viele ihre Erfahrung der Gefangenschaft zum Thema der literarischen Auseinandersetzung gemacht haben[22].

Die Auswahl des Generalthemas Strafvollzug, so können wir festhalten, geschah also nicht in der Absicht, damit eine Auseinandersetzung mit der eigenen Situation einzuleiten, den Anstoß gab vielmehr die Tatsache, daß man dieses Thema für spannend und unterhaltsam hielt — und sich zudem noch als Experte auf diesem Gebiet fühlen konnte.

9.1.1.2 Die Auswahl der einzelnen Szenen

In die Auswahl der einzelnen Szenen spielte dann aber mehr hinein als nur das Kriterium der theatralischen Wirksamkeit. Die Gefangenen hatten ja nicht irgendwelche beliebige Situationen ausgewählt, sie hatten auch nicht nur solche ausgesucht, die besonders theaterwirksam waren. Die Situationen, die sie schließlich zusammengestellt hatten, waren erstaunlicherweise diejenigen, die für das Leben in der Gefangenschaft zentral waren. Sie hatten mit ihrer Auswahl genau die Angel- und Wendepunkte im Leben des Strafgefangenen getroffen, die Situationen, die auch ein informierter Außenstehender als die wichtigsten genannt hätte.

Woran liegt das? Die Gefangenen begannen sich in dem Augenblick, wo sie sich zu einer Auswahl gezwungen sahen, mit dem Gefängnis auseinanderzusetzen. Sie mußten Entscheidungen treffen, was eigentlich an ihrem Knastleben bedeutend und mitteilenswert war. Sie waren also einen Schritt weitergegangen als bei der allgemeinen Auswahl des Themas, die ja noch verhältnismäßig naiv vorgenommen worden war. Jetzt erst hatten die Gefangenen den Prozeß der Auseinandersetzung mit ihrer Situation begonnen. Das Mittel zu dieser Selbstklärung war das Theater. Damit wurde das Spielen mehr als nur bloßer „Motivationsspender"[23], der zur Auseinandersetzung mit seiner eigenen Situation leiten sollte: Theater war jetzt nicht mehr das Mittel zu einem außerhalb seiner liegenden Zweck, es trug vielmehr seinen Zweck in sich selbst, er war in das Mittel integriert.

9.2 Die naive Nachahmung

Die Nachahmung der Wirklichkeit — das ist klargeworden — verstehen wir als eine bestimmte Form der Annäherung an die Wirklichkeit. Wir fragen uns zunächst, ob diese Annäherung zu einer besseren Kenntnis der Wirklichkeit verhelfen kann.

Dazu wollen wir uns erst einmal vor Augen halten, wie ein Gefangener eine bestimmte Situation aus der Realität erfährt, wie er sie rezipiert und internalisiert. Sodann wollen wir untersuchen, wie er — zusammen mit Leuten, die eine ähnliche Wirklichkeitserfahrung gemacht haben — diese Situation im Nachahmen bearbeitet. Wir wählen als Beispiel eine Gerichtsverhandlung aus, weil sie im Leben des Gefangenen eine zentrale Stellung einnimmt, weil sie für ihn „existentiell" ist.

9.2.1 Die Erfahrung der Wirklichkeit im Strafprozeß

Der Angeklagte sieht die Gerichtsverhandlung in einem ganz bestimmten Rezeptionszusammenhang: Zunächst einmal ist er das Objekt der Verhandlung. Mit ihm und an ihm geschieht etwas. Er hat selbst nur sehr geringe Möglichkeiten, in den Geschehensablauf einzugreifen. Das Gericht erscheint ihm als un-menschliche Maschine — die Richter haben ihre Menschlichkeit unter ihren Roben versteckt, viele Abläufe sind formalisiert und damit entmenschlicht. Nur der Angeklagte ist der Mensch, der „arme Sünder". Er hat in der Verhandlung keine Chance, zum Subjekt zu werden — weder zum handelnden noch zum betrachtenden. Er bekommt von dem ganzen Geschehen im Gerichtssaal nur einen kleinen Ausschnitt mit, er versteht sie auch in der Regel nur zu einem geringen Teil[24].

Sein Interesse richtet sich ja weniger auf den *Ablauf* der Verhandlung als auf ihr *Ergebnis*: für ihn kommt es ausschließlich darauf an, zu wieviel Jahren und Monaten er verurteilt wird, denn davon wird seine Zukunft bestimmt. Alles andere interessiert ihn nur am Rande, nur insoweit also, als es Einfluß auf die Schwere seines Urteils haben könnte.

Der Angeklagte erlebt die Gerichtsverhandlung infolgedessen unter ganz bestimmten Rezeptionsbedingungen, sicher gänzlich anderen als der Richter oder gar der Gerichtsdiener. Eine Gerichtsverhandlung findet somit nicht in *einer,* allen Beteiligten gemeinsamen, Wirklichkeit statt, die Standpunkte und die Interessen schaffen vielmehr je eigene Wirklichkeiten[25].

Allgemeiner gesagt: Ich betrachte die Wirklichkeit immer mit einem bestimmten Vorverständnis, mit einem bestimmten Interesse und unter einer speziellen Perspektive. Einen „objektiven" und übergreifend neutralen Standpunkt, von dem aus ich sie rezipieren könnte, gibt es hier nicht. Ich bin ja selbst immer *Teil* meiner Wirklichkeit, ich habe also keinen Standpunkt außerhalb ihrer, von dem aus ich sie unbefangen und in „interesselosem Wohl- oder Mißfallen" (Kant) betrachten könnte.

Dazu kommt so etwas wie der „transitorische Charakter" der Realität: In dem Augenblick, in dem sie ist, ist sie schon wieder vorbei; sie ist immer schon Vergangenheit, und ich kann sie nicht mehr einholen.

Im Spiel bilde ich mir die Wirklichkeit nach, indem ich sie nachahme. Ich hole sie aus der Vergangenheit hervor und stelle sie sozusagen vor mich hin. Damit schaffe ich die Voraussetzung, daß sie für mich erkennbar wird.

Doch wenn ich eine vergangene Situation nachahme, wenn ich sie im Spiel darstelle, könnte es dann nicht so sein, daß ich diese Wirklichkeit lediglich verdoppele, daß ich also nur Tautologien erzeuge? Daß ich dann dem „armen Schimpansen" gleiche, „der das Rauchen seines Bändigers nachahmt. Und dabei nicht raucht" —? (Brecht 1967, Bd. 9, S. 771). Diese Art der Nachahmung — Brecht nennt sie die „gedankenlose Nachahmung" — trägt sicher nicht zur Erkenntnis der Wirklichkeit bei. Sie ist — wie Brecht ja schon durch die Wahl seines Vergleichs andeutet — nichts anderes als ein Nachäffen.

Das, was der Schimpanse tut, ist eben eine „gedankenlose Nachahmung", die versucht, Abbildungen zu machen „ohne Ansichten und Absichten" (Brecht 1967, Bd. 16, S. 687). Bei dieser Art der Nachahmung müßte ich so tun, als gäbe es einen einheitlichen Begriff der Wirklichkeit, der objektiv und allgemeingültig wäre. Dann nur könnte ich *die* Wirklichkeit nachahmen.

Doch die Wirklichkeitserfahrung der Beteiligten an einem Strafprozeß ist, wie gesagt, nicht einheitlich, jeder betrachtet diesen Vorgang mit einer anderen „Ansicht". Er steht unter den Bedingungen der Perspektive.

So versuchten die Neuengammer Gefangenen — zunächst ganz naiv — zwei verschiedene Gerichtsverhandlungen darzustellen, bei deren einer der Richter „gut ausgeschlafen" und deshalb verständnisvoll war, während der Richter bei der anderen „schlecht gelaunt" und deswegen ungerecht war. Eine solche Art der Darstellung mag oberflächlich und karikierend-tendenziös erscheinen, doch wird unter der Oberfläche — im Vergleich der beiden Verhandlungen — *mehr* deutlich als nur der äußere Schein: Zunächst einmal zeigt sich, daß die Verhandlungen von *Menschen* gemacht werden, daß also der Anschein des „übermenschlichen", objektiven, den das Gericht sich zu geben versucht, nur eine Methode der Machtausübung ist.

Damit ist dann der erste — wichtige — Schritt getan, der zu einer weitergehenden Analyse der Rechtsprechung führt: Jetzt können die Gefangenen nach den Bedingungen fragen, die unterschiedliche Urteile hervorbringen, nach den Bedingungen, die in den Individualitäten der Richter wirksam werden. Dann geht es nicht mehr bloß um den Charakter der Person, sondern um ihre Handlung.

Was haben also die Gefangenen realiter getan, als sie eine Gerichtsverhandlung nachspielten? Zunächst haben sie die Situation aus der Wirklichkeit in einen *anderen* Rezeptionszusammenhang gestellt. Sie haben sie, um sie nachzuahmen, mit anderen Interessen betrachtet, als sie es in der Realität taten: nicht mehr das Strafmaß, zu dem sie verurteilt werden sollten, stand im Zentrum ihres Interesses — schließlich waren sie ja schon verurteilt, und es konnte ihnen also nichts mehr passieren —; sie hatten vielmehr die Absicht, diese Situation so darzustellen, daß sie — für sie selbst und für andere — erkennbar wurde[26].

Die in der Realität durch ihr Interesse an dem Ergebnis der Verhandlung eingeengte Perspektive wurde also insofern erweitert, als sie jetzt ihren Blick auf die Phänomene lenken konnten, die in actu für sie völlig bedeutungslos waren, und die sie deshalb auch gar nicht bewußt wahrgenommen hatten.

Damit hatten sie im Grunde nichts anderes getan, als die Situation aus der Wirklichkeit „verfremdet", sie also als ein anderes und Neues betrachtet. Sie hatten sie in einen veränderten Rezeptionszusammenhang gestellt, sie gleichsam einer Mutation unterzogen.

Jetzt konnten die Gefangenen ihre Aufmerksamkeit auf Dinge richten, die eine Gerichtsverhandlung *auch* ausmachen, vorher aber für sie latent blieben: sie konnten sich an die Gesten des Richters erinnern, die Worte des Staatsanwalts rekonstruieren; sie konnten die Haltungen des Angeklagten (also ihre eigenen) nachahmen und sich erinnern, wie ihre Verhandlung abgelaufen war.

Dabei mußte sich im Nachahmen ihre Erinnerung erweitern, so daß sie auch Dinge hervorholen konnten, die ihnen bei einer nicht-spielerischen Erinnerung entgangen wären. Sie mußten ja auch Gesten, Haltungen, Bewegungen und Tonfälle nachahmen und sich in die verschiedenen Rollen der Verhandlungsträger hineinversetzen. So kam es zu einer Erinnerung „höherer Ordnung". Das wäre kaum möglich gewesen, wenn sie sich nur auf ihr „bewußtes" Gedächtnis verlassen hätten.

Durch diese Veränderung und Erweiterung der Perspektiven wurden die Gefangenen sozusagen die Zeugen ihrer eigenen Gerichtsverhandlung und stellten sie noch einmal für andere dar. Diese anderen waren zunächst ihre Kollegen, die ja alle die gleiche Situation genau wie sie selbst erlebt hatten[27]. Später dann gaben sie ihre gemeinsame Zeugenaussage dem Publikum zu Protokoll.

Diese vorläufige, modellhafte Skizze des Lerntheaters hat einige Berührungspunkte mit dem epischen Theater, wie Brecht es entwickelt hat. In der „Strassenszene" konzipiert er das „Grundmodell einer Szene des epischen Theaters": (Brecht 1967, Bd. 16, S. 545ff.) „Der Augenzeuge eines Verkehrsunfalls demonstriert einer Menschenansammlung, wie das Unglück passierte. Die Umstehenden können den Vorgang nicht gesehen haben oder nur nicht seiner Meinung sein, ihn ‚anders sehen' — die Hauptsache ist, daß der Demonstrierende das Verhalten des Fahrers oder des Überfahrenen oder beider in einer solchen Weise vormacht, daß die Umstehenden sich über den Unfall ein Urteil bilden können." (Brecht 1967, Bd. 16, S. 545 ff.).

Diese Darstellung des Augenzeugen hat den „Charakter der Wiederholung" —[28] wir könnten auch sagen: der Nachahmung. Sie ist ferner an Zuschauer — in diesem Fall an die Passanten, die den Unfall nicht gesehen haben — adressiert, und sie verfolgt bestimmte Absichten, „praktische Zwecke, greift gesellschaftlich ein". Schließlich trifft sie eine Auswahl aus der Wirklichkeit: „Unser Demonstrant braucht nicht alles, nur einiges von dem Verhalten seiner Personen zu imitieren, eben so viel, daß man ein Bild bekommen kann" (ebda. S. 549).

Die Methode, die der Straßendemonstrant zur Darstellung der Situation anwendet, beschreibt Brecht als den „sogenannten V-Effekt (Verfremdungseffekt)". „Es handelt sich hierbei, kurz gesagt, um eine Technik, mit der darzustellenden Vorgängen zwischen Menschen der Stempel des Auffallenden, des der Erklärung Bedürftigen, nicht Selbstverständlichen, nicht einfach Natürlichen verliehen werden kann" (ebda. S. 553).

Zwischen dem „natürlichen epischen Theater" — das auf der Straße stattfindet — und dem „künstlichen epischen Theater" — auf der Bühne — besteht dabei kein „elementarer Unterschied" (ebda. S. 557).

Allerdings können wir das Brechtsche Modell des epischen Theaters nicht einfach auf das Lerntheater übertragen. Zumindest *ein* wesentlicher Unterschied besteht zwischen beiden: Der Brechtsche Straßendemonstrant ist an dem Unfall, den er darstellt, nicht beteiligt, er hat sozusagen einen Standpunkt außerhalb der dargestellten Wirklichkeit. Anders beim Lerntheater: dort wird die Realität ja gerade von den Beteiligten selbst nachgeahmt; sie sind insofern keine *unbeteiligten* Zeugen.

Wir müssen uns also fragen, ob sich an der Straßenszene Wesentliches änderte, wenn sie von den Beteiligten dargestellt würde. Unter den Beteiligten dürften wir allerdings nicht die verschiedenen Unfall-„Parteien" verstehen — auf unsere Gerichtsverhandlung übertragen hieße das, daß wir Theater mit Angeklagten, Richtern, Staatsanwälten und Gerichtsdienern spielen müßten; wir müssen vielmehr *einen* am Unfall Beteiligten sozusagen vervielfachen: Stellen wir uns also vor, an dem Unfall sei ein Omnibus mit einer größeren Zahl von Insassen beteiligt gewesen, und diese Mitfahrer würden den Hergang des Unfalls darstellen. Sie könnten die gleichen Methoden der Darstellung benutzen wie der Brechtsche Straßendemonstrant, und sie könnten zu gleichen Ergebnissen kommen wie er. Sie könnten auch — wie der Straßendemonstrant — mit bestimmten gesellschaftlichen Interessen darstellen, indem sie sich etwa dafür einsetzen, den Busverkehr sicherer zu machen.

Der gleiche Unfall könnte also von den einzelnen Mitfahrern aus ihren verschiedenen Perspektiven dargestellt werden, die jeweiligen Darstellungen könnten von den anderen kritisiert und verbessert werden.

Begeben wir uns vom „natürlichen epischen Theater" zurück zum „künstlichen epischen Theater", dann erkennen wir, daß der wesentliche Unterschied zwischen dem Brechtschen epischen Theater und dem Lerntheater in der Art der Produktion der Darstellung liegt:

Beim epischen Theater wird die Darstellung der Wirklichkeit von *einem* (außerhalb der darzustellenden Wirklichkeit stehenden) *Autoren* produziert, beim Lerntheater wird diese Darstellung von mehreren, unmittelbar von dieser Wirklichkeit betroffenen Autoren hergestellt.

9.3 Strafgefangene als Autoren

Wir müssen also das Verhältnis, das die Strafgefangenen als Autoren zur Wirklichkeit haben, untersuchen und dabei festzustellen versuchen, inwiefern es sich von dem Verhältnis der „normalen" Autoren zur Wirklichkeit unterscheidet. Wir müssen ferner untersuchen, *wie* dieses Verhältnis bei den Strafgefangenen aussieht.

Die Strafgefangenen sind in gewisser Weise Experten auf dem Gebiet der Gerichtsverhandlungen und des Strafvollzugs. Allerdings würden sowohl die Juristen als auch die Strafvollzugswissenschaftler einwenden, daß *sie* die eigentlichen Experten seien, sie hätten ihr Fach ja schließlich studiert.

Wir müssen also, wollen wir diese Behauptung aufrechterhalten, das Expertentum der Strafgefangenen näher beleuchten.

Eins steht fest: In Bezug auf die Erfahrungen, die auf dem Gebiet des Strafvollzugs und seiner Umgebung gemacht worden sind, sind die Gefangenen den Wissenschaftlern um einiges voraus (warum sonst würden die Wissenschaftler Gefangenenbefragungen durchführen?). Die Wissenschaftler kennen im allgemeinen die Gefängnisse nicht von innen, zumindest nicht aus der Perspektive des Eingesperrten, also aus einem immerhin sehr informativen Aspekt.

Die Wissenschaftler tun eigentlich nichts anderes, als die Erfahrungen, deren sie auf indirektem Wege habhaft werden können, zu ordnen und zu einem Theorie-Gebäude zusammenzustellen.

Der Gefangene hat zwar die Erfahrung, er kann sie aber nicht ohne weiteres ordnen, d.h. präzise: er kann sie nicht von ihren individuellen Ausprägungen befreien, um so zu einer allgemeinen Aussage zu kommen.

Schüler können vielleicht mehr über die Schule wissen als mancher Lehrer oder die meisten wissenschaftlichen Pädagogen. Sie kennen die Schule aus dem „Erleiden". Allerdings können sie ihre Erfahrungen nicht artikulieren und wenn sie es könnten, hätten sie kaum eine Chance dazu.

Um bei unserem Lerntheater über die Erfahrungen der einzelnen hinauszukommen, haben wir versucht, die individuellen Erfahrungen zu „entindividualisieren", zu verallgemeinern, und damit zu Ergebnissen zu kommen, die eben nicht nur eine Aussage über den Gefangenen X machen, sondern den Strafvollzug an sich im Auge hatten.

Die Methode, die wir dazu anwendeten, war recht einfach: wir stellten eine Situation jeweils aus verschiedenen individuellen Perspektiven dar: jeder Gefangene trug seine eigenen Erfahrungen zum Spiel bei.

Damit erreichten wir dreierlei: *Einmal* wurde es möglich, die dargestellten Situationen auch in ihren Seiten- und Hinteransichten zu zeigen — die ja häufig mehr über den betrachteten Gegenstand aussagen als die „Schokoladenseite"[29]. Der wahrzunehmende Gegenstand — die Gerichtsverhandlung oder jede andere Szene — konnte also unter günstigeren Wahrnehmungsbedingungen betrachtet werden, als es einem einzelnen in der Situation selbst möglich gewesen wäre[30]. Vier (oder mehr) Augen sehen eben mehr als nur zwei, oder besser: Zwei Gedächtnisse erinnern sich besser als nur eines.

Dann konnte aber auch durch die Darstellung aus verschiedenen Perspektiven klar werden, was an einer dargestellten Situation auf die individuelle Erfahrung beschränkt bleibt und was allgemein gilt. In einem Subtraktionsverfahren konnte das Individuelle und auch das Akzidentielle einer Situation eliminiert werden, so daß eine allgemeine und unabhängig von der individuellen Ausprägung gültige Aussage übrig blieb. Die individuellen Erfahrungen fanden so ihren gemeinsamen Nenner und konnten generalisiert werden.

Schließlich konnte das jeweils erreichte Ergebnis dadurch gesichert werden, daß die Teilnehmer der Gruppe sich gegenseitig kritisierten. Sie waren sich — im Brechtschen Sinne — realistische Kritiker, das heißt, sie überprüften das, was sie bei den Darstellungen ihrer Kollegen sahen, auf seinen Realitätsgehalt[31]. Sie kritisierten, wenn sie das Spiel ihrer Kollegen betrachteten, engagiert, fachmännisch und kritisch.

Daß unsere Gruppe die Situation der Strafgefangenen „richtig" dargestellt hatte, zeigte sich auch bei einer Aufführung in der Strafanstalt vor den Mitgefangenen selbst. Deren „fachmännischer" und nicht zimperlichen Kritik hatten sie ein wenig besorgt entgegengesehen. Doch zeigte sich bei dieser Aufführung, daß sie sorgfältig gearbeitet hatten: ihre Darstellung der Situation der Gefangenen fand die ungeteilte Zustimmung der Kollegen.

Sie wurde zum Anlaß für heftige Diskussionen darüber, wie man sie sozusagen von innen heraus verändern könnte.

Auch wenn die Gefangenen bei der Selbstdarstellung ihrer Situation um Sorgfalt und Genauigkeit bemüht waren, hatten sie doch zunächst nur ein Abbild der *Oberfläche* produziert[32]. Sie hatten — so könnte man im platonischen Sinne sagen — die Erscheinungen der Dinge erfaßt, nicht aber ihr Wesen. Oder: sie hatten ihre Situation exakt beschrieben, sie aber noch nicht analysiert.

Das Darstellen von Situationen aus dem Leben der Gefangenen war für uns also kein Instrument der Analyse, es schuf nur die Voraussetzungen dafür. Allerdings war es eine *notwendige* Voraussetzung. Wir haben im Spielen die Realität der Strafgefangenen so aufbereitet, daß sie überhaupt erst analysierbar wurde: Der *erste* Schritt auf dem Wege zu dieser Analyse war, daß wir die Erscheinungen der Realität erst einmal hervorholten, sie sozusagen festnagelten. Der *zweite* Schritt auf diesem Wege führte dann zum Allgemeinen, das wir im Individuellen gesucht haben. Der *dritte* Schritt schließlich war die Analyse der Realität des Strafgefangenen, die wir allerdings nicht mit dem Mittel des Theaters hätten leisten können. Das Theater konnte erst dann wieder ins Spiel kommen, als es darum ging, die Ergebnisse unserer Analyse anderen darzustellen.

Es wird deutlich, daß unsere Methode der Herstellung eines Theaterstücks (ich sprach mit Bedacht und keineswegs bloß aus Bescheidenheit nicht von „Dichtung") zwar einige Berührungspunkte mit derjenigen „normaler" Autoren hat, daß sie aber auch ganz gravierende Unterschiede aufweist. Die wichtigsten dieser Unterschiede wollen wir im folgenden Abschnitt kurz darstellen.

Der „normale" Autor eines Theaterstückes oder eines anderen literarischen Werkes schreibt nicht für sich selbst sondern für ein Publikum. Im Gegensatz dazu waren wir davon ausgegangen, zunächst für uns selbst zu spielen, und dann erst für unser Publikum. Beides, die Wirkung auf die Autoren und die Wirkung auf das Publikum, war bei unserer Produktion nicht zu trennen, sie hingen aufs engste zusammen.

Normalerweise sind die Autoren, die einen bestimmten Ausschnitt der Welt zum Gegenstand ihres Werkes machen, nicht selbst Teil dieser Welt, die sie darstellen — sieht man einmal vom „Künstlerroman" ab. Sie beschreiben eine Welt, die außerhalb ihrer selbst liegt. Hauptmann z. B. war kein Weber, sein Stück behandelt nicht seine eigenen Probleme. Er hat es auch nicht geschrieben, um die Situation „seiner" Weber zu verändern. Seine Perspektive war also die eines außerhalb des dargestellten Geschehens stehenden engagierten Beobachters.

In der Literatur ist häufig versucht worden, die Perspektivität der Darstellung mit verschiedenen Kunstgriffen zu verstecken: es sollte eben nicht so aussehen, als würde die dargestellte Realität aus der Perspektive eines außerhalb stehenden Betrachters beschrieben; es sollte der Eindruck vermieden werden, als habe ein Individuum diese Welt betrachtet und dargestellt.

Es gibt vielfältige Versuche, dem auszuweichen — etwa, indem man die Wirklichkeit „für sich selbst sprechen" läßt, den Autoren also ganz hinter der erzählten Geschichte verschwinden läßt. Oder, indem die darzustellende Realität aus verschiedenen Perspektiven dargestellt wird: der Autor stellt sich künstlich auf die verschiedenen Standpunkte, von denen aus er die darzustellende Realität betrachtet und erreicht so die Darstellung aus verschiedenen Perspektiven. Gelegentlich kommt es auch zu einem scheinautobiographischen Erlebnisroman in der Ich-Form. (Goethes Werther ist wohl das berühmteste Beispiel) oder umgekehrt zu einer reellen Selbstinterpretation in der Er-form (vielleicht darf man Thomas Manns Dr. Faustus dazu rechnen)[33].

Vergleicht man dieses Vorgehen mit der Produktionsweise des Lerntheaters, so zeigen sich in der Tat gravierende Unterschiede: Zunächst einmal sind die Autoren Teil der Welt, die sie beschreiben, sie stehen mitten in ihr. Sie sehen ihre Welt von vornherein aus unterschiedlichen individuellen Perspektiven, suchen aber in diesen Einzelausschnitten eine gemeinsame Sichtweise, die ihre Welt eben so zeigen soll, wie sie den *Gefangenen* in kollektiver Weise erscheint. Nur so kann im Publikum der Mitgefangenen so etwas wie ein Plausibilitätseffekt entstehen.

Hat der „normale" Autor sein Werk abgeschlossen, übergibt er es dem Publikum oder dem Leser (der Öffentlichkeit). Damit gibt er zugleich die Verfügungsgewalt über sein Werk aus der Hand. Er kann auf die Rezeption seines Werkes keinen Einfluß mehr nehmen. Anders im Lerntheater: die Autoren sind zugleich die Vermittler ihres Produkts, sie sind ihre eigenen Schauspieler, und sie können auch entscheiden, vor welchem Publikum sie ihr Produkt aufführen (oder genauer: vor welchem sie es *nicht* aufführen wollen).

Diese Einheit von Produktion und Darstellung ist für das Lerntheater sogar eine notwendige Bedingung: würde man das Stück „Knast im Nacken" von Berufsschauspielern aufführen lassen, würde es viel (oder alles) von seiner Qualität verlieren. Es wirkt eben vor allem dadurch, daß dem Publikum bewußt ist (und durch verschiedene Techniken auch bewußt *gemacht* wird), daß die Schauspieler auf der Bühne *ihre eigene Situation* darstellen. So waren die im Anschluß an die Aufführungen stattfindenden Diskussionen zwischen Schauspielern und Publikum auch integraler Bestandteil der Aufführung.

Insofern ist das Lerntheater eben nicht Literatur im herkömmlichen Sinne: es läßt sich nicht beliebig verwenden, es steht ständig unter der Kontrolle der Autoren. Wenn es überhaupt Literatur ist, ist es Literatur für den augenblicklichen Gebrauch. Sein Tempus ist nicht die Langzeitwirkung (oder gar die Unsterblichkeit), sondern der punktuelle Augenblick.

9.4 Die Analyse der gespielten Szenen

Die Darstellung der Wirklichkeit im Nachahmen hatte, wie wir sagten, zunächst die Funktion, sie erkennbar und damit analysierbar zu machen. Die Abbildungen der Wirklichkeit alleine konnten ja noch keine Analyse der Wirklichkeit liefern, sie waren noch eine Darstellung „ohne Ansichten und Absichten". In einem zweiten Schritt mußte sie jetzt sozusagen mit dem Intellekt überprüft werden, um damit eine weitere Säule aufzurichten, die — neben der „künstlerischen", intuitiven Nachahmung — das eigentliche Bild der Wirklichkeit tragen konnte.

Damit wurde zugleich eine zusätzliche Möglichkeit der Korrektur des Dargestellten geschaffen — neben derjenigen, die in der Darstellung durch verschiedene Spieler und durch die gegenseitige Kritik schon gegeben war. Diese Korrektur fand jetzt auf einer höheren Ebene statt: sie prüfte nicht mehr, ob die Darstellung richtig war, sie hatte vielmehr die Frage nach dem Wahrheitsgehalt zum Ziel.

Es ging also nicht mehr um einen genauen, „naturalistischen" Abklatsch der Wirklichkeit, sondern um eine Nachahmung der Wirklichkeit, die über diese Wirklichkeit mehr auszusagen vermag, als wenn sie bloß „für sich" sprechen würde, die sie sozusagen auf einer höheren Ebene erkennbar und Realitätsgehalte sichtbar macht, die den objektivierbaren Augenschein transzendieren.

Die Analyse der eigenen Situation wäre allerdings — würde sie sich auf die bloße Aufnahme des Tatbestandes beschränken — wenig sinnvoll. Dann nämlich befände sich der Gefangene in der Rolle des Patienten, dessen Krankheit zwar aufs genaueste diagnostiziert wäre, den der Arzt aber ohne Therapie nach Hause schicken würde: damit wäre ihm gar nicht geholfen. Die Analyse der eigenen Situation muß also, soll sie nicht auf eine bloß selbstreflektorische Nabelschau beschränkt bleiben, die Veränderung dieser Situation *gleichzeitig* mit zum Ziel haben. Sie muß — würde Brecht sagen — zu „eingreifendem Verhalten" führen, oder, wenn wir bei Goethe nachsehen: „Wie kann ich mich selbst erkennen lernen? Durch Betrachten niemals, wohl aber durch Handeln. Versuche, deine Pflicht zu tun, und du weißt gleich, was an dir ist" (Goethe 1953, S. 517). Schließlich werden wir auch bei Mao Tse-tung fündig: „Willst du dir Kenntnisse erwerben, mußt du an der die Wirklichkeit verändernden Praxis teilnehmen. Willst du den Geschmack einer Birne kennenlernen, mußt du sie verändern, das heißt sie in deinem Munde zerkauen" (Mao Tse-tung, o. J., S. 7).

Wie nun verstanden die Gefangenen ihre Situation und welche Konsequenzen zogen sie für ihre Veränderung?

In allen gespielten Szenen erkannten sich die Gefangenen als Objekte, mit denen etwas geschieht. Ob sie nun (in der Bahnhofsszene) ihre Arbeitssuche zwar halbwegs ernsthaft begannen, sie dann aber, da sie ohnehin hoffnungslos zu sein schien, immer mehr als Spielerei betrieben und sie schließlich — im Zusammenwirken mit dem genossenen Alkohol — ganz aufgaben; oder ob sie sich beim Bewährungshelfer durch die kurzfristige Erfolgsaussicht auf eine Unterstützung von zehn Mark von ihren längerfristigen Interessen, nämlich eine Wohnung und Arbeit zu bekommen, abhalten ließen: immer ließen sie etwas mit sich geschehen, niemals versuchten sie, sich durchzusetzen oder gar eine kreative Lebenskonzeption anzustreben. Sie griffen also selbst nicht in die Wirklichkeit ein oder gaben sehr schnell auf, wenn sie einmal Anläufe dazu genommen hatten. Auch wenn sie durchaus die Möglichkeit gehabt hätten, selbst aktiv zu sein, selbst das Subjekt ihrer Handlungen zu werden, nahmen sie sie nicht wahr.

Gerade auch nach ihrer Entlassung behielten sie diesen Stil des Gefangenen-Verhaltens bei: sie verstanden sich als Vorbestrafte, sie akzeptierten ihr Kainszeichen und erlagen seiner lähmenden Fixierung. Nicht einmal sie selbst — geschweige denn die Gesellschaft! — gingen davon aus, daß sie ihre Strafe verbüßt, ihre „Schuld" abgetragen und damit doch diesen Teil ihrer Vergangenheit abgeschlossen hatten.

Sie nahmen folglich — das ist das Entscheidende — die (Vor)-Urteile der Gesellschaft über sich an, sie akzeptierten den Status, den ihnen die Gesellschaft zuweist. Auch in ihren eigenen Augen waren sie „die Vorbestraften".

Folgerichtig traten sie als Entlassene auch da als Bittsteller auf, wo sie das Recht gehabt hätten zu fordern; sie fragten, wo sie nicht hätten zu fragen brauchen.

Damit waren die Gefangenen bei ihrer Analyse der gespielten Szenen zu den gleichen Ergebnissen gekommen, wie wir sie auf einem anderen Wege gewonnen und in einem früheren Abschnitt dargestellt haben.[34]

Die unter den Bedingungen der Strafhaft erlittenen Deprivationen — wir erinnern uns — haben zur Folge, daß die Gefangenen in sehr starkem Maße ihre Identität in der Anerkennung durch ihre Umwelt zu finden hoffen. Die Altersdegradierung während der Haft bewirkt ja, daß die Gefangenen ihr

Selbstbild aus eben den Materialien zu konstruieren suchen, aus denen sich andere zunächst ihr Bild von ihnen gemacht haben. Dieses Bild ist jedoch von den Vorurteilen gegenüber „Kriminellen" bestimmt. Sie *sind* in den Augen der Gesellschaft eben die Zuchthäusler und sie *werden* es — je mehr sie diesen Vorurteilen ausgesetzt sind — schließlich auch für sich selber.

Um also dieser Fixierung auf die Identität des Vorbestraften zu entgehen, um wieder eine normale Identität finden zu können, müßte die Gesellschaft ihre Vorurteile gegenüber Strafgefangenen ändern — dies wäre jedenfalls die logische Konsequenz. Oder: die Haftbedingungen müßten so geändert werden, daß während dieser Zeit die Identität des Gefangenen nicht zerstört wird, daß also der entlassene Gefangene nicht genötigt wäre, sich auf die Suche nach einer neuen integren Identität zu machen, zu deren Findung er auf die Urteile der Gesellschaft angewiesen wäre.

Doch hier würde man sich im Kreise drehen: am Ende ist es ja doch wieder die Gesellschaft, die auch für die Haftbedingungen verantwortlich ist.

Man müßte sogar noch einen Schritt weitergehen: Nicht nur für die Haftbedingungen, unter denen sie so geworden sind, sondern sogar für die Tatsache, daß sie *überhaupt* kriminell geworden seien, trage die Gesellschaft die Verantwortung. Also sei es an ihr, die Konsequenzen zu tragen: sie müsse ihnen dazu verhelfen, wieder als normales Mitglied in ihr leben zu können.

Diese Erkenntnis ist aber — wie die Gefangenen sehr schnell erkannten — so richtig wie falsch: Richtig ist sie insofern, als sie die Kriminalität eben nicht ausschließlich als das Versagen eines einzelnen Individuums versteht, sondern als Ausdruck auch der gesellschaftlichen Situation; falsch ist sie vor allem insofern, als sie zur falschen Konsequenz führt: Die Einsicht der Gefangenen, daß die Gesellschaft sie „krank" gemacht hat, kann bewirken, daß sie sich auf ihre Pritsche legen und sagen: „Ihr habt mich kriminell gemacht, jetzt resozialisiert mich mal schön!"

Diese Erkenntnis würde dem Gefangenen oder auch dem entlassenen Häftling nichts nützen; sie würde ihn nur in die Passivität führen, seine Objektrolle stabilisieren und wäre damit eine schlechte Erkenntnis.[35]

Eine solche Patienten-Mentalität ist pädagogisch — wie auch medizinisch — völlig unfruchtbar. Der Patient, der erwartet, daß er gesund *gemacht* wird, kann kaum gesund werden. Die Gesundung — also die Veränderung seiner Situation zum Besseren — muß schon von ihm selbst betrieben werden. Der Arzt — wie der Pädagoge — kann ihn dabei nur unterstützen. Auch ein Patient im Krankenhaus steht ja vor ähnlichen Fragen: auch wenn seine Krankheit gesellschaftliche Ursachen hat, wenn er z.B. das Opfer eines Arbeitsunfalls aufgrund überhöhter Leistungsanforderungen geworden ist, pflegt er sich nicht ins Bett zu legen und zu warten, bis er wieder gesund gemacht worden ist. Er selbst will — unabhängig von den Ursachen seiner Erkrankung — wieder gesund werden, schon weil es ja sein Leben ist, das er leben will, und tut deshalb aktiv etwas dafür. (Eine solche Patienten-Mentalität, die sich auf den Schuldigen an der eigenen Krankheit zurückzieht, entspricht der alten Kinderweisheit: Hat meine Mutter doch selbst schuld, wenn ich friere, warum kauft sie mir keine Handschuhe).

Sicher kann die Krankheit unseres Patienten bewirken, daß er sich gesellschaftlich engagiert und versucht, dafür zu sorgen, daß solche Unfälle in Zukunft nicht mehr geschehen. Nur: seine Krankheit trifft trotz der gesellschaftlichen Ursachen zuerst einmal ihn selbst und nur er kann wieder gesund werden.

Wollten die Gefangenen sich damit nicht zufriedengeben, wollten sie nicht in ihrer Zelle auf Godot warten, müßten sie die Birne ergreifen, um in sie zu beißen. Sie müßten ihre Erkenntnisse in Handeln umsetzen, sie müßten versuchen, selbst zu handelnden Subjekten zu werden.

Diese entscheidende Einsicht war gleichsam automatisch während unserer Arbeit entstanden, die Anwendung des Gelernten war schon im Lernprozeß enthalten. Sie stellte sich als deren Pointe heraus.

Die Gefangenen begannen sich so als Teil eben *dieser* Gesellschaft zu verstehen, obwohl sie von ihr ausgestoßen waren. Sie wollten nicht darauf hoffen, daß ihnen vielleicht einmal die Gnade zuteil würde, wieder aufgenommen zu werden, sie wollten für ihren Platz kämpfen. Das Recht dazu bedurfte nicht mehr des (letztlich destruktiven) Arguments, daß die Gesellschaft, eben weil sie versagt habe, an ihnen etwas gut zu machen hätte. Für sie bestand die Gesellschaft auch nicht nur aus den „billig und gerecht denkenden" oder der „guten Gesellschaft"; ebensowenig war sie in ihren Augen eine „geschlossene Gesellschaft".

Wenn sie sich selbst als Teil dieser Gesellschaft verstanden, mußte das allerdings noch nicht heißen, daß auch die Gesellschaft sie als vollwertige Mitglieder akzeptiere; sie konnten ihr Ziel nicht mit einer einseitigen Absichtserklärung erreichen; sie mußten sich auch um die Anerkennung durch die Gesellschaft bemühen. Deshalb konnten sie es nicht der Gesellschaft überlassen, ihnen eine Rolle zuzuweisen. Sie mußten vielmehr die ihnen zustehende Rolle ergreifen.

Dazu aber war es nötig, daß sie erst einmal auf sich hinwiesen, daß sie auf sich und auf die Situation, in der sie leben, aufmerksam machen. Sie erkannten die Aufgabe zu zeigen, daß sie — mit ihren Ansprüchen — da waren und sich nicht in die Außenseiterrolle drängen zu lassen, die die Gesellschaft für sie als einzige anzubieten scheint und oft genug auch tatsächlich nur anbietet.

Allerdings mußten sie dabei bleiben, wer sie waren: eben entlassene

Strafgefangene. Sie durften sich nicht als jemand darstellen, der sie *nicht* waren und sich so einer angemaßten Identität bedienen. Sie waren eben keine „guten Bürger", sondern nach wie vor Menschen, die kriminell geworden waren — wenn auch im Sinne des Plusquamperfektes und nicht mehr der Signatur ihres Jetzt-Zustandes.

Sie mußten also mit offenen Karten spielen und sich zu ihrem Anders-sein bekennen.

Vor ähnlichen Fragen stehen auch andere, Vorurteilen ausgesetzte Bevölkerungs-gruppen: In jüngerer Zeit kann man immer mehr Randgruppen beobachten, die in der Öffentlichkeit auf ihre Existenz aufmerksam machen und Anerkennung fordern. Immer mehr Behinderte schließen sich zusammen und zeigen öffentlich mit dem Finger auf sich — was die anderen bisher nur versteckt taten. Ebenso treten immer mehr Homosexuelle aus dem Schatten ihrer Existenz am Rande der Gesellschaft und fordern, als normale, gleichwertige Bürger anerkannt zu werden.

Der erste Schritt auf dem Wege zur Veränderung der eigenen Situation ist dabei immer das Bekenntnis zum Anders-sein: er führt aus der Winkelexis-tenz, in der die Randgruppen bisher bestenfalls geduldet, nicht aber anerkannt sind.

Das Bekenntnis der Strafgefangenen zu ihrer kriminellen Vergangenheit wirkt dabei nach zwei Seiten — wenn man so will: im Sinne einer Katharsis-Funktion.

Einmal wirkt es nach innen, sozusagen auf die Einstellung des Gefangenen zu sich selbst: er akzeptiert sich selbst, indem er sich zu seiner Lebensge-schichte bekennt. Er versucht, die Diskontinuität seines Lebenszusammen-hangs aufzuheben, die die Bildung einer durchgängigen Identität in seinem Leben verhindert hat. Straftat, Verurteilung und Haft stehen dann nicht mehr außerhalb seines eigentlichen Lebens, sie gehören nicht mehr gleich-sam einem anderen, einem anonymen „Es" an, sie sind vielmehr an die Person gebunden, an der sie geschehen sind.

Zugleich wirkt dieses Bekenntnis aber auch nach außen: es zwingt seine Adressaten, Stellung zu beziehen. Sie können sich, werden sie direkt damit konfrontiert, nicht hinter allgemeinen Äußerungen verstecken, sie müssen gegenüber einem realen Menschen ihre Haltung überprüfen. Sie stehen vor dem Anspruch eines lebendigen Du.

Zurück zu unseren Gefangenen: Die Analyse der gespielten Szenen, die Beobachtung des eigenen Verhaltens und des Verhaltens der Menschen, mit denen sie in Kontakt gekommen waren, hatte also zu sehr weitreichen-der Konsequenz geführt:

Die Gefangenen brachen ihre Arbeit eben nicht mit dem Ende der Rollen-spiele ab, sie gaben sich nicht damit zufrieden, ihre Situation erkannt und analysiert zu haben. Dann nämlich hätten sie nur Schwimmübungen am Beckenrand gemacht und hätten sich aus dem Manöver wieder ins Ruhequartier begeben. Sie wollten vielmehr das Mittel des Theaters für die Veränderung ihrer Situation einsetzen, einmal, um die Zuschauer über sich zu informieren, dann auch, um mit ihnen ins Gespräch zu kommen. Sie wollten also — Brechts Forderung an den Realisten erfüllend — „vermittels getreuer Abbildungen der Wirklichkeit die Wirklichkeit beeinflussen" (Brecht 1967, Bd. 19, S. 294). Die Diastase zwischen den Brettern, die die Welt bedeuten und der Welt selbst war aufgehoben. Die gespielte und die gelebte Rolle flossen in eins zusammen.

Dazu wollten sie sich an „die Öffentlichkeit" wenden, die ja wenig und zudem häufig tendenziös über den Strafvollzug informiert ist. Die verbreiteten Vorurteile über Strafgefangene waren es ja gerade – wir sahen das – die eben jene Kommunikation verhinderte, die zur Bildung einer „normalen" Identität notwendig ist.

9.5 Die reflektierte Nachahmung

Der nächste Schritt — nach der Analyse der Wirklichkeit des Strafgefangenen anhand der gespielten Szenen — mußte jetzt zum Theater zurückführen. *Einmal* waren wir ja mit der ausgesprochenen Absicht, „Theater" zu spielen, an unser Unternehmen herangegangen und wollten diese Absicht nicht ohne Not aufgeben; *dann* aber hatte auch die Analyse der gespielten Szenen selbst uns dazu gebracht, uns auf die Möglichkeiten des Theaters als Medium der Kommunikation mit dem Publikum zu besinnen: Die Veränderung der Situation war ja unmittelbar an diese Kommunikation mit dem Publikum gebunden, sie konnte überhaupt nur in der offensiven Hinwendung an die Öffentlichkeit stattfinden.

In der Analyse war ihre Konsequenz zugleich enthalten: das Ziel war jetzt nicht mehr eine spontane, unreflektierte Darstellung für uns selbst, vielmehr wollten wir jetzt diese Wirklichkeit — durch die Analyse abgesichert — für andere darstellen. Diese Darstellung sollte die Wirklichkeit „realistisch" abbilden, das bedeutet für uns: Die Analyse der Realität mußte in die Darstellung der Realität eingehen. Wir wollten uns nicht mehr damit zufrieden geben, daß wir in unseren spontanen Rollenspielen die Wahrheit nur punktuell — hier und da — getroffen hatten.[36] Jetzt, so meinten wir, hatten wir den Schlüssel für die wirklichkeitsgetreue Darstellung in der Hand.

Diese Phase unserer Arbeit war so von dem Bewußtsein bestimmt, wir hätten uns im Spielen und in der theoretischen Reflexion der Wirklichkeit des Strafgefangenen nunmehr so weit angenähert, daß wir sie auch angemessen zeigen könnten.

Wir *konnten* diese Realität allerdings jetzt nicht mehr so naiv darstellen, wie wir es vorher — ohne an die Zuschauer zu denken — getan hatten. Wir *wollten* auf der anderen Seite aber auch kein „Leitartikel-Theater" produzieren, das die theoretischen — im unmittelbaren Spielen nicht darstellbaren — Einsichten in der Form von lediglich theoretischen Erörterungen hervorbringt.

Anders gesagt: Wir wollten die theatralischen Aktionen nicht als Vehikel für die theoretischen Einsichten benutzen; wir wollten vielmehr weiterhin das *konkrete* Leben, die *konkreten* Erfahrungen der Gefangenen zeigen; wir wollten — auf den Begriff gebracht — die *Wirklichkeit* darstellen und nicht die *Analyse der Wirklichkeit.*

Dies schien uns um so wichtiger, als unser Publikum ja die „Normalbürger" sein sollten, die — wie wir meinten — über eine realistische Darstellung des konkreten Lebens im Strafvollzug eher ansprechbar sind als über eine abstrakte Analyse oder eine allegorische Präsentation, die ihre Lehr- und „Aussage"-Absicht wie auf einer Plastikfolie vor sich herträgt und damit verstimmen oder gar langweilen muß.

Es galt also, sozusagen eine neue Naivität zu suchen. Allerdings konnte das nicht heißen, wieder naiv an die *Wirklichkeit* heranzugehen — das war jetzt nicht mehr möglich. Vielmehr mußte die *Darstellung der Wirklichkeit* wieder naiv werden.

Dies war — wie sich schnell zeigte — ein nicht ungefährliches Unterfangen, das zunächst auch kläglich scheiterte. Deutlich wurde diese Schwierigkeit bei der Herstellung der Szene „Abgangszelle". Für diese Szene hatten wir ja als einzige keine Vorlage, so wie wir sie für die anderen Szenen in den Rollenspielen erarbeitet hatten; diese mußten wir ganz neu produzieren, nachdem wir unsere Analyse versucht hatten.

Die ersten Anläufe, diese Szene herzustellen, verliefen denn auch katastrophal: die gesamte Analyse, alle Erkenntnisse über die Schwierigkeiten der entlassenen Gefangenen wurden nun hineingepackt. Dazu mußten die Darsteller in den Dialogen wahre Purzelbäume schlagen. *So* hätte nie ein Gefangener in der Abgangszelle gesprochen; so hätten die anderen ihn ausgelacht. Auch mehrfache Versuche, mit anderen Darstellern zu besseren, realistischeren Ergebnissen zu kommen, führten nicht weiter: immer schielten sie auf das potentielle Publikum und versuchten, ihre Wirkung abzuschätzen. Sie wollten etwas „aussagen" — und das, was sie aussagen wollten, geriet ihnen zur Phrase.

Den Gefangenen ging es lange so wie dem „Dornauszieher" in Kleists

„Marionettentheater": Diesem war es ja sozusagen aus Versehen, „naiv" gelungen, die Haltung der Statue nachzuahmen, doch als er sich dessen bewußt wurde, und seine Haltung zu wiederholen versuchte, mißlang der Versuch, und seine Bemühungen glitten ins Lächerliche ab. Er hatte „vom Baum der Erkenntnis" gegessen und damit seine Naivität verloren. Um wieder naiv werden zu können, müßte er die „Reise um die Welt machen" und sehen, ob das Paradies „vielleicht von hinten irgendwo offen ist" (Kleist 1964, Bd. 2, S. 352).

Die Gefangenen hatten „vom Baum der Erkenntnis" gegessen und hatten damit ihre ursprüngliche Naivität verloren. Sie mußten sich, um sie wiederzufinden, auf die Suche nach dem Hintereingang ins Paradies machen.

Doch wie den Eingang finden? Wir hatten den Fehler gemacht, die Theorie direkt in die Praxis übernehmen zu wollen. Wir hatten erwartet, daß die in der Analyse gewonnenen Erkenntnisse sich unmittelbar in der Praxis der Darstellung wiederfinden müßten: Darum war das Spiel künstlich und gestelzt geworden.

Andererseits durfte die Analyse aber auch nicht eine folgenlose Spielerei gewesen sein, die keinerlei Auswirkungen auf die darstellerische Praxis hatte. Doch in welchem Verhältnis sollten Theorie und Praxis stehen?

Die Lösung, die wir fanden — und praktizierten —, wies der theoretischen Analyse die Funktion des Hintergrundes zu, *vor dem* wir spielten, oder der Basis, *auf der* wir spielten, ohne daß das Spiel selbst zum bloßen „Überbau" relativiert werden durfte. Zugleich verstanden wir diese Lösung als ein hilfreiches Instrument der Kritik: wir konnten damit nicht mehr nur feststellen, ob das, was wir darstellten, nun auch „richtig" war, wir konnten jetzt auch untersuchen, ob es „wahr" war. Wir brauchten jetzt nicht mehr nur zu fragen, ob wir einen genauen Abklatsch der Wirklichkeit gemacht hatten — ob wir sie gut „nachgeäfft" hatten. Jetzt konnten wir fragen, ob wir die Wirklichkeit realistisch dargestellt hatten — ob unsere Nachahmung also „gedankenvoll" war.

Das neuerliche Spielen der Szenen war nunmehr durch die Analyse abgesichert; wir hatten uns auf der Basis dieser Analyse der realistischen Darstellung der Wirklichkeit der Strafgefangenen ein gutes Stück angenähert.

9.6 Spielen für das Publikum

9.6.1 Das Produkt

Der nächste — und letzte — Schritt, den wir auf dem Wege zu der Darstellung der Gefangenen-Situation für ein Publikum noch zu gehen hatten, war die Herstellung eines vorzeigbaren Produkts: Am Ende der Arbeit mußte ja *ein* Produkt stehen — und nicht eine Reihe von Prodüktchen. Bisher hatten wir nur einzelne Szenen, die noch in keiner Ordnung zueinander standen, gleichsam nur dramatische Aphorismen, aber keinen geschlossenen Text. Wir hatten eben noch kein „Stück".

Ein *Theaterstück* als Endprodukt hätte aber den Intentionen des Lerntheaters widersprochen. Dazu nämlich hätten wir uns einen großen Schritt von der dargestellten Wirklichkeit entfernen müssen: Wir hätten die Erfahrungen der einzelnen Teilnehmer in *einer* durchgehenden Handlung aufgehen lassen müssen, einer Handlung, die notwendig fiktiv hätte sein müssen, auch wenn sie sich an die Realität angelehnt hätte. Wir hätten von den konkreten Personen, die ihre eigene Situation darstellten, abstrahieren müssen und die individuellen Erfahrungen auf die dramatis personae projizieren müssen. Die Einheit von Objekt der Darstellung, Autoren und Darstellern, die ja gerade die besondere Form dieses Theaters ausmacht, hätte sich dann nicht mehr aufrecht erhalten lassen. Dann wäre nämlich ein „normales" Theaterstück herausgekommen, das lediglich statt eines mehrere Autoren gehabt hätte.

Wahrscheinlich hätten es die Gefangenen gar nicht leisten können, ein solches „normales" Theaterstück zu produzieren; vielleicht wäre dabei eine Gefängnisschnulze herausgekommen. Doch darum geht es hier nicht: ein solches Stück hätte schon deshalb nicht das Ziel der Arbeit sein können, weil es eben der Intention dieser Art von Theater widersprochen hätte.

Die Darstellung sollte gerade die *eigene* Situation möglichst *unmittelbar* zeigen. Die Lösung, die am nächsten lag, war die Herstellung einer Szenenfolge. Dies erlaubte, die gemeinsam erlebte Realität direkt — also auch nicht über eine dramatische Handlung vermittelt — in einer sehr unmittelbaren Art der Nachahmung darzustellen.

Das Material, das wir mit den einzelnen Szenen in der Hand hatten, zeichnete sich ja gerade dadurch aus, daß es die Situation der Gefangenen in authentischer Weise dokumentierte. Daraus konnte die Szenenfolge ihre Wirkung beziehen.

Die Gestaltung des Materials mußte sich denn auch darauf beschränken, die auf ihre Realistik und auf ihre Verständlichkeit für den Knast-Outsider geprüften Szenen in eine Reihenfolge zu bringen. Diese Reihenfolge war durch den historischen Ablauf des Lebens in der Strafanstalt und nach der Entlassung schon vorgegeben. Als einzigen „Kunst"-griff hatten wir als letzte Szene den Anfang der ersten genommen — die Szenenfolge hatte in der Abgangszelle begonnen und endete dort wieder.

In den Pausen zwischen den einzelnen Szenen sollten die Lebensläufe der einzelnen Teilnehmer verlesen werden. Dies machte es möglich, das in der

Szenenfolge Dargestellte um eine historische Dimension zu erweitern: nämlich die Entwicklung zur Kriminalität des einzelnen hin, die wir in unserem Spiel nicht erfaßt hatten.

Zugleich wurde hinter den individuellen Lebensläufen der Gefangenen das Allgemeine deutlich: Die eigentümliche Parallelität der Lebensläufe, die ja sonst eine sehr individuelle Signatur des einzelnen Menschen tragen, ließ Gemeinsamkeit in der sozialen Entwicklung offenkundig werden, die schließlich zur Kriminalität geführt hatten.

Das Endprodukt — unsere Szenenfolge „Knast im Nacken" also — war durchaus kein artifizielles Produkt: wir hatten nicht der Realität Material entnommen, das wir dann „künstlerisch" gestaltet haben, sondern durchaus unkünstlerisch die Auseinandersetzung einer Gruppe von Menschen mit ihrer Realität direkt dargestellt, sozusagen im Modus des Narrativen zur Sprache gebracht[37].

Man könnte dieses Lerntheater auch als *„induktives"* Theater bezeichnen, weil es von der eigenen Erfahrung der Realität ausgehend eine allgemeingültige Aussage über diese Realität anstrebt. Es geht also ausdrücklich *nicht* vom Allgemeinen aus, an dem das Besondere dann lediglich die Exemplifizierung bedeutet; vielmehr sucht es in der individuellen Erfahrung das Allgemeine, das der Allgemeinheit mitzuteilen lohnt[38].

Ferner könnte man das Lerntheater auch als *„dokumentarisches* Theater" bezeichnen[39], wenn dieser Begriff nicht schon von einer anderen Sparte des Theaters besetzt wäre.

Das dokumentarische Theater mit seinen Hauptvertretern Weiss, Hochhuth, Forte und Kipphardt hat versucht, Realistik aus „authentischem Material" wie „Protokolle, Akten, Briefe, statistische Tabellen (. . .)" zu beziehen (Weiss 1970, S. 50). Doch scheint es gerade dadurch sich von der Wirklichkeit zu entfernen: Die Wirklichkeit „ereignet" sich ja in den Menschen, die in ihr leben und nicht zwischen den Aktendeckeln in den Archiven. Diese „Nachahmung" der Wirklichkeit ist zwar durch dokumentarische Belege abgesichert, hat aber nur ein Surrogat der Wirklichkeit zur „Kunst" aufbereitet. Wenn dieses Theater sich mit der „Dokumentation eines Stoffes" befaßt und versucht, „unzugängliche Materialien" offenzulegen, „die uns Aufschluß geben können über Tätigkeiten, von denen wir nur die Ergebnisse sehen" — was durchaus notwendig ist — dann hat es bestenfalls die Qualität einer theatralischen Alternativ-Zeitung.

Das Lerntheater versucht, die Wirklichkeit direkt zu dokumentieren — nicht mit dem Mittel der Aktennotiz, sondern mit der Nachahmung der Wirklichkeit —, es dokumentiert aus der Perspektive der Gefangenen, also authentisch; es verläßt sich eben nicht auf „objektive" Dokumente, die ihre Objektivität nur aus der Tatsache beziehen, daß sie in offiziellen Archiven liegen oder in gedruckten Büchern zu finden sind. Lerntheater dokumentiert die Erfahrung einer Gruppe von Menschen für die Menschen, mit denen sie diese Erfahrung gemacht hat.

9.6.2 Das Publikum

Das Ziel — und der Abschluß — unserer Arbeit war ja die Aufführung des Produktes vor einem Publikum. Wir müssen deshalb das Verhältnis von Spielen und Zuschauen — mit dem Schwergewicht auf dem letzeren — einer besonderen Betrachtung unterziehen.

Lerntheater ist — anders als Rollenspiel — auf das Publikum angewiesen; es konstituiert sich erst in der Zuwendung an ein Publikum, auf das die Aufführung geradezu zielt. Es geht ihm insofern nicht um die Veränderung des eigenen Verhaltens *an sich*, sondern um die Änderung des eigenen Verhaltens im Verhältnis zur Gesellschaft, sowie um die Beeinflussung der Gesellschaft selbst. Die eigene Situation ist eben nicht im stillen Kämmerlein zu ändern, sondern nur in der Hinwendung an den Adressaten, der für die Situation mitverantwortlich ist.

Die Veränderung des eigenen Verhaltens liegt also zuerst einmal darin, überhaupt Einfluß auf die Gesellschaft nehmen zu *wollen*, seinen Part in der dialektischen Wechselbeziehung von eigenem Verhalten und Verhalten der Gesellschaft zu akzeptieren und so aus der Passivität einer einseitigen Objektrolle herauszutreten.

Das Publikum des Lerntheaters steht hier sozusagen stellvertretend für „die Gesellschaft", die es als Adressaten für ein konkretes Unternehmen ja nicht gibt, die vielmehr nur ein doketisches Abstraktum ist.

Darin unterscheidet sich das Lerntheater auf der anderen Seite auch ganz erheblich vom „normalen" Theater, dessen Stücke als Kunstwerke ja sozusagen eigenständig existieren und in den einzelnen Aufführungen jeweils aktualisiert werden. Das Lerntheater dagegen existiert nur in seiner Aktualisierung, es gibt kein „Werk" in jenem emanzipierten Sinne: Es ist vielmehr *einmal* an die Autoren gebunden und von ihnen nicht zu lösen, *zum anderen* ist es an die Situation gebunden, die es darstellt: Wenn es diesen Strafvollzug und dieses Verhalten gegenüber entlassenen Gefangenen einmal nicht mehr geben sollte, kann es diese Aufführung ebenfalls nicht mehr geben — sie wäre dann durch die Veränderung der gesellschaftlichen Situation hinfällig geworden. Produkte des Lerntheaters können also niemals „Klassiker" werden, sie machen sich tendenziell selbst überflüssig. Anders beim „normalen" Theater: Das Stück hat sich vom Autor gelöst, ist es erst einmal veröffentlicht. Der Autor ist damit von der wechselseitigen Einwirkung ausgeschlossen. Er kann nur sein Werk wirken lassen.

114

Die Schauspieler, die sich mit diesem Werk beschäftigen dagegen, können Teil der wechselseitigen Wirkungen zwischen Aufführungen und Publikum sein, sie können das Werk sogar dazu benutzen, nur auf sich selbst zu wirken.

Diese Möglichkeit des Theaters hat in jüngerer Zeit eine immer größere Bedeutung gewonnen. *Grotowski* zum Beispiel definiert Theater als das, „was sich zwischen Schauspieler und Zuschauer abspielt" (Grotowski 1969, S. 30), stellt dann aber wenige Zeilen später fest: „Wir können zwar das Publikum nicht erziehen — zumindest nicht systematisch —, aber wir können den Schauspieler erziehen". Die Möglichkeiten des Theaters faßt er dann schließlich so zusammen: „aber der entscheidende Faktor für den Schauspieler (. . .) ist die Technik der psychoanalytischen Ergründung. Er muß seine Rolle wie das Skalpell des Chirurgen gebrauchen lernen, um sich selbst zu sezieren" (S. 34). Das Publikum darf bei diesem Prozeß zuschauen — und kann dabei vielleicht „zur Selbsterkenntnis gelangen" (S. 37).

Peter *Brook* versteht das Publikum als „Assistenten" der Schauspieler: Als Modell einer Theateraufführung versteht er zwar eine „Psychodrama-Sitzung im Irrenhaus" (Brook 1969, S. 214), in der ja zunächst keine Trennung von Schauspielern und Zuschauern besteht. „Notwendiges Theater ist für ihn ein Theater, „in dem zwischen Schauspieler und Publikum nur ein praktischer Unterschied besteht, aber kein grundlegender (S. 215). Allerdings muß er sogleich wieder einschränken und sich fragen, ob diese Erneuerung des Theaters „auch in großem Umfang in einem großen Theater einer Hauptstadt möglich sein wird."

Beim *Living Theatre* ist das Theaterspielen das Band, das die Lebensgemeinschaft dieser Theatergruppe zusammenhält. Seine Aufführungen sind eigentlich nur kurze Aufenthalte auf dem Wege zu sich selbst. Die Zuschauer haben dabei die Funktion von Punching-balls, von Trainingsinstrumenten also, die die Gruppe gestärkt aus dem Theaterereignis entlassen[40].

Erst *Brecht* hat für einen Bereich des Theaters das Publikum — wenigstens in der Tendenz — abgeschafft: „das lehrstück lehrt dadurch, daß es gespielt, nicht dadurch, daß es gesehen wird. prinzipiell ist für das lehrstück kein zuschauer nötig, jedoch kann er natürlich verwertet werden. es liegt dem lehrstück die erwartung zugrunde, daß der spielende durch die durchführung bestimmter handlungsweisen, einnahme bestimmter haltungen, wiedergabe bestimmter reden usw. gesellschaftlich beeinflußt werden kann[41]." Und: „die Grosse Pädagogik verändert die rolle des spielens vollständig sie hebt das system spieler und zuschauer auf, sie kennt nur mehr spieler die zugleich studierende sind[42]." Insofern war Brecht zwar in der Theorie konsequent — indem er dem Publikum die undankbare Rolle, lediglich anderen zu Erkenntnissen zu verhelfen, ersparen wollte —, aber weder in seiner eigenen Lehrstückpraxis noch in der seiner Nachfolger ist dies je konsequent durchgehalten worden.

Trotz dieser gravierenden Unterschiede wirken die *Aufführungen* des Lerntheaters in ähnlicher Weise wie manch andere Theateraufführung, die gesellschaftliche Einflußnahme zum Ziel hat. Es müssen also auch ähnliche Forderungen an die „Ästhetik" der Aufführungen gestellt werden, wenn es dieses Ziel erreichen will. Wir müssen uns also mit diesen Forderungen auseinandersetzen, weil unsere Aufführung ja die Beeinflussung des Publikums zum Ziel hatte und gerade nicht die bloße Vermarktung des Themas „Kriminalität".

Die wichtigste Forderung — zuerst von Brecht entwickelt und formuliert —[43] ist die *Verfremdung*. Soll das Theater nicht die Funktion der Bestätigung des Bestehenden haben, soll es also auf die Veränderung des Bestehenden gerichtet sein, muß es zuerst einmal über das scheinbar Normale und Selbstverständliche Erstaunen und Verwunderung auslösen. Der Zuschauer darf das, was er sieht, eben nicht als selbstverständlich und normal nehmen, nur dann nämlich kann er es auch als veränderbar begreifen[44].

Um dies zu erreichen, hat Brecht die Verfremdung als künstlerisches Ausdruckmittel entwickelt[45]. Dieses Mittel dient einerseits einer bestimmten Art der Aneignung des zu spielenden Textes durch die Schauspieler — was uns in unserem Zusammenhang nicht zu interessieren braucht — andererseits aber auch der Vermittlung des realisierten Textes in einer ganz bestimmten Weise: durch Einfügung von „Filmmaterial in ein Theaterstück" (Brecht 1967, Bd. 15, S. 364), durch „Projektionen" (ebda. S. 352), durch „Sichtbarkeit der Lichtquellen" (ebda. S. 349), durch „Überführung in die dritte Person"[46], durch eine „gesperrte Gestik"[47].

Wenn wir so die Verfremdung als notwendig für die Wirksamkeit auch unseres Theaters erkannt haben, dann müssen wir uns jetzt natürlich fragen, warum wir diese Technik *nicht* bei unseren Aufführungen angewendet haben, warum wir eigentlich recht traditionelles Theater gemacht haben.

Als einzig verfremdendes Mittel hatten wir höchstens das Bühnenbild, das ja nur skizzenhaft den Ort der Handlung andeutete. Dieses Bühnenbild wurde aber nicht zuerst für das Publikum entwickelt, sondern für die Darsteller selbst. Ihnen sollte schon beim Probieren klar sein, daß sie kein „Theater" machen, sondern ihre Situation sozusagen skizzenhaft dem Publikum darstellen.

Die Antwort auf unsere Frage ist im Lerntheater selbst angelegt: Wir brauchten die Kunstmittel der Verfremdung nicht, weil unsere theatralische

Veranstaltung schon selbst befremdlich — und damit verfremdend — war; wenn das Mittel der Verfremdung die Zerstörung der „normalen" Betrachtung einer Theateraufführung zum Ziel hat, dann traf das auf unsere Aufführung nicht zu, denn die Zuschauer betrachteten sie nicht normal in dem Sinne, daß ihnen eine vertraute und geläufige Wirklichkeit entgegengetreten wäre.

Es ist eben befremdlich — nicht selbstverständlich —, daß Strafgefangene, von denen die Öffentlichkeit und damit auch die Zuschauer ganz bestimmte Vorstellungen haben, sich an die Öffentlichkeit wenden und Theater spielen. Es ist befremdlich, sie sich zu ihrer Kriminalität bekennen und sich nicht verstecken zu sehen. Es ist befremdlich, daß die Vorstellungen, die man von „Verbrechern" hat, eben nicht stimmen. Es verwundert, wenn „arbeitsscheues Gesindel" soviel Mühe in ein solches Projekt steckt.

Dazu kommt — und das darf nicht unterschätzt werden —, daß „Kriminelle" dem normalen Bürger entweder als „Bestien" dargestellt werden oder —[48] in Kriminalfilmen und Fernsehkrimis — als zu jagendes Wild[49].

Die Verfremdung des Lerntheaters liegt also darin, daß die Zuschauer normalerweise die Strafgefangenen nicht in ihrer üblichen Rolle betrachten können. Deshalb sieht man diese „Kriminellen" nun anders als man sie sich vorgestellt hatte (oder als sie dem Publikum bisher vorgestellt wurden). Aus diesem Grunde — eben weil dieses Theater in sich selbst befremdlich genug ist — konnten wir auf das Kunstmittel der Verfremdung ohne Not verzichten; hätten wir versucht, in der Aufführung zu verfremden, hätte sogar die Gefahr bestanden, daß aus dieser potenzierten Verfremdung absurdes Theater geworden wäre. Bei unserem Lerntheater wäre Verfremdung also kein Kunstmittel sondern ein künstliches Mittel gewesen.

Eng mit der Forderung nach Verfremdung hängt die Ablehnung der Dominanz des *Gefühls* zusammen. Daß das Gefühl nicht den Verstand vernebeln dürfe, ist ein geläufiges Postulat[50]. Diese Forderung ist sicher legitim und wir müssen uns wieder — weil wir keine „Gefühlsbremsen" in unsere Aufführungen eingebaut hatten — fragen, ob wir uns dadurch nicht selbst der Chance einer möglichen Wirkung, die über den Augenblick hinausgeht, begeben haben.

Ganz sicher haben wir bei den Zuschauern das Gefühl angesprochen, sicher haben die Zuschauer auch mitgefühlt und sich vielleicht sogar eingefühlt.

Die — wir könnten sagen: gedankenlose — Einfühlung lenkt sicher von der eigentlichen Sache ab: Wenn ich im Theater oder im Kino etwas sehe, was über meine eigenen Möglichkeiten hinausgeht und mich damit identifiziere, wenn ich mir also vorstelle, *ich* wäre es, der so tief empfindet wie Gretchen oder so mutig schießt wie Wyatt Earp, dann hat das sicher mit meinem eigenen Leben wenig zu tun und lenkt von meinen eigentlichen Problemen ab. Ich habe im allgemeinen nicht die Möglichkeit, wie Gretchen zu empfinden oder wie Wyatt Earp zu schießen. Diese Art der Einfühlung hat eben die Fiktion — die dargestellte Person — und nicht die Realität zum Ziel und kann deshalb sicher schädlich sein. Sie führt zu romantischen, im Grunde ablenkenden Identifizierungen.

Doch in wen oder was können sich die Zuschauer beim Lerntheater einfühlen? Wenn sie sich in die „Helden", die dargestellten Personen einfühlen, zielt diese Einfühlung ja nicht nur auf die Theaterfigur, sondern zugleich auch auf den Schauspieler, der sie darstellt. Dargestellte Person und Darsteller sind ja identisch. Der Zuschauer sieht zugleich mit dem *Theaterstück*, das Strafgefangene spielen, *Strafgefangene*, die ein Theaterstück spielen. Sie sehen also gleichzeitig ein „Kunst"-werk und ein „Lebens"-werk. Sie betrachten nicht zuerst ein Stück Kunst, sondern ein Stück Leben.

Aus diesem Grunde stellt sich die Frage der Einfühlung hier anders als bei einem „normalen" Theaterstück. Einfühlung ist keine Gefahr — indem sie zur Vorspielung falscher Tatsachen führt —; sie ist hier vielmehr eine Möglichkeit des Verstehens: Wenn die Zuschauer von „Knast im Nacken" sich mit den Darstellern / dargestellten Personen identifizieren, also etwas von sich in den spielenden Strafgefangenen wiedererkennen und es als eine Möglichkeit von sich selbst sehen, ist der erste Schritt zum Abbau von Vorurteilen schon getan: Wenn die Zuschauer feststellen: „die sind ja wie ich" und „ich bin ja wie die" ist für Vorurteile kaum noch Platz: sie würden zugleich einen selbst treffen.

Die Gefühle, die im Bereich der Illusion sicher schädlich sind, können beim Lerntheater also durchaus positiv sein: sie können geradezu eine hermeneutische Funktion gewinnen, zu einer reellen Identifizierung führen und das bloß Emotionale transzendieren, indem sie ein Stimulanz der Reflexion werden.

9.7 Zusammenfassung

Das, was wir als „Lerntheater" bezeichnen — so können wir zusammenfassen — ist sowohl ein *pädagogisches Instrument* der Arbeit mit Strafgefangenen als auch eine bestimmte *Form des Theaters*. Damit trägt es den beiden Möglichkeiten der Wirkung von Theater Rechnung: in ihrem *internen* Aspekt erscheint diese Wirkung als eine Form der Gruppentherapie und unter dem *medialen* als eine Form der Mitteilung an das Publikum.

Damit unterscheidet sich das Lerntheater ganz wesentlich von anderen

Formen theatralischer Veranstaltungen, die sich immer nur *je einer* dieser beiden Wirkungsmöglichkeiten bedienen:

Auf der einen Seite — wir sahen das schon — stehen die Formen, die auf dem internen Aspekt der Wirkungsmöglichkeit, der Wirkung auf den Spielenden also, basieren. Dazu gehören neben dem schon angesprochenen Rollenspiel mit seinem Ableger Planspiel auch das Morenosche Psychodrama und schließlich auch das Brechtsche Lehrstücktheater.

Alle diese Formen beruhen auf der Nachahmung der Wirklichkeit (beim Planspiel, das ja auf die Zukunft gerichtet ist und zukünftige Situationen vorwegzunehmen versucht, müßte man, wollte man ganz genau sein, von „Vor"-ahmung sprechen). Sie setzen das Mittel Theater dazu ein, auf die Spielenden zu wirken, bei ihnen Verhaltensänderungen zu bewirken. Sie benötigen deshalb auch kein Publikum.

Auf der anderen Seite finden wir die Formen von theatralischen Veranstaltungen, die auf dem medialen Aspekt der Wirkungsmöglichkeit, der Wirkung auf ein Publikum also, basieren. Hier finden wir alle Formen des „offiziellen" Theaters, wie es an den Stadttheatern geboten wird, aber auch nahezu sämtliche Formen des Laienspiels. (Auch Film- und Fernsehproduktionen sind dazu zu rechnen). Diese Formen des Theaters verstehen sich als Adressen an das Publikum. Sie haben die Wirkung auf das Publikum — und sei es nur seine Unterhaltung — zum Ziel.

Sicher wirkt auch das Laientheater — genauso wie das Berufstheater — auf die Spielenden: Sie können lernen, in der Gruppe zu arbeiten, sie können ihre Sprech- und Ausdrucksfähigkeit verbessern, sie können eventuell auch in Diskussionen über die Stücke, die sie aufführen, etwas über die Situation der dargestellten Personen erfahren; sie haben auf jeden Fall den Genuß, sich selbst zu produzieren, zu entfalten.

Nur sind diese Wirkungsmöglichkeiten nicht theaterspezifisch, sie könnten ohne Schwierigkeiten durch andere Methoden ersetzt werden. So mutet es etwas seltsam an, wenn Michael Walter in seiner Arbeit „Das darstellende Spiel im Strafvollzug" einen schier endlosen Katalog von positiven Wirkungen zusammenstellt, die mit dem Laienspiel im Strafvollzug erreichbar sein sollen[51].

Die jeweiligen Formen des Theaters beschränken sich also auf je eine der beiden Wirkungsmöglichkeiten, während bei unserem Versuch beide Möglichkeiten integraler Bestandteil dieser Art des Theaters — eben des Lerntheaters — waren und auch sein mußten[52].

Diese Verbindung der beiden Wirkungsaspekte des Theaters war jedoch nicht von vornherein gegeben: wir haben zu zeigen versucht, wie sie sich in der praktischen Arbeit erst entwickelte, wie sie sich auf Grund der besonderen Situation der Strafgefangenen sozusagen zwangsläufig ergab. Daß es sich so „ergab" und „entwickeln" mußte, ist nicht die Reportage eines zufälligen Geschehens, wie es sich gerade bei *uns* ergeben hätte; es hat vielmehr paradigmatische Bedeutung. Wir erlebten einen exemplarischen Vorgang.

Die Erkenntnis der eigenen Situation hatte ja zu der Einsicht geführt, daß sie nur in der Hinwendung an die Öffentlichkeit geändert werden kann. Sie wurde erst fruchtbar, als sie über das bloß Noetische hinausging und zur gesellschaftlichen activitas führte. Insofern war unsere Theateraufführung eben nicht mehr Spielen einer *fiktiven Handlung*, sondern selbst *gesellschaftliches Handeln*.

Damit haben wir den Bogen zurück zu unseren pädagogischen Ausgangsfragen geschlagen: Die Arbeit mit dem Instrument des Lerntheaters führte zu der Erkenntnis — und zog aus ihr zugleich die Konsequenz —, daß pädagogische Arbeit im Strafvollzug sich nicht isoliert an die Gefangenen wenden darf, sondern in den gesamtgesellschaftlichen Zusammenhang von Individuum und Gesellschaft eingebettet sein muß.

Zugleich erfüllt die Methode des Lerntheaters die Forderungen, die wir an die Pädagogik im Strafvollzug gestellt haben. Wir sind uns natürlich darüber im klaren, daß wir mit dem Lerntheater nicht *die* Methode für die pädagogische Arbeit im Strafvollzug gefunden haben, sondern *eine* Methode; daß wir mit diesem Mittel den Strafvollzug nicht so ändern können, daß eine wirkungsvolle pädagogische Arbeit möglich wird. Wir konnten nur *einen* Anstoß zur Veränderung geben, einen von vielen, die nötig sind.

Zugleich sind wir an die Grenzen der Pädagogik im Strafvollzug gestoßen: Sie allein ist ja nicht in der Lage, den Strafvollzug zu verändern, sie ist in den Rahmen gezwängt, den ihr das Strafrecht setzt. Die Forderung, diesen Rahmen zu erweitern oder gar zu sprengen, der pädagogischen Arbeit also größeren Raum, wenn nicht den Primat zu geben, muß bestehen bleiben. Sie ist aber nicht von der Pädagogik einzulösen. Diese kann — wie auch in unserer praktischen Arbeit deutlich geworden ist — bestenfalls einen Anstoß dazu geben, indem sie ihr „pädagogisches Feld" auf die Gesellschaft erweitert und aus den praktischen pädagogischen Prozessen heraus strukturelle Veränderungsnotwendigkeiten im Strafsystem präzisiert.

Der Titel unserer Untersuchung weist schon darauf hin, daß es uns nicht um die bloße Darstellung eines pädagogischen Prozesses im Strafvollzug ging. Wir sind mit einer weiter ausgreifenden Intention angetreten: Wir wollten in der Praxis das „Modell" eines pädagogischen Theaters im Strafvollzug entwickeln und vorstellen.

10

Das Lerntheater als Modell

Im Begriff des Modells ist aber enthalten, daß es künftiger Praxis als „Vorbild" und „Muster" dienen soll. Wir müssen also untersuchen, wie die hier vorgestellte „Theorie" des Lerntheaters wieder in Praxis umgesetzt werden, ihr als „pattern" dienen kann.

Wir haben es hier wieder mit der hermeneutischen Frage nach der Applikation zu tun, allerdings — dies wird sich zeigen — auf einer anderen Ebene.

Am Beispiel der juristischen und theologischen Hermeneutik läßt sich dies verdeutlichen: Das Verstehen und Auslegen eines Gesetzestextes führt in der Rechtsprechung zur praktischen Anwendung im Urteil, bei der Bibel zur Predigt. Diese praktische Anwendung kann nun dokumentiert werden, man kann Gerichtsurteile sammeln und veröffentlichen, das gleiche kann man mit Predigttexten tun. Das Ziel dieser Sammlungen ist wiederum ein praktisches, aber nicht in dem Sinne, daß Richter und Pfarrer für ihre eigene Praxis aus diesen Sammlungen abschreiben — (sie sollten es jedenfalls nicht tun). Zur Praxis führen können diese „Modelle" vielmehr nur über ein neuerliches Verstehen, das wiederum die neue Praxis in sich aufnehmen muß. Dieser Prozeß der Wechselwirkung von Verstehen und Anwenden läßt sich in Gestalt von feed-backs ad infinitum fortführen: vielleicht kann man ihn als Geistesgeschichte auffassen.

Die Urteile des BGH z. B. sind also über ihre Anwendung in der jeweiligen Situation — als Ergebnisse der jeweiligen Prozesse — hinaus von Bedeutung für die juristische Praxis, so gewiß sie als verbindliche Urteile des höchsten Gerichts gesammelt und veröffentlicht werden und so Modellcharakter für zukünftige Anwendungen in zukünftigen Urteilen gewinnen. Trotzdem — oder gerade deshalb — können sie aber nicht *direkt* auf andere Fälle angewendet werden, sie müssen auf die neue Praxis hin neu „verstanden" werden. Sie haben nur die hermeneutische Bedeutung exemplarischer Hinweise. Statt bloß rezipiert zu werden, üben sie sozusagen eine sokratische Funktion aus, jedenfalls insoweit, als sie — mit Hilfe normativer Hinweise — eigene Anstrengungen der Adaption und Subsumption des „Falles" mit brauchen.

Ähnlich verhält es sich mit den Predigtsammlungen, beispielsweise von Abraham a Santa Clara: Seine Predigten können sicher auch als Modelle verstanden werden; trotzdem käme wohl niemand auf die Idee, sie — statt selbst zu predigen — von der Kanzel herab zu verlesen: sie entstammen einem anderen Verstehenszusammenhang und müssen für die heutige Praxis neu verstanden werden.

Soll also unser Modell übertragbar sein, soll es auch für andere pädagogische Situationen angewendet werden können, müssen wir die Stellung, die es als Theorie in dem dialektischen Prozeß von Theorie und Praxis einnimmt, genauer bestimmen.

Übertragbarkeit kann ganz sicher nicht heißen, daß jeder es mit jedem an jedem Ort zu jeder Zeit ebenso machen könnte. Soll es benutzt werden, muß es auf die jeweilige Praxis hin jeweils neu verstanden und angewendet werden. Die Theorie des Lerntheaters kann — so ließe sich formulieren — für die pädagogische Praxis, für die es ja entwickelt wurde, lediglich die Funktion des *Vorverständnisses* für eine neue pädagogische Praxis haben. Die Anwendung muß also prinzipiell über das Modell hinausgehen, insofern die Bedingungen der neuen Praxis in das Modell eingebracht werden und so das Modell in nicht abzuschätzenden Variationsbreiten erweitern. Eine „schöpferische" Aneignung unseres Modells hätte sogar noch weiter zu gehen: sie müßte es als leere Schale hinter sich lassen, indem sie in neuer Praxis neue Modelle schafft.

In ähnlicher — wenn auch etwas unbescheidenerer Weise — hat *Brecht* die Anwendbarkeit seiner Modelle beschrieben. (Brecht und seine Mitarbeiter haben ja einige Brechtsche Stücke oder Bearbeitungen zu Modellen aufbereitet, die in Form von ausführlichen Dokumentationen vorliegen)[53].

Die Benutzer sollen die Modelle nicht bloß nachahmen: „Der anfänglichen Erfindung eines Modells braucht wirklich nicht allzuviel Gewicht beigelegt zu werden, bringt doch der Schauspieler, der es benutzt, sogleich sein Persönliches hinein. Es steht ihm frei, Abänderungen des Modells zu erfinden, solche nämlich, die das Wirklichkeitsabbild, das er zu geben hat, wahrheitsgetreu und aufschlußreicher oder artistisch befriedigender machen (. . .). Die Abänderungen, richtig vorgenommen, haben selber modellhaften Charakter, der Lernende verwandelt sich in den Lehrer, das Modell ändert sich" (Brecht 1967, Bd. 17, S. 1215).

Ein solches Modell, wie wir es vorstellen, muß also einerseits nachahmbar sein — sonst wäre es kein Modell, andererseits aber auch variabel, sonst wäre es nicht anwendbar[54].

Zwischen diesen beiden Polen muß sich eine Praxis bewegen, die sich des Mittels Lerntheater bedient. Daß Variabilität die Voraussetzung ist, haben wir geklärt, wie steht es nun mit den Bedingungen für die Nachahmbarkeit?

Diese Frage impliziert natürlich die Frage nach dem Verständnis von Theater überhaupt. Unsere pädagogische Methode ist ja — um in dreifacher Negation auf sie hinzudeuten — eben nicht Rollenspiel, nicht Lehrstücktheater und auch nicht Laienspiel.

Wir fassen die im Laufe der Untersuchung gewonnenen Ergebnisse in wenigen Kriterien zusammen, die wir als Grundlage für eine neue Praxis für unerläßlich halten.

1. Lerntheater muß die *eigene* Lebenssituation darstellen, es kann kein Theater über etwas anderes, es kann nur Selbstdarstellung — mit autobiographischem background — sein.

2. Diese Situation muß durch die Betroffenen selbst dargestellt werden — es kann also kein Stück geben, das von seinen Autoren und Darstellern emanzipiert wäre.

3. Die Darstellung muß an ein bestimmtes Publikum adressiert sein — in unserem Falle war es „die Öffentlichkeit" oder genauer: die Nicht-Kriminellen. Doch ist durchaus denkbar, daß nur bestimmte Zielgruppen aus der gesamten Öffentlichkeit zum Adressaten werden. Diese Selektion ergibt sich schon dadurch, daß von vornherein an eine engagierte oder zum Engagement aufrufbare Öffentlichkeit zu denken ist.

4. Mit diesem Ziel, sich an die Öffentlichkeit zu wenden, muß das weitere Ziel verbunden sein, auf diese Öffentlichkeit einzuwirken, und zwar in dem Sinne, daß sie die Darstellung tendenziell selbst überflüssig macht (indem sie nämlich die Probleme durch die Darstellung löst).

Das Theatermodell des Lerntheaters steht und fällt also — will man es kommunikationstheoretisch ausdrücken — mit der Einheit von Sender, Medium und Empfänger. Kein Element kann für sich allein stehen, keins kann zugunsten eines anderen vernachlässigt werden. Damit, so hoffen wir, sind noch einmal die wesentlichsten Unterschiede zu anderen Formen des Theaters deutlich geworden: die Unterschiede nämlich zum einbahnigen „bürgerlichen" Theater ebenso wie zu dem nur auf den Spieler bezogenen „therapeutischen" Theater.

10.1 Anwendungsbeispiele

Wir können jetzt weiter überlegen, in welchen weiteren sozialen Bereichen Lerntheater anwendbar wäre — und zum Teil schon in verwandter Form eingesetzt wird.

Zunächst sprechen wir drei Beispiele einer solchen Anwendung ganz kurz an; wir wollen nur die Möglichkeiten andeuten, die Lerntheater als Modell eines pädagogischen Theaters haben kann. Danach wollen wir über unsere Arbeit in der Jugendstrafanstalt Hahnöfersand berichten. Dort unternahmen wir den Versuch, das Modell des Lerntheaters anzuwenden — mit anderen Schwerpunkten als beim ersten Projekt.

I. An erster Stelle steht das Beispiel des „International Visual Theatre" aus Paris, eines *Gehörlosentheaters*, das allerdings nicht normale Sprechstücke in die Sprache der Gehörlosen übersetzt, sondern versucht, „die Realitätserfahrung der Gehörlosen in theatralischen Szenen zu fassen"[55].

Die Realitätserfahrung der Gehörlosen hat ja mit der von Strafgefangenen einige Berührungspunkte: Beide tragen ein „Stigma", beide sind an den Rand der Gesellschaft gedrängt, über beide ist die Öffentlichkeit recht wenig informiert.

Für die Gehörlosen kommt es also analog den Strafgefangenen auf zweierlei an: erstens sich selbst mit ihrer Stellung am Rande der Gesellschaft auseinanderzusetzen und sich zweitens zugleich der Öffentlichkeit der Hörenden mitzuteilen. Dabei, so der Leiter der Truppe, Alfredo Corrado, macht diese Truppe keine Therapie — sie spielt also nicht im Sinne von Psycho- oder Soziodrama für sich selbst. Trotzdem, so könnten wir hinzufügen, hat dieses Theater für die Spielenden sicher einen therapeutischen Effekt: Schon dadurch, daß es sie aus ihrer Isolation befreit.

Ein wesentlicher Unterschied zu unserer Arbeit liegt allerdings darin, daß die Stücke, die diese Gruppe spielte, zunächst noch von Corrado — von einem einzelnen Autoren — geschrieben wurden; in zunehmendem Maße werden die Stücke jetzt aber von der Gruppe gemeinsam hergestellt.

II. Als zweites Beispiel wollen wir das *„Heildelberger Straßentheater"* ansprechen — das inzwischen allerdings kein Straßentheater mehr ist. Diese Theatergruppe besteht aus Studenten oder doch aus „Studierten" und versucht — am deutlichsten in der Szenenfolge „Das Narrenschiff" — die eigene Realitätserfahrung als Intellektuelle für andere darzustellen. Der Widerspruch zwischen dem theoretischen — politischen — Anspruch und der inkongruenten Praxis steht dabei ebenso wie die unterschiedlichen Scheinlösungen dieses Widerspruchs im Mittelpunkt. Die gemeinsamen Erfahrungen dieser „Minderheit" wurden also theatralisch be- und verarbeitet. Der Adressat, an den diese Gruppe sich wendet, ist — anders als bei uns und beim Gehörlosentheater — nicht „die Öffentlichkeit", Adressaten sind vielmehr diejenigen, die sich in einer ähnlichen Situation befinden, die ähnliche Wirklichkeitserfahrungen gemacht haben — also wieder Intellektuelle.

Ziel ist primär die Klärung des eigenen Selbstverständnisses, die in der Herstellung des Produkts erstrebt wird, zugleich aber auch der Versuch, anderen — auf unterhaltsame Weise — Anstöße zur Auseinandersetzung mit ihrer vergleichbaren Situation zu geben. Bei dieser Gruppe zeigt sich besonders deutlich, daß sie eine theatralisch-pädagogische Praxis anstrebt, die sowohl auf die Spielenden als auch auf die Zuschauer wirken kann[56].

III. Das dritte Beispiel, das wir noch kurz ansprechen wollen, ist die Theaterarbeit mit *Aussiedlern* aus Polen. Aussiedler gehören einer Minderheit an, die es schwer hat, sich einen Platz in unserer Gesellschaft zu sichern. Wir haben deshalb den Versuch gemacht, mit jugendlichen Aussiedlern ihre eigene Situation durch theatralische Mittel zu bearbeiten. Die Diskrepanz zwischen den mitgebrachten Erwartungen und der Realität, die sie in der Bundesrepublik vorfanden, stand dabei zunächst im Mittelpunkt. Dann aber gerieten zunehmend die Erfahrungen mit Behörden — als Exponenten der Gesellschaft sozusagen — ins Zentrum der Bearbeitung. Auch hier hätte sich für einen bestimmten Adressatenkreis zeigen lassen, wie das Verhalten von Menschen auf andere Menschen wirkt; zugleich hätte die Darstellung dieser Probleme auf die Jugendlichen klärend wirken können, schon dadurch, daß sie aktiv etwas gegen ihre Diskriminierung unternahmen. (Aus Gründen, die hier nicht zu interessieren brauchen, konnte dieses Projekt nicht zu Ende geführt werden)[57].

Wir wollen die Reihe der Beispiele nicht weiterführen; uns ging es nur darum anzudeuten, für welche Bereiche außerhalb des Strafvollzugs unser Modell analoge Anwendungsmöglichkeiten finden und zu einer (hermeneutisch gesteuerten) Übernahme als Modell führen könnte. Die Reihe ließe sich beliebig fortsetzen: Schüler, Homosexuelle, arbeitslose Jugendliche, Blinde, Gastarbeiter könnten sich hier exemplarisch angesprochen und zur Subsumption ihres casus angeregt fühlen.

Wir brechen hier ab und wenden uns nunmehr dem Bericht über unsere eigene Adaption zu, nämlich der Erprobung unseres Modells mit jugendlichen Strafgefangenen.

10.2 Erfahrungen mit dem Lerntheater in der Jugendstrafanstalt Hahnöfersand

Das „pädagogische Feld", auf dem wir in der Jugendstrafanstalt Hahnöfersand arbeiteten, unterschied sich von dem Vierlander nur sehr wenig; allerdings gab es von den Voraussetzungen für unsere Arbeit her zwei gravierende Differenzen: *Einmal* hatten wir es mit Jugendlichen zu tun, *zum anderen* arbeiteten wir jetzt mit dem Mittel der elektronischen Bildaufzeichnung, mit Video[58].

Wir brauchen hier nicht den gesamten Arbeitsprozeß noch einmal aufzurollen und zu würdigen. Wir konzentrieren uns vielmehr auf die wichtigsten

Unterschiede zum ersten Projekt; auf die *Variation* des Modells also. Zum Zweck des Überblicks stellen wir einen kurzen Bericht über die praktische Arbeit in Hahnöfersand voran. Im Anschluß daran werden wir auf die wichtigsten Abweichungsnuancen gegenüber dem ursprünglichen Modell kurz eingehen. Es geht uns also nicht darum, ein zweites selbständiges Modell vorzustellen; wir wollen lediglich die Anwendbarkeit und zugleich die Variabilität demonstrieren.

10.2.1 Praxisbericht Hahnöfersand

Wie in Vierlande kündigte ich mein Vorhaben so an, daß ich in den einzelnen Häusern einen Anschlag machte: ich suchte Leute, die Interesse am Theaterspielen hätten. Es meldete sich eine Gruppe von acht Gefangenen. Ich spreche bewußt von einer „Gruppe", weil diejenigen, die sich gemeldet hatten, schon seit einiger Zeit zusammen an einer Gefangenen-Zeitung arbeiteten. In dieser Gruppe dominierte ein Gefangener sehr stark, der aufgrund seiner intellektuellen Fähigkeiten den anderen weit überlegen war — und diese Überlegenheit in einem stark ausgeprägten Geltungsbedürfnis betonte. (Nur zur Illustration: dieser Gefangene war wegen Trickbetrügereien verurteilt worden; er hatte sich auf Pfarrer spezialisiert. Dies ist allerdings nicht deshalb aufschlußreich, weil es ihm gelungen war, Pfarrer zu betrügen, als deshalb, weil er sich ausgerechnet Pfarrer als Opfer ausgesucht hatte).
Diese Gruppe um einen einzelnen Gefangenen empfand mich als Eindringling; es gab viel Mißtrauen. Man „hinter"fragte mich, welche Motive ich für meine Arbeit hätte und glaubte meiner Versicherung nicht, daß ich keine eigennützigen Motive hätte. Diese Fehlanzeige war für sie nicht realisierbar. Diese Gruppe blieb bald den Treffen fern, ich stand alleine. Es war mir nicht gelungen, einen „Machtkampf" zwischen mir und dem „Gruppenstar" zu verhindern. Der erste Versuch war also gescheitert, bevor wir mit der eigentlichen Arbeit angefangen hatten. Der zweite Anlauf gelang besser: diesmal meldeten sich sieben Gefangene auf meinen zweiten Anschlag. Die Gefangenen kamen aus verschiedenen Häusern und hatten bisher wenig Kontakt untereinander gehabt. Das Interesse, Theater zu spielen, war sehr groß, die Motivation wurde durch die Aussicht, mit Video zu arbeiten, sicher noch erhöht.
Ich schlug — diesmal etwas direkter als in Vierlande — vor, etwas zu machen, das mit dem Strafvollzug zu tun hätte. Die Gefangenen nahmen diesen Vorschlag sehr positiv auf und erweiterten ihn sogleich dahin, daß man mit Hilfe der Video-Aufnahmen den Leuten draußen die Situation im Strafvollzug zeigen könnte. Dieser Gedanke, ein Produkt herzustellen und es draußen zu zeigen, begleitete unsere Arbeit die ganze Zeit; er stand, wenn auch nicht immer bewußt, hinter der gesamten Arbeit.
Wir sammelten wieder Themen; dabei kamen — im Anschluß an ausführliche Gespräche — auch Vorschläge, die die *Ursachen* des Gefängnisaufenthaltes ansprachen: die Familie, das Heim, die Schule und der Arbeitsplatz. Die

Gefangenen versuchten also, sich auch über die Ursachen ihrer Straffälligkeit klarzuwerden, gleichsam kriminalistisch Quellenforschung gegenüber der eigenen vita zu betreiben. Wir begannen zunächst, speziell Szenen dieses thematischen Bereichs zu spielen, doch das Schwergewicht verlagerte sich immer mehr auf den Strafvollzug selbst. Der Grund dafür dürfte u. a. darin gelegen haben, daß diese Erfahrungen allen *gemeinsam* war: Hatte jeder bis zum Strafantritt seine eigene Lebensgeschichte, die bei aller Ähnlichkeit nicht unmittelbar mit der der anderen parallel verlief, so war die Erfahrung des Gefangen-seins allen gemeinsam und offenbar. Zudem waren sie von ihrer gegenwärtigen Lebenssituation am meisten betroffen.

Wir entschieden uns dann, die Erfahrung des Strafvollzugs zu thematisieren. Von folgender Themenliste gingen wir aus:

Einkleidung
Aufnahmegespräch
beim Sanitäter
Geburtstag
Einkauf
der Neue
Apell
Essensverteilung
Kalfaktor
Transport
Sexualität

Wir verfuhren ähnlich weiter wie in Vierlande: Wir stellten ein „Bühnenbild" her; dieses bestand aus Stellwänden, auf die mit Kreide die Hintergründe gezeichnet wurden. Unsere Theaterarbeit wurde so immer wieder durch die Arbeit an den Bühnenbildern unterbrochen, was auch den theatralisch weniger Aktiven die Möglichkeit zu sinnvoller Betätigung gab und sie mehr und mehr in die Gestaltungsprozesse einbezog.

Die gespielten Szenen wurden aufgezeichnet, vorgeführt, diskutiert und neu gespielt. Gegenüber der Arbeit in Vierlande hatten wir jetzt den unschätzbaren Vorteil, daß wir in den Video-Aufzeichnungen etwas Konkretes hatten, über das wir sprechen konnten: die Diskussionen und Analysen mußten also nicht mehr im luftleeren Raum stattfinden. Wir hatten vielmehr die Szenen vor Augen und konnten uns jederzeit kontrollieren.

Auf diese Weise bekamen wir eine große Menge Material; viele Szenen waren in ihrer letzten Fassung auch mehrfach gespielt worden, da der Anspruch, ein vorführbares Produkt herzustellen, die Anforderungen an die ästhetischen Qualitäten ziemlich hochgeschraubt hatte. Deshalb hatten wir einige Szenen mehrfach wiederholen müssen.

Der nächste Arbeitsschritt mußte nun sein, aus dem vorhandenen Material auszuwählen und die ausgewählten Szenen zu einem vorzeigbaren Produkt zusammenzustellen. Um die einzelnen Szenen auch für den Outsider verständlich zu machen, erwies es sich als notwendig, sie zu erklären. (Wer draußen weiß schon, was ein „Gelber" ist, ein „Koffer"? Oder wer kann sich unter dem

Begriff „peikern" etwas vorstellen?) Wir machten deshalb zu den einzelnen Szenen Interviews, in denen ich die Rolle des nicht-informierten Fragers spielte.

Den Schnitt schließlich, die handwerkliche Zusammenstellung der Szenen, der Interviews und der Zwischentitel, besorgte ich selbst: dies in der Strafanstalt mit den Gefangenen zusammen zu machen, war aus technischen Gründen nicht möglich, und es außerhalb der Anstalt gemeinsam zu machen, verbot sich aus verständlichen Gründen.

Wir hatten jetzt unseren Film zur Vorführung fertig, die Gefangenen waren stolz auf ihre Leistung — nur konnten sie bei den Vorführungen selbst nicht dabei sein. Der Diskussion mit den Zuschauern stellen konnten sie sich nur einmal: bei der Vorführung vor ihren Mitgefangenen — die übrigens sehr positiv reagierten. Alle anderen Vorführungen — vor den Leitern der Hamburger Strafanstalten, vor Schulklassen und Universitätsseminaren ebenso wie vor Gruppen, die im Strafvollzug arbeiten wollten — mußte ich alleine begleiten und die Diskussion sozusagen stellvertretend für die Gefangenen führen. Das ergab sich schon daraus, daß wir nicht eigentlich Lern-„theater", sondern Lern-„film" gemacht hatten.

Die pädagogischen Prozesse, die während der beiden Projekte abgelaufen sind, unterschieden sich wie gesagt nur sehr wenig voneinander (sieht man einmal von dem Scheitern der ersten Gruppe in Hahnöfersand ab; dieses Scheitern dürfte mit der Methode des Lerntheaters selbst nichts zu tun haben und braucht deshalb hier nicht weiter erörtert zu werden).

Die Unterschiede lagen vor allem in den *Voraussetzungen* der Arbeit — wir haben sie schon angesprochen —: in der Tatsache eben, daß wir es in Hahnöfersand mit Jugendlichen zu tun hatten — oder doch zumindest mit Leuten, die von den Gerichten als Jugendliche eingestuft worden waren —[59] ferner darin, daß wir in Hahnöfersand mit dem Mittel der elektronischen Bildaufzeichnung gearbeitet haben und dem Ziel, einen Videofilm herzustellen. Wir wollen untersuchen, welchen Einfluß diese beiden unterschiedlichen Voraussetzungen auf die Veränderung unseres Lerntheater-Modells gehabt haben.

10.2.2 Arbeit mit Jugendlichen

Wenn man davon ausginge, daß pädagogische Arbeit mit Erwachsenen sich grundsätzlich von der mit Jugendlichen unterscheide, wenn man also pädagogische Arbeit prinzipiell in „Päda"- und „Andra"-gogik trennte, müßte man auch in den Methoden pädagogischer Arbeit prinzipielle Unterschiede machen (Peters 1977, S. 78).

Von einer solchen Trennung geht sowohl das Strafrecht als auch das Strafvollzugsrecht aus[60]. Doch scheint es, daß diese Differenz eher theoretischer Natur ist: Zwar geht man bei den Jugendlichen davon aus, daß sie noch keine „fertigen" Menschen und deshalb noch erziehbar seien — doch die Praxis des Jugendvollzugs unterscheidet sich kaum von der bei Erwachsenen. Zwar unterstellt man den Erwachsenen, daß sie einer Erziehung (es sei denn der erstrebten Evolution auf Resozialisierung oder auch Schuldeinsicht hin) nicht mehr zugänglich seien, doch muß auch für sie bei Antritt der Strafe ein „Vollzugsplan" aufgestellt werden[61].

Wollte man einer solchen Unterscheidung folgen, müßte man als Pädagoge mit Jugendlichen prinzipiell anders umgehen als mit Erwachsenen.

Einen solchen — prinzipiellen — Unterschied zu machen, sahen wir uns keinesfalls genötigt. Wir gingen davon aus, daß weder Jugendliche noch Erwachsene „fertige" Menschen sind — positiv ausgedrückt: daß sowohl Jugendliche als auch Erwachsene sich verändern können. Ob ich dann, wenn ich zu einer solchen Veränderung verhelfe, das Etikett „Erziehung" oder „Behandlung" benutze, ändert an der Sache selbst wenig. Die praktische Arbeit bleibt von diesen Überlegungen nahezu unberührt.

Der einzige Unterschied zwischen beiden Projekten, der mit dem Alter der Gefangenen zu tun haben könnte, lag darin, daß die Themenbereiche jeweils andere waren: Die Erwachsenen hatten sich ja vorwiegend mit der Zeit nach der Entlassung beschäftigt, während die Jugendlichen den Strafvollzug selbst zum Hauptthema machten. Doch läßt sich dieser Unterschied aus dem Mehr an Erfahrungen erklären, über das die Erwachsenen verfügten: Anders als bei den Vierlander Erwachsenen, die ja alle schon mehrfach gesessen hatten, waren die Jugendlichen zum ersten Mal im Gefängnis. Schon deshalb waren sie mehr mit der Verarbeitung ihrer Lebenssituation beschäftigt. Sie hatten auch die Schwierigkeiten nach ihrer Entlassung noch nicht erfahren und waren sich der Probleme, die sie erwarteten, deshalb auch nicht bewußt.

Der Unterschied zwischen der Arbeit mit Jugendlichen und der mit Erwachsenen war gleichwohl nicht gravierend, auch wenn das unterschiedliche Alter und die unterschiedlichen Erfahrungen sich selbstverständlich bemerkbar machten. Prinzipiell — so halten wir fest — konnten wir mit beiden Gruppen mit den gleichen Methoden arbeiten.

Die Jugendlichen hatten in „der Öffentlichkeit" auch den richtigen Adressaten, wenn sie die Situation im Strafvollzug selbst verändern wollten. Natürlich hatten sie erkannt, daß die „öffentliche Meinung" über Kriminalität und Strafvollzug ein ganz wichtiger Faktor für die Erhaltung — und auch für die Veränderung — der bestehenden Zustände im Strafvollzug ist. Auch insofern ergab sich kein Unterschied zu der Arbeit mit Erwachsenen.

Die Arbeit mit dem Videogerät machte den wichtigsten Unterschied aus. Es bot bei der Herstellung der Szenen und bei deren Analyse den unschätzbaren Vorteil — wir wiesen schon darauf hin —, daß das eben Gezeigte unmittelbar wieder betrachtet werden konnte: die Kritik gewann so eine „reale" Grundlage und die Analyse konnte sich auf die in Bild und Ton festgehaltene Aufnahme berufen. (Die in Vierlande verwendeten Tonbandaufnahmen waren nur ein schwacher Ersatz gewesen).

Bei der *Herstellung der Szenen* unterschied sich die Arbeit mit Video von unserer Theaterarbeit nur graduell, nicht aber prinzipiell.

Der gravierende Unterschied bestand in dem jeweiligen Produkt und in seiner Verwertung. Das Produkt der Video-Arbeit, das Band also, ist nicht an seine Produzenten gebunden, es kann von ihnen gelöst und beliebig verwendet werden. Gerade die Einheit von Produzent und Vermittler, die wir für das Lerntheater als ganz wesentlich erkannt haben, ist bei der Arbeit mit Video nicht mehr gegeben.

In der Praxis war es denn auch so, daß das Band, sollte es irgendwelchen interessierten Leuten vorgeführt werden, nur von mir begleitet wurde — die Gefangenen waren aus verständlichen Gründen verhindert —, so daß die an die Vorführung anschließende Diskussion also auch nur von mir bestritten werden konnte, sozusagen stellvertretend für die Gefangenen. Die unmittelbare Kommunikation zwischen Autoren und Publikum war also nicht möglich.

Insofern hatte das Band eine völlig andere Qualität: es konnte nur dazu dienen, einen Einblick in das Leben im Gefängnis zu geben, zu zeigen, wie die dort Einsitzenden ihre Situation erleben. Es konnte aber nicht die Kommunikation zwischen Gefangenen und Öffentlichkeit ermöglichen.

In unserem Fall also schob sich das Medium als Trennwand ein, es war kein Mittel der Kommunikation[62].

Diese Qualität von Video — und auch von anderen elektronischen Medien — wird in' der zum Teil euphorisch geführten Diskussion um den Einsatz dieses Mediums häufig vernachlässigt. Video kann ja sowohl ein Instrument der Kommunikation als auch der Verhinderung von Kommunikation sein. Die Brechtsche Forderung, aus dem Rundfunk ein Instrument der Kommunikation zu machen[63], die Einbahnigkeit dieses Mediums also aufzuheben, ist ja inzwischen von der Industrie eingelöst worden: der CB-Funk erfüllt genau diese Forderung[54]. Doch die Bedingungen für seinen Einsatz sind nicht so: Man sieht gelegentlich auf der Straße zwei Jungen, mit CB-Funkgeräten ausgerüstet, die, weil sie ihr „Kommunikationsinstrument" benutzen wollen, erst die nötige räumliche Distanz schaffen müssen, die den Einsatz dieses Gerätes erst „sinnvoll" macht. Sie gehen also nicht nebeneinander und unterhalten sich dabei, sie müssen vielmehr in einigem Abstand voneinander gehen, damit sie ihre Geräte überhaupt benutzen können. Die beiden Jungen müssen zunächst einmal Kommunikation verhindern, damit sie dann mit Hilfe der technischen Apparate doch kommunizieren können.

Ähnlich beim öffentlichen Fernsehen: auch hier ist das technische Medium in erster Linie ein Instrument zur Verhinderung von Kommunikation: der Kreis der Familie ist zum Halbkreis um das Fernsehgerät geworden.

Die Bedingungen, unter denen das Mittel Video ein *Kommunikationsinstrument* ist, müssen also genauer untersucht werden. Diese Untersuchung können wir hier nicht leisten, doch wollen wir einige Hinweise dazu geben.

Berechtigt und sinnvoll ist der Einsatz von Video sicher dort, wo es um die Herstellung einer Gegenöffentlichkeit geht[65]. In unserem Fall könnte das heißen, daß wir mit Hilfe des Videogerätes einen Einblick in das Gefängnis geben könnten, der sonst nicht möglich ist. Dabei taucht allerdings das Problem auf, daß gerade dort, wo ein Einblick nötig wäre, wo die Herstellung von Gegenöffentlichkeit also wünschenswert wäre, dieser Einblick von den Institutionen verhindert werden kann. Unser Band dürften wir nur zeigen, wenn es vom Strafvollzugsamt für gut befunden würde.

Ferner könnte der Einsatz von Video dort sinnvoll sein, wo eine direkte Kommunikation aus irgendwelchen Gründen nicht gegeben ist, sei es aus Gründen der räumlichen Entfernung oder weil die Partner sonst nicht zueinander kommen können. Ein Beispiel dafür wäre der Einsatz von Video in Altersheimen[66]. Allerdings wäre die Voraussetzung für einen sinnvollen Einsatz auch hier, daß eine „normale" Kommunikation nicht möglich ist. Ein abschreckendes Beispiel für einen falschen Einsatz von Video bietet eine amerikanische Stadt, in der zwei Altersheime per Video miteinander „kommunizieren". Dort wäre es sicher sinnvoller, die Video-Veranstaltungen durch einen Busverkehr zwischen den Heimen überflüssig zu machen.

Prinzipiell muß gelten, daß die direkte Kommunikation derjenigen über die Medien immer vorzuziehen ist, daß die elektronischen Medien immer ein Ersatz-Instrument sind.

Video kann ferner — neben seiner Funktion, Gegenöffentlichkeit herzustellen und Kommunikation dort zu ermöglichen, wo sie aus bestimmten Gründen nicht gegeben ist — die Funktion haben, Kommunikation zu initiieren. Auf unseren Fall bezogen könnte das heißen: Vorausgesetzt, die Gefangenen, die das Band hergestellt haben, könnten mit ihren Zuschauern sprechen, wäre die Vorführung des Bandes ein guter Ansatz, um die Diskussion und damit Kommunikation mit den Zuschauern einzuleiten.

Insofern könnte Video auch ein „Motivationsspender" sein. Dies gilt aber nur für die Rezeption; das Videogerät als Motivationsspender für die Beschäftigung mit einem bestimmten Thema einzusetzen, sich also die Faszination des technischen Gerätes zunutze zu machen, wäre zwar eine Funktion, die seinen Einsatz rechtfertigen könnte. Doch erfahrungsgemäß dauert diese Faszination nur kurze Zeit, eben so lange, wie der Spieltrieb dies zuläßt. Dann muß doch wieder die Arbeit selbst motivieren. Das Videogerät als Motivationsspender ähnelt dem technischen Gerät Auto: Hat der Sohn oder die Tochter den Führerschein gemacht, ist er oder sie gerne bereit, für die Eltern einzukaufen — nur um Gelegenheit zum Autofahren zu bekommen. Diese Bereitschaft nimmt aber in dem Maße ab, wie die Gewöhnung an das Gerät fortschreitet, so daß nach einiger Zeit die Eltern doch wieder selbst einkaufen müssen.

Wir fassen zusammen: Für die unmittelbare Arbeit in der Strafanstalt war das Mittel Video sehr hilfreich; es bot die Möglichkeit, kontrollierter und damit auch genauer zu arbeiten. Als Instrument der Kommunikation erfüllte es diese Ansprüche nicht.

Da es uns um die Frage ging, ob der Einsatz von Video unter den *gegenwärtigen* Bedingungen für *unsere* Zwecke sinnvoll sein kann, können wir uns auch nicht — wie Enzensberger es im Anschluß an Brecht tat —[67] darauf zurückziehen, daß eines Tages — unter veränderten gesellschaftlichen Bedingungen — dieses Medium eine andere Funktion bekommen kann.

10.3 Zusammenfassung

Wenn wir uns abschließend fragen, ob wir das in Vierlande entwickelte Modell des Lerntheaters in Hahnöfersand *sinnvoll* angewendet haben, kommen wir in einige Verlegenheit. Wir können zunächst nicht mit einem klaren „ja" oder „nein" antworten, sondern müssen uns auf ein „ja aber" zurückziehen.

Ganz sicher war die Arbeit in Hahnöfersand „sinnvoll", doch bezog sie ihren Sinn weniger aus der Anwendung des Lerntheater-Modells auf die Spieler als daraus, daß sie *für die Zuschauer* nützlich geworden ist. Das Spiel „Die Suppe aus dem Blechnapf löffeln" wurde schon einige dutzend mal vor interessierten Gruppen vorgeführt und hat als Unterrichtsmaterial ebenso wie als Einführung in den Strafvollzug sicher seinen Zweck erfüllt. Doch den eigentlichen Sinn — theatralisch-pädagogisch verstanden — hat dieser Film verfehlt: Er hat sich von seinen Produzenten gelöst und führt ein selbstständiges Dasein. Nur der Tatsache, daß er nicht öffentlich verliehen wird, daß *ich* also entscheiden kann, wo und wem er vorgeführt wird, und daß ich an den anschließenden Diskussionen teilnehmen kann, ist es zu verdanken, daß er sich nicht völlig frei „auf dem Markt" bewegt. Die eigentlichen Produzenten — die Strafgefangenen — haben keine Gewalt mehr über ihn, sie haben sie in dem Augenblick, wo er fertiggestellt war, verloren.

Die Einheit von Produzenten, Medien — und auch Zuschauern —, die wir als tragende Grundlage des Lerntheaters verstanden haben, ist nicht mehr gegeben. Das Videogerät — so könnte man sagen — hat uns dazu verführt, diese Grundlage zu verlassen. Insofern ist dieses Projekt, wenn wir unsere Definition als streng gehandhabtes Kriterium verwenden, kein „Lerntheater" gewesen.

Trotzdem, so glauben wir, hat es für eine Theorie des Lerntheaters gute Dienste geleistet: auch eine „negative" Erfahrung kann ja hilfreich sein.

Anhang

Szene 1: Abgangszelle (Foto unten)

Drei Gefangene warten in der Abgangszelle auf ihre Entlassung. Sie malen sich
gemeinsam ihre nächste Zukunft aus:
Nach Besuchen bei verschiedenen Hilfs-
organisationen, die der Beschaffung von
Geld dienen sollen, wollen sie zunächst
„gleich auf dem Hauptbahnhof einen
schlucken", dann weiter „auf den Kiez"
— also ins Bordell.

Der Inhalt der Szenenfolge
„Knast im Nacken"

Der „Playboy" wird in die Zelle gebracht. Es stellt sich heraus, daß seine
Angebereien während der Haftzeit keinerlei reale Grundlage hatten.
Ein Beamter holt zwei Gefangene ab; die beiden übriggebliebenen spre-
chen über ihre beruflichen Möglichkeiten nach der Entlassung und über die
Hilfe, die ihnen dabei geboten wird. Sie erkennen, daß ihre Chancen,
wieder ein normales Leben zu führen, sehr gering sind.

Szene 2: Bewährungshelfer (ohne Foto)

Ein entlassener Häftling kommt zum Bewährungshelfer und bittet ihn, bei der Suche nach Wohnung und Arbeit zu helfen. Eine Wohnung hat der entlassene Gefangene schon in Aussicht, doch verlangt die Vermieterin eine Kaution. Der Bewährungshelfer ist bereit, sie direkt zu überweisen, und antwortet auf den Einwand des Ex-Gefangenen, dann würde die Vermieterin merken, daß er aus dem Gefängnis komme und ihm die Wohnung nicht geben: „Wir wollen doch mit der Wahrheit anfangen!" Schließlich bietet der Bewährungshelfer einen Platz in einem Männerwohnheim an.

Für die Vermittlung von Arbeit wird der Gefangene an das Arbeitsamt verwiesen. Vom Bewährungshelfer erhält er noch einen Zuschuß für die Beschaffung von Arbeitskleidung — und eine Unterstützung von zehn Mark — „damit Sie nicht ganz umsonst gekommen sind". Ohne richtige Hilfe, mit guten Wünschen für die Zukunft versehen, verabschiedet sich der ehemalige Häftling.

Szene 3: Bahnhof (Foto rechte Seite oben)

Zwei eben entlassene Gefangene treffen sich in der Bahnhofsgaststätte; sie wollen gemeinsam Arbeit suchen. Zunächst sehen sie die Stellenanzeigen einer Zeitung durch und sprechen über ihre Chancen, eine Arbeit zu finden. Sie suchen mehrere Angebote heraus und rufen die Firmen an. Dabei stellt sich heraus, daß ihre Vorstrafe ein unüberwindbares Hindernis bei der Arbeitssuche ist. Selbst als sie die Tatsache, daß sie im Gefängnis waren, zu verschweigen versuchen, gelingt das nicht: die Frage nach der Anschrift oder nach der Fahrpraxis verrät ihre Vergangenheit.

In dem Maße, wie ihre Versuche, Arbeit zu finden, mißlingen, wenden sie sich dem Alkohol zu. Schließlich sehen sie den einzigen Ausweg, doch noch „Arbeit" zu finden, darin, daß sie einen früheren Kumpel anrufen, der ihnen einen Tip für einen Einbruch gibt.

Szene 4: Gericht I (Foto rechte Seite unten)

Ein kleiner Ladendieb steht zum ersten Mal vor Gericht. Er steht dieser Institution völlig hilflos gegenüber und kann sich deshalb nicht verteidigen. Der Prozeß geht an ihm vorbei; die Strafe, die gegen ihn verhängt wird, wird ihm nicht gerecht.

Szene 5: Gericht II (Foto rechte Seite oben)

Der zweite Prozeß läuft ebenfalls gegen einen Ladendieb, der allerdings schon mehrfach mit dem Gesetz in Konflikt geraten ist. Doch dieser Angeklagte läßt sich nicht verunsichern, er ist in der Lage, seine Interessen temperamentvoll zu vertreten. Das Urteil fällt entsprechend milde aus.

Szene 6: Abgangszelle (Foto rechte Seite unten)

Die Schlußszene ist mit dem Beginn der ersten Szene identisch: Alle sitzen wieder in der Zelle und warten erneut auf ihre Entlassung. Sie sind in der Freiheit gescheitert und gehen bei ihrer zweiten Entlassung einer ungewissen Zukunft entgegen.

141

Der Inhalt des Video-Films
„Die Suppe aus dem Blechnapf
löffeln"

Vorbemerkung: Vor die einzelnen Spielszenen sind Interviews zu den Themen geschnitten, die in den jeweiligen Szenen behandelt werden.
(Die folgenden Fotos sind vom Video-Monitor fotografiert; wir bitten den Leser, die mangelhafte Qualität zu entschuldigen.)

Szene 1: Kammer (Foto rechte Seite oben)
Ein eben eingelieferter Gefangener kommt — nur mit Unterhosen bekleidet — auf die Kammer, um seine Gefängniskleidung in Empfang zu nehmen. Als der Kammerbeamte ihm die Uhr abnehmen will, fragt der Gefangene nach dem Grund. Er bekommt zur Antwort, er könne einen Antrag stellen, dann bekäme er die Uhr zurück. Der Gefangene kann nicht verstehen, warum er die Uhr nicht gleich behalten kann.

Szene 2: Aufnahmegespräch (Foto rechte Seite unten)
Zum Aufnahmegespräch sind der Anstaltsleiter, sein Stellvertreter, der Arbeitsinspektor und der Hausvater versammelt. Der Gefangene wird hereingerufen und zunächst nach seinen Wünschen in Bezug auf die Beschäftigung während seiner Haftzeit befragt. Es stellt sich heraus, daß der Häftling keine echte Auswahlmöglichkeit hat: die Ausbildungsprogramme haben entweder schon begonnen, oder alle Plätze sind besetzt. So bleibt nur die Malerwerkstatt.
Als nächstes wird der Gefangene auf die Anstaltsordnung hingewiesen; der Anstaltsleiter zählt auf, was alles in der Haftanstalt verboten ist.
Die einzige Frage, die der Gefangene selbst stellt — während des Gesprächs bleibt er sonst fast stumm —, gilt der Möglichkeit musikalischer Betätigung. Ihm wird mitgeteilt, daß er bei entsprechend guter Führung nach einiger Zeit einen Antrag auf die Erlaubnis, eine Gitarre zu besitzen, stellen könne.
Nach dem Hinweis auf die Gefahren, die bei einer Flucht über die Elbe drohen, wird dem Häftling das System des Stufenstrafvollzugs erklärt: nach sieben Monaten habe er die Möglichkeit, auf Urlaub zu gehen, wenn er sich gut führe. Das Aufnahmegespräch endet mit guten Wünschen für die Zukunft in der Haftanstalt.

142

Szene 3: Neuer auf Haus (Foto unten)
Bei seiner Ankunft in seinem „Saal" (einer Vier-Mann-Zelle) wird dem
Neuen von seinen Kollegen der Schmuck abgenommen. Die Alteingesesse-
nen fragen ihn nach seinen Straftaten und ziehen ihn damit auf. Am Schluß
der Szene zwingen sie ihn, völlig unsinnige Dinge zu tun; er muß z.B. laut
von sich sagen: „Ich bin ein Heinzi!"

Szene 4: Minna (Foto rechte Seite oben)
Durch das schmale Fenster einer „grünen Minna" sieht man drei Gefangene
auf dem Transport zum Untersuchungsgefängnis. Sie versuchen auf der
Fahrt, durch Rufen und Klopfen mit der Welt draußen Kontakt aufzuneh-
men, doch gelingt dies nicht: sie fahren durch eine fremde Welt.

Szene 5: Auf dem Flur (Foto rechte Seite unten)
Ein alteingesessener Gefangener zwingt „den Neuen", seine Arbeit — das
Plocken des Flurs — zu übernehmen. Der Neue tröstet sich damit, daß er
diese Erniedrigung ihm „eines Tages heimzahlen" werde.

144

Szene 6: Appell (Foto unten)
Ein Beamter kontrolliert die Zelle eines Gefangenen. Dabei findet er im
Schrank ein Pornoheft. Die Strafe dafür sind drei Tage Arrest. Bei der
weiteren Untersuchung der Zelle moniert der Beamte ein mit Tesafilm an
der Wand befestigtes Poster. Der Gefangene verspricht, es vorsichtig
wieder abzumachen, doch der Beamte erwidert nur: „Das hat mit vorsichtig
abmachen nichts zu tun; das soll erst gar nicht angemacht werden." Der
relativ freundliche Ton des Beamten findet keine Entsprechung in seinem
Verhalten.

Szene 7: Klauer (Foto rechte Seite oben)
Ein Neuer hat einem Kameraden ein Paket Tabak gestohlen. Seine Kollegen sitzen über ihn zu Gericht. Er wird verprügelt und muß dem Bestohle-
nen zwei Pakete Tabak zurückgeben.

Szene 8: Nach Einschluß (Foto rechte Seite unten)
Zwei Gefangene liegen abends in ihren Betten. Der eine fordert den
anderen auf, eine „heiße Geschichte" zu erzählen, er wolle sich „einen
knallen". Dieser erzählt zunächst von Ingrid Steger und beschreibt, als sein
Kollege damit noch nicht zufrieden ist, einen arabischen Harem. Die
Geschichte wird beendet, als sie ihren Zweck als Onaniervorlage erfüllt hat.

146

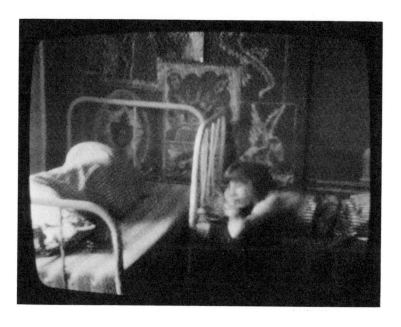

147

Zur Einleitung

1 Brecht selbst spricht immer nur vom „Lehrstück", nie vom „Lehr*theater*". Die ausschließliche Verwendung des Begriffs
„Lehrstück" geschah sicher nicht ohne
Grund: bei Brecht stellt der Autor das
Lehrmaterial her, das dann bei den Spielenden eingesetzt wird. Insofern besteht zwischen dem Brechtschen Lehrstück und unserem Lerntheater ein prinzipieller Unterschied. Trotzdem verdanke ich Brecht viele
Anregungen.

Anmerkungen

Das Verdienst, Brechts Lehrstücktheorie aus vielen einzelnen Äußerungen
rekonstruiert zu haben, gebürt Reiner Steinweg. Vergl.: Reiner Steinweg, Das
Lehrstück, Stuttgart 1972

2 Vergl.: Arno Paul, Theaterspiel mit Arbeiterkindern, in: Marion Klewitz, Hans-
Wolfgang Nickel (Hrg.), Kindertheater und Interaktionspädagogik, Stuttgart
1972.
Bei diesem Projekt hatten die Kinder gegen die mit großem politischen Engagement angetretenen Betreuer die Aufführung des Märchens „Aschenputtel" durch-
gesetzt. Selbstkritisch vermerkt Paul dazu: „Nicht das Märchenproblem war es, mit
dem es (das Neuköllner Kindertheater) nicht fertig wurde, sondern die bürgerliche
Sehnsucht seiner Initiatoren nach dem ganz anderen, Ungewöhnlichen, Neuen."
(S. 115)

Zu I: Grundlagen der Theaterarbeit im Strafvollzug

1 Dazu Kaufmann: „Wir kommen somit nicht um die Feststellung herum, daß das
neue Strafgesetzbuch und der Entwurf eines Strafvollzugsgesetzes hinsichtlich der
ihnen zugrundeliegenden Auffassung über den Strafzweck bzw. den Vollzugs-
zweck nicht übereinstimmen." (Artur Kaufmann, Strafrecht und Strafvollzug, in:
Artur Kaufmann (Hrg.), Die Strafvollzugsreform, Karlsruhe 1971)

2 Dies gilt natürlich nur für die *Freiheitsstrafe*: Die Frage nach dem Verhältnis von
Strafzweck und Vollzugsziel wird nicht einfacher zu beantworten, wenn wir auch
die Geldstrafen – wie Freiheitsstrafen ebenfalls Hauptstrafen – betrachten: „Vollzogen" werden sie ja schlimmstenfalls, wenn sie nicht freiwillig bezahlt worden
sind, vom Gerichtsvollzieher, der jedoch mit seiner Tätigkeit keine „Vollzugs-
ziele" verfolgt.

3 Siehe das BHG-Urteil vom 18. 3. 1952:
„Strafe setzt Schuld voraus. Schuld ist Vorwerfbarkeit. Mit dem Unwerturteil der
Schuld wird dem Täter vorgeworfen, daß er sich nicht rechtmäßig verhalten, daß
er sich für das Unrecht entschieden hat, obwohl er sich rechtmäßig verhalten, sich

für das Recht hätte entscheiden können. Der innere Grund des Schuldvorwurfs liegt darin, daß der Mensch auf freie, verantwortliche, sittliche Selbstbestimmung angelegt und deshalb befähigt ist, sich für das Recht und gegen das Unrecht zu entscheiden." (Entscheidungen des Bundesgerichtshof in Strafsachen, 2, 200)
Das Bundesverfassungsgericht hat diesem Grundsatz am 25. 11. 1966 den Rang eines Verfassungsgrundsatzes gegeben: „Daß Strafe Schuld voraussetzt, ist einer der ganz wenigen unbestrittenen Grundsätze des Strafrechts." (Entscheidungen des Bundesverfassungsgerichtes, 20, 1967)

4 So der Vorschlag von Fritz Bauer. Fritz Bauer, Das Strafrecht und das heutige Bild vom Menschen, in: Leonhard Reinisch (Hrg.), Die deutsche Strafrechtsreform, München 1967

5 Vergl. dazu: Claus Roxin, Sinn und Grenzen staatlicher Strafe, in: Juristische Schulung, 6. Jg., Heft 10, Okt. 1966, S. 377ff.

6 Diesen Begriff der Schuldsühne verwendet z.B. Hävernick: „Die Züchtigung in der Familie gewinnt mit der freiwilligen Unterwerfung des Betroffenen eine viel größere Bedeutung: Das Auf-sich-nehmen der Strafe ist ein bewunderungswürdiger Entschluß, der schon den sicheren Keim kommender Besserung in sich trägt." (W. Hävernick, Schläge als Strafe, Hamburg 1966, S. 96)

7 Sigmund Freud, Totem und Tabu, in: Studienausgabe, Frankfurt/Main 1974, Bd. IX, S. 361
Vergl. dazu auch: Wolfgang Hochheimer, Zur Psychologie von strafender Gesellschaft, In: Kritische Justiz, Heft 1, 1969, S. 67ff. und: Paul Reiwald, Die Gesellschaft und ihre Verbrecher, Frankfurt/Main 1973

8 Auf diese Problematik hat schon Roxin hingewiesen: „Wie läßt es sich rechtfertigen, daß der einzelne nicht seinetwegen, sondern um eines anderen willen bestraft wird?" (Claus Roxin, a.a.O., S. 380)

9 Auf diesen Widerspruch weist der Buchtitel „Erziehung zur Freiheit durch Freiheitsentzug" hin (Hrg. Max Busch, Gottfried Edel, Neuwied, Berlin 1969)

10 Z.B. Edward Gross, Gregory P. Stone in ihrem Aufsatz „Verlegenheit und die Analyse der Voraussetzungen des Rollenhandelns", in: Manfred Auwärter u.a. (Hrg.), Seminar Kommunikation, Interaktion, Identität, Frankfurt/Main 1976

11 William Shakespeare, Wie es euch gefällt, II, 7, Shakespeares Werke, Bd. 3, Berlin/Darmstadt o. J.

12 Zum Begriff „Totale Institution" vergl.: Erving Goffman, Asyle, a.a.O., S. 11ff.

13 Auch die z.B. in der amerikanischen Strafanstalt St. Quentin als Anstaltskleidung verwendeten Blue-Jeans erfüllen ihre Funktion als Gefängnis-Uniform, obwohl sie außerhalb der Strafanstalt zur Zeit in Mode sind: Der Gefangene *muß* Jeans tragen und als Besucher muß man sich – falls man in Jeans ankommt – vor dem Gefängnistor umziehen.

14 Zum Begriff der „Identitätsausrüstung" vergl.: Erving Goffman, Asyle, a.a.O., S. 30

15 Bei Freud ist die Regression ein Abwehrmechanismus des Ich: bei Versagung einer aktuellen Triebbefriedigung kann der Mensch auf frühkindliche Formen der Triebbefriedigung zurückfallen – im Sinne einer Ersatzhandlung – dazu würde z.B. Nägelkauen und Fingerlutschen gehören. Vergl.: Sigmund Freud, Vorlesun-

gen zur Einführung in die Psychoanalyse, in: Studienausgabe Bd. 1, Frankfurt/ Main 1969, S. 333 ff.

16 Die Geschichtlichkeit als Seinsweise der menschlichen Existenz erkannt zu haben, ist ja das Verdienst Diltheys: „In der angestrengten Versenkung des Ich in sich findet es sich nicht als Substanz, Sein, Gegebenheit, sondern als Leben, Tätigkeit, Energie." Wilhelm Dilthey, Gesammelte Schriften, Bd. VII, Göttingen/Stuttgart 1960, S. 157

17 Diese Identität ist vergleichbar mit der Identität der „Ausnahme": So hat Freud diejenigen bezeichnet, die einen Teil ihrer Lebensgeschichte zur Identität erhoben haben. (Sigmund Freud, Einige Charaktertypen aus der psychoanalytischen Arbeit, Studienausgabe, Bd. 10, a.a.O., S. 231 ff.)
De Levita bringt weitere Beispiele für die Identität der „Ausnahme": „Sie sind in den Augen der anderen der Mann, der den Himalaya eroberte, der wegen Betrugs Verurteilte, der Überlebende von Auschwitz." (de Levita, a.a.O., S. 222)

18 Vergl. dazu: Karl Peters, Grundprobleme der Kriminalpädagogik, Berlin 1960; Günter Blau, Aufgaben und Grenzen der Kriminalpädagogik, in: Max Busch u. a. (Hrg.), Erziehung zur Freiheit durch Freiheitsentzug, Neuwied/Berlin 1969 (Abgedruckt in: Karl-J. Kluge (Hrg.), Kriminalpädagogik, Bd. 1, Darmstadt 1977); Gustav Nass, der Mensch und die Kriminalität, Bd. III: Kriminalpädagogik, Köln 1959; Joachim Hellmer, Kriminalpädagogik, Berlin 1959

19 In den Jahren 1977 und 1978 sind bei der Wissenschaftlichen Buchgesellschaft, Darmstadt, drei Sammelbände mit Aufsätzen zur Kriminalpädagogik, herausgegeben von Karl-J. Kluge, erschienen (Bd. 1: Basisprobleme der Kriminalpädagogik; Bd. 2: Kinder- und Jugendkriminalität; Bd. 3: Kriminalpädagogische Führung Erwachsener). Hier werden ebenfalls vorwiegend Einzelprobleme der Kriminalpädagogik behandelt.

20 Vergl.: Anne-Eva Brauneck, Allgemeine Kriminologie, Hamburg 1970; Hans Göppinger, Kriminologie, München ²1973; Günter Kaiser, Kriminologie, Karlsruhe ²1973; Hilde Kaufmann, Kriminologie 1, Stuttgart 1971; Hans Joachim Schneider, Kriminologie, Berlin 1974

21 Karl Peters hat den Widerspruch zwischen Kriminalwissenschaft und Pädagogik erkannt. Er stellt fest, „daß bisher noch so gut wie keine wissenschaftliche Brücke zwischen den beiden Wissenschaftsgebieten hergestellt ist". Karl Peters, a.a.O., S. 73

22 Die Notwendigkeit einer „Öffentlichkeitsarbeit" auch für den Strafvollzug scheint noch kaum erkannt worden zu sein. Die meisten Arbeiten zum Strafvollzug beschränken sich auf die internen Aspekte. Lediglich der Bundeszusammenschluß für Straffälligenhilfe hat die Funktion der Öffentlichkeitsarbeit auch für den Strafvollzug erkannt. Vergl.: Gertaud Linz, Straffälligenhilfe und Öffentlichkeitsarbeit, und Gerd Siekmann, Straffälligenhilfe und Öffentlichkeitsarbeit, beides in: Straffälligenhilfe im Umbruch, Schriftenreihe des Bundeszusammenschlusses für Straffälligenhilfe, Bonn-Bad Godesberg 1972. Andere Autoren – wie Gustav Nass – haben zwar die wichtige Rolle der Öffentlichkeit erkannt, ziehen daraus aber keine Konsequenzen: „Solange in der Öffentlichkeit die

Behandlung des Rechtsbrechers lediglich der Kulturstufe des Mittelalters zugeordnet und mitunter sogar das Verlangen nach Behandlungsmethoden primitiver Stufen ernsthaft laut wird, bleibt die an sich so notwendige Mitarbeit der Öffentlichkeit auf einen sehr kleinen Kreis von Mitarbeitern beschränkt." Gustav Nass, Möglichkeiten und Grenzen der Kriminalpädagogik, in: Karl-J. Kluge (Hrg.), Kriminalpädagogik, Bd. 1, a.a.O., S. 138

23 Vergl. zur Stiltrennungslehre: Erich Auerbach, Mimesis, Bern/München [6]1977

24 Opitz, a.a.O., S. 20: Die „Tragedie ist an der maiestet dem Heroischen getichte gemeße."

25 Gotthold Ephraim Lessing, Werke, Bd. 2, Frankfurt/Main 1967, S. 177. Auf dieser „soziologischen" Basis wird Lessing zum Vater des „bürgerlichen Trauerspiels".

26 Max Kommerell schreibt zu diesem Irrtum: „Wenn man schon irrt, kann man nicht treffsicherer, genialer, fruchtbarer irren." In: Lessing und Aristoteles, Frankfurt/Main 1940, S. 61

27 Der Begriff stammt aus der Kritik der Urteilskraft.

28 Moreno hat seine Methode in mehreren Büchern beschrieben: J. L. (Jakob Levy) Moreno, Das Stegreiftheater, Potsdam 1924; ders., Die Grundlagen der Soziometrie, Köln/Opladen [2]1967; ders., Gruppenpsychotherapie und Psychodrama, Stuttgart 1959

29 Zur Gruppenkartharsis vergl.: Moreno, Gruppenpsychotherapie und Psychodrama, a.a.O.

30 Die Etymologie des Wortes „Theater" könnte bei einer solchen Abgrenzung hilfreich sein: θεάουαι heißt ja *schauen* und nicht etwa handeln.

Zu II.: Entwicklung des Lerntheaters

1 So ist es auch zu erklären, daß in der neueren theaterwissenschaftlichen Literatur die Frage nach der Sache häufig hinter der nach der Methode zurücktritt.

2 Der Begriff stammt von Habermas. Vergl.: Jürgen Habermas, Erkenntnis und Interesse, Frankfurt/Main 1968

3 Vergl. zur teilnehmenden Beobachtung: Aaron V. Cicourel, Methode und Messung in der Soziologie, Frankfurt/Main 1974, und: René König, Handbuch der empirischen Sozialforschung, Stuttgart 1960ff.

4 Wilhelm Fucks/Josef Lauter, Mathematische Analyse des literarischen Stils, In: Hellmut Kreuzer (Hrg.), Mathematik und Dichtung, München [3]1969. Wir bestreiten keineswegs, daß eine statistische Analyse von Texten ihre Funktion in der Zuordnung anonymer Texte zu einem Autoren haben kann.

5 Eine solche Untersuchung wurde im Rahmen einer Diplomarbeit an der Universität Köln durchgeführt.

6 Wilhelm Dilthey, Der Aufbau der geschichtlichen Welt in den Geisteswissenschaften, Gesammelte Schriften Bd. VII, a.a.O.

7 Zum Begriff der Handlungsforschung vergl.: Wolfgang Klafki, Einleitung zu Heinze u. a., a.a.O.

8 Michael Walter hat in seinem Buch „Das darstellende Spiel im Strafvollzug", Recklinghausen 1972, die Laienspiel-Aktivitäten in deutschen Strafanstalten untersucht; er kommt zu folgenden Ergebnissen: In 36 Anstalten wurde das Laienspiel gepflegt, das entspricht einem Anteil von 28% der deutschen Anstalten. Seit 1948 ist die Zahl der festen Laienspielgruppen von einer auf neun im Jahre 1958 und dann weiter auf 25 im Jahre 1968 gestiegen. (S. 85f.)

9 Frigga Haug hat sich in ihrem Buch „Erziehung und gesellschaftliche Produktion", Frankfurt/New York 1977 die Mühe gemacht, eine wesentlich ausführlichere Liste der mit Rollenspiel angestrebten Ziele zusammenzustellen (S. 54ff.). Doch auch diese Liste ist bei weitem nicht vollständig, wie die Autorin selbst versichert: „Der Umfang an Rollenspielbüchern, die Absicht, es überall als Heilmittel zu verwenden" sei während des Untersuchungszeitraums schneller gewachsen „als mit ergänzendem Nacharbeiten aufzuholen war". (S. 81)

10 Die Erziehung zum „guten Gefangenen", der in der Strafanstalt funktioniert, wird in den Vereinigten Staaten intensiv betrieben. Mit dieser „Erziehung" ist dort ein ganzes Heer von Psychologen beschäftigt. Vergl. dazu: Berthold Thielicke, Der Todeskandidat muß haftfähig bleiben, in: Frankfurter Allgemeine Zeitung vom 30. 4. 1977 (Beilage Bilder und Zeiten)

11 Vergl. dazu immer noch: Johan Huizinga, Homo Ludens, Reinbek bei Hamburg 1956, besonders S. 15ff.

12 Als einzige – mir bekannte – Autoren formulieren dies ausdrücklich Karl-Heinz Balon, Detlev Sokoll, a.a.O., S. 44: „Die Diskrepanz zwischen Realität und ‚Spielrealität' wird tendenziell nicht zu überwinden sein."

13 Vergl. z. B. Lutz Schwäbisch, Martin Siems, a.a.O., S. 306: „Manchen Menschen fällt es schwer, zu glauben, daß das Spiel lernwirksamer für eine Verhaltensänderung ist als das Üben in der Wirklichkeit. Verhaltensänderung in der normalen Umgebung ist aber tatsächlich schwer. In der Spielsituation können wir ungefährdet von negativen Konsequenzen auf sehr viel effektivere Weise unser Verhalten diagnostizieren und einüben." In einem Nachsatz wird schamhaft darauf hingewiesen, daß „der nächste Schritt natürlich immer die Übertragung des neu gelernten Verhaltens in den Alltag sein" müsse. (Ebda.) Vergl. ferner: Fanny R. Schaftel, George Schaftel, a.a.O., S. 16f.: „Anstatt also ein Kind einer wirklichen Krise auszusetzen – z. B. der, aus einer Gruppe ausgestoßen zu werden; oder von Mitgliedern einer Gruppe gezwungen zu werden, etwas Unehrliches zu tun, was es von sich aus nie getan hätte –, werden die soziale Situation und die psychische Krise mittels eines Modells, d. h. einer Problemgeschichte simuliert. Das simulierte Ergebnis wird im Rollenspiel weiter untersucht. Es geht dann um die vielen Aspekte des Fühlens und Reagierens, das Finden von Alternativen, das Erforschen von Konsequenzen, schließlich um die Wahl von Verhaltensweisen beim Entscheidungsprozeß."

Vergl. schließlich: Ursula Coburn-Staege, a.a.O., S. 54: „Eine Möglichkeit dies zu erreichen, d. h. Umwelterfahrungen, Wahrgenommenes und Vorgestelltes handelnd zu verarbeiten, liegt im Einsatz von Rollenspielen. In diesen Spielen sollen reale und fiktive Situationen durch das Darstellen von vorgestellten Rollen, die dem Umweltbereich des Spielenden entnommen sind, gelöst werden. Die

Übernahme von Rollen der Realität führt die Spieler in Handlungs- und Entscheidungssituationen. Dadurch erfahren sie den Zusammenhang zwischen Entscheidungen und daraus resultierenden Handlungen. Gerade im Rollenspiel werden Sozialbezüge einsichtig gemacht, können Konflikte dargestellt und gelöst (z. B. Kind-Umwelt), kann Sprachverhalten gefördert, Spiel- und Handlungsfähigkeit verbessert werden."

14 Z. B. J. Müller, D. Grösch, Die Klassenlage als Ausgangspunkt der politischen Bildung, in: Lüers u. a., Selbsterfahrung und Klassenlage, München 1971, S. 6: „Erfolg oder Mißerfolg des Bemühens, die Teilnehmer zu möglichst engagierter Mitarbeit im Rahmen des Modellbetriebs zu motivieren, waren nicht zuletzt davon abhängig, ob es gelang, dem Modell eine große Realitätsnähe zu verleihen. Darüber hinaus war eine Annäherung an die tatsächlichen gesellschaftlichen Verhältnisse deshalb von großer Bedeutung, weil nur eine solche wirklichkeitsnahe Umgebung ein sinnvolles Übungsfeld für die spätere reale Situation der Teilnehmer darstellt, weil nur in dieser Nähe zur Realität die Schüler Reaktions- und Verhaltensweisen einüben können, die den Anforderungen, die zukünftig an sie gestellt werden, entsprechen."
Vergl. weiter: Volker Gold, Mignon Wagner, Wolfgang L. Ranftl, Marianne Vogel, Inge Weber, Kinder Spielen Konflikte, Neuwied/Darmstadt ²1975, S. 115: „Je unmittelbarer Realität und ‚Quasi-Realität' im Spiel aufeinander bezogen sind, d. h. je umfangreicher sich Realität und ‚Quasi-Realität' im Spiel überschneiden, desto größer wird die Bedeutung des Spiels für die Sozialisation des Kindes, für die Bewältigung seiner Realität."

15 Vergl. z. B.: H. Haven, Darstellendes Spiel, Düsseldorf 1970, S. 27: „Das Spiel ist weder Traum noch Bewußtlosigkeit und so sind alle emotionalen, intellektuellen und technischen Erfahrungen, die das Spiel schenkt, für den Arbeitsalltag zu nutzen. Es fördert die seelischen Erlebnisse im Nachvollzug einer Rolle, die Einsichten in Zusammenhänge einer Handlung und die Fertigkeiten im Umgang mit Dingen und Personen (telefonieren und einander vorstellen). Sie sind im Spiel so wirklich wie im Nicht-Spiel. So wird das Ausüben im Spiel zum Einüben ins Leben: wir lernen im Spiel, weil es fördert, indem es fordert."
Vergl. ferner: Wolfgang Schulz, Zur Bedeutung des Rollenspiels in Kindergarten und Grundschule, in: Hans-Wolfgang Nickel, Marion Klewitz, a.a.O., S. 73f. „Im Rollenspiel gelingt es dem Kind, sein Verständnis für die Welt der Erwachsenen zu zeigen, indem es sie imitiert, es erweitert dabei sein Inventar an Verhaltensmustern, seinen Sprachbesitz, es interagiert als Spielgefährte, Sozialpartner von seinesgleichen, bewährt sich als Kumpel und sichert sich damit seinen Status in der peer-group."
Vergl. auch: Hans-Wolfgang Nickel, Theaterrolle, Rollentheorie, Interaktionspädagogik, in: Hans-Wolfgang Nickel, Marion Klewitz, a.a.O., S. 67: „Wir müssen zwar begrifflich scharf unterscheiden zwischen dem Rollenhandeln der sozialen Wirklichkeit und dem Rollenspiel auf der Bühne. Kinder aber befinden sich in ihrer ‚Wirklichkeit' in einem ständigen Übergang vom Spiel zum Handeln: die Familie, die Schule und nun insbesondere auch das Kindertheater stellen ihnen den Freiraum, der weiteres Spiel erlaubt und die Kinder zumindest teil-

weise vor den Forderungen der Erwachsenen abschirmt. Es gilt also, diesen Freiraum zum spielerischen Einüben und Vortrainieren von Rollenhandeln auszunützen."

16 Bei Nickel: „Freiraum"

17 Bei einigen Therapie-Programmen in amerikanischen Strafanstalten werden nur Gefangene zugelassen, die hinreichend lange inhaftiert sind, um damit den Wunsch, therapiert zu werden, zu unterstützen. (So z.B. in der men's-colonie in Atascadero)

18 Hans-Georg Zapotocky zitiert in seinem Aufsatz „Kindertheater und Psychodrama", in: Hans-Wolfgang Nickel, Marion Klewitz, a.a.O., „Untersuchungen von Simonov": „Durch Messungen vegetativer Funktionen (insbesondere Pulsfrequenzmessungen) bei Schauspielern, die nach der Methode Stanislawskij ausgebildet waren und sich in einer bestimmten Modellsituation befanden, konnte er nachweisen, daß es nicht nur zu einer formelhaften Reproduktion des für die gestellte Aufgabe erforderlichen Tonfalls kam, sondern zu einer Reaktion mit vegetativen Funktionsmustern wie in natura." (S. 91)
Dazu ist anzumerken: Ob ich vor einem wirklichen Hund davonlaufe oder ob ich das Weglaufen nur trainiere: beidesmal werden Messungen von Puls- und Atemfrequenzen ähnliche Ergebnisse bringen.

19 Diese Ankündigungen waren in der Hamburger Morgenpost, der Bild-Zeitung und im Hamburger Abendblatt erschienen. Darin wurde weniger darauf hingewiesen, daß „Verbrecher" *Theater* spielten als daß *„Verbrecher"* Theater spielten.

20 Zur Definition der Tragödie durch Aristoteles vergl.: Hans-Georg Gadamer, Wahrheit und Methode, Tübingen 1965, S. 125: „Aristoteles hat in seiner berühmten Definition der Tragödie den für das Problem des Ästhetischen (. . .) entscheidenden Hinweis gegeben, indem er in die Wesensbestimmung der Tragödie die Wirkung auf den Zuschauer aufnahm."

21 Vergl. Abschnitt 2.4

22 So z.B. Villon, Dostojewski, Fallada, Genet

23 Das Medium als Motivationsspender spielt bei der Arbeit mit Video eine größere Rolle.

24 Vergl. dazu das Buch des Richters Helmut Ostermeyer, Strafunrecht, München 1971; ferner die Gerichtsreportagen z.B. von Peggy Parnass, Prozesse, Frankfurt/Main 1979

25 Vergl. dazu: Paul Watzlawick, Wie wirklich ist die Wirklichkeit?, München 1977. Watzlawick löst in seinem Buch den Anspruch ein, den er im Vorwort so formuliert: „Es soll gezeigt werden, (. . .), daß das wacklige Gerüst unserer Alltagsauffassungen der Wirklichkeit im eigentlichen Sinne wahnhaft ist, und daß wir fortwährend mit seinem Flicken und Abstützen beschäftigt sind – selbst auf die erhebliche Gefahr hin, Tatsachen verdrehen zu müssen, damit sie unserer Wirklichkeitsauffassung nicht widersprechen, statt umgekehrt unsere Weltschau den unleugbaren Gegebenheiten anzupassen. Es soll ferner gezeigt werden, daß der Glaube, es gäbe nur eine Wirklichkeit, die gefährlichste all dieser Selbsttäuschungen ist; daß es vielmehr zahllose Wirklichkeitsauffassungen gibt, die sehr

widersprüchlich sein können, die alle das Ergebnis von Kommunikation und nicht der Widerschein ewiger, objektiver Wahrheiten sind." (S. 7)

Vergl. dazu auch das Buch des Biologen Jakob von Uexküll, Niegeschaute Welten, München 1957: Uexküll überträgt die an Tieren gewonnenen Erkenntnisse auf Menschen: „Wer sich nur ein wenig mit den Umwelten der Tiere beschäftigt hat, wird nie auf den Gedanken kommen, den Gegenständen eine Eigengesetzlichkeit zuzuschreiben, die sie unabhängig von den Subjekten macht. Denn hier ist die Wandelbarkeit der Objekte das oberste Gesetz. Ein jeder Gegenstand ändert sich von Grund auf, wenn er in eine andere Umwelt versetzt wird. Ein Blütenstengel, der in unserer Umwelt der Träger einer Blume ist, wird in der Umwelt der Schaumzikade zu einer mit Flüssigkeit gefüllten Röhre, aus der die Zikade die Flüssigkeit, die sie zur Erbauung ihres aus Schaumbläschen bestehenden Hauses benötigt, herauspumpt. Der gleiche Blütenstengel wird für die Ameise zu einem aufstrebenden Steg, der ihr Heimatnest mit ihrem Jagdgebiet in der Blume verbindet. Für die weidende Kuh wird der Blütenstengel zu einem kleinen Teil ihrer wohlschmeckenden Nahrung, die sie kauend in ihr breites Maul schiebt." S. 9f.) Mit einer Anekdote illustriert er den gleichen Vorgang so: „Pastor Busch in Estland hatte sich eine neue Karte der Ostseeprovinzen kommen lassen und zeigte sie einer Anzahl von Bauern. Die Bauern betrachteten sie lange und sagten dann mit ernstem Kopfnicken: ‚Sehr ähnlich' – ‚Wem ähnlich?' fragte der Pastor erstaunt. ‚Nun, dem Herrn Pator', erwiderten die Bauern." (S. 11)

26 Damit konnten die Gefangenen die Wahrnehmungsbedingungen auch insofern verbessern, als sie sich auf ihren Wahrnehmungsgegenstand konzentrierten. Vergl. dazu: Klaus Holzkamp, Sinnliche Erkenntnis, Frankfurt/Main 1973: „Zu den durch die Wahrnehmungstätigkeit gegebenen Möglichkeiten zur Optimierung der Wahrnehmungsbedingungen muß auch der Grad der subjektiven Gerichtetheit, Gespanntheit auf den Gegenstand gerechnet werden, wobei hier das Tätigkeitsmoment (. . .) in der Veränderung einer ‚inneren' Einstellung des Wahrnehmenden sich ausdrückt. Die Deutlichkeit, Klarheit des wahrgenommenen Gegenstandes verändert sich mit dem Grad der Gerichtetheit und Gespanntheit. Die optimale Wahrnehmungsbedingung besteht hier im Zustand optimaler Gespanntheit, Konzentration, ‚Aufmerksamkeit' in Richtung auf den Wahrnehmungsgegenstand." (S. 31)

27 Die Wahrnehmung der Wirklichkeit ist ja an die Perspektive gebunden, unter der sie betrachtet wird; sie „geschieht (. . .) stets von einem jeweils bestimmten raumzeitlichen Standort des Subjekts der Welt gegenüber". Klaus Holzkamp 1973, S. 27. Ein „Verfahren zur Optimierung von Wahrnehmungsbedingungen ist die Herstellung von Konstellationen, in denen der Vergleich zwischen verschiedenen Dingeigenschaften besonders leicht vollzogen werden kann". Ebda., S. 31. Das ist sicher auch für die Betrachtung durch mehrere Personen gültig, die die gleiche Situation kennen.

28 Brecht 1967, Bd. 16, S. 548; vgl. Kierkegaards Begriff der „Wiederholung": Eduard Geismar, Sören Kierkegaard, 1929, S. 184 ff.

29 Diese Erkenntnis wird sehr eindrucksvoll in der Filmkulissenstadt Universal-City

in Hollywood bestätigt: Während die Vorderseiten ganze Straßenzüge mit ihren Häusern zeigen, zeigt die Hinteransicht lediglich ein Gewirr aus Holzstangen und Pappe.

30 Vergl. dazu: Klaus Holzkamp, a.a.O.: „Eine wesentliche Erhöhung der Adäquatheit sinnlicher Erkenntnis kann in der Wahrnehmungstätigkeit (. . .) durch Optimierung der objektiven Wahrnehmungsbedingungen erreicht werden. Die herzustellenden optimalen Wahrnehmungsbedingungen sind solche, unter denen die für das jeweilige perzeptive Problem relevanten wirklichen Eigenschaften der Dinge besonders eindeutig identifiziert werden können." (S. 30)

31 „Man sollte auch als Kritiker Realist sein (. . .) Man sollte sagen: Die und die Szene in dem und dem Roman entspricht nicht der Wirklichkeit, denn . . ., oder: Das Verhalten des Arbeiters X in der Situation Y entspricht nicht dem wirklichen Verhalten eines Arbeiters mit den angegebenen Zügen, denn . . ., oder: Die Behandlung der Tuberkulose in diesem Roman erweckt eine ganz falsche Vorstellung, denn in Wirklichkeit . . ." Bertolt Brecht, a.a.O., Bd. 17, S. 295

32 Daß die Abbildung der Oberfläche nicht genügt, sieht auch John B. Boyd; er zieht daraus allerdings einen anderen Schluß: „Where the status and value of imitation are jugded solely by how faithfully the absolute truth is reflected in the content of the image or imitation, there is no place for poetry." John B. Boyd, The Function of Mimesis and Its Decline, Cambridge, Mass. 1968, S. 16

33 Zum Problem der Perspektive in der realistischen Literatur vergl.: Erich Auerbach, Mimesis. Dargestellte Wirklichkeit in der abendländischen Literatur, Bern, München ⁶1977.

34 Abschnitt 2.4

35 Wird Kriminalität ausschließlich als Krankheit verstanden – wie es z.B. in den USA verbreitet geschieht –, ist der Gefangene das Objekt, das mit medizinischen und psychologischen Methoden manipuliert wird. Vergl. dazu: Berthold Thielicke, Der Todeskandidat muß haftfähig bleiben, a.a.O.

36 „Die These (in jeder Zeitung zu lesen) ist, daß der Künstler am besten aus dem Unbewußten schöpfe. Nun mag es sein, daß der Künstler unserer Zeit, wenn er seinen Verstand ausschaltet oder ihn auf das rein Handwerksmäßige beschränkt, mitunter einiges Wahre ausplappern mag (. . .)." Bertolt Brecht, a.a.O., S. 352

37 Insofern unterscheidet sich unser Projekt von der Arbeit des Werkkreises für Literatur, der ja eine ähnliche Intention verfolgt: „Die authentischen Erfahrungen, über die diese Schriftsteller verfügen, werden nicht dokumentarisch – in Rohform – vorgeführt, sondern in literarischen Formen überführt. Ihre Erzählungen, Romane, Gedichte wenden sich an die literarische Öffentlichkeit, . . ." Fritz Achberger u.a., Wirkungen in der Praxis?, in: Reinhold Grimm, Jost Hermand (Hrg.), Realismustheorien, Stuttgart 1975, S. 101

38 Wir hatten sozusagen aus Versehen das getan, was Goethe die „Natur der Poesie" nennt: „Es ist ein großer Unterschied, ob der Dichter zum Allgemeinen das Besondere sucht oder im Besonderen das Allgemeine schaut. Aus jener Art entsteht Allegorie, wo das Besondere nur als Beispiel, als Exempel des Allgemeinen gilt; die letztere aber ist eigentlich die Natur der Poesie, sie spricht ein Besonderes aus ohne ans Allgemeine zu denken oder darauf hinzuweisen. Wer

nun dieses Besondere lebendig erfaßt, erhält zugleich das Allgemeine mit, ohne es gewahr zu werden, oder erst spät." Maximen und Reflexionen, Werke (Hamburger Ausgabe), Bd. 12, a.a.O., S. 471

39 Als „dokumentarische Szenen" hat z.b. Geno Hartlaub die Szenenfolge Knast im Nacken bezeichnet; Geno Hartlaub, Die Freiheit des Gefangenen, in: Deutsches Allgemeines Sonntagsblatt, Nr. 46 vom 18. 11. 1973

40 Zum Living Theatre vergl.: The Living Theatre in Europe, o.O. 1966. Darin: Selbstdarstellungen des Living Theatre und Kritiken seiner Aufführungen

41 Bertolt Brecht, Zur Theorie des Lehrstücks, a.a.O., Bd. 17, S. 1024, hier zitiert nach: Reiner Steinweg, Brechts Modell der Lehrstücke, Frankfurt/Main 1976, S. 164

42 abgedruckt in: Reiner Steinweg, a.a.O., S. 51

43 Will man es ganz genau nehmen, muß man sagen, daß Brecht dieses Mittel aufgenommen und zu einer Theorie weiterentwickelt hat. Mittel der Illusionszerstörung, der Verfremdung, gab es ja schon früher: die Mercatorszene im mittelalterlichen Osterspiel könnte man vielleicht als eine Vorform bezeichnen; Goethe sieht in „Frauenrollen auf dem römischen Theater durch Männer gespielt" ebenfalls eine Verfremdung mit ihren positiven Auswirkungen auf das Sehverständnis der Zuschauer: „Der Jüngling hat die Eigenheiten des weiblichen Geschlechts in ihrem Wesen und Betragen studiert und bringt sie als Künstler wieder hervor; er spielt nicht sich selbst, sondern eine dritte und eigentlich fremde Natur. Wir lernen diese dadurch nur desto besser kennen, weil sie jemand beobachtet, jemand überdacht hat, und uns nicht die Sache, sondern das Resultat der Sache vorgestellt wird." Dtv-Gesamtausgabe, Bd. 31, München 1962, S. 9

44 Das Prinzip der Verfremdung ist für Brecht allerdings nicht nur ein Mittel der Ästhetik, es kann vielmehr auch als Erkenntnis-Intrument in der Wissenschaft benutzt werden, so wie „der große Galilei einen ins Pendeln gekommenen Kronleuchter betrachtete. Den verwunderten diese Schwingungen, als hätte er sie so nicht erwartet und verstünde es nicht von ihnen, wodurch er dann auf die Gesetzmäßigkeiten kam. Diesen Blick, so schwierig wie produktiv, muß das Theater mit seinen Abbildungen des menschlichen Zusammenlebens provozieren. Es muß sein Publikum wundern machen, und dies geschieht vermittels einer Technik der Verfremdung des Vertrauten." Kleines Organon für das Theater, in Gesammelte Werke, a.a.O., Bd. 16, S. 681

45 Eine Verfremdung kann ich schon dadurch erreichen, daß ich etwas Bekanntes in eine fremde Umgebung versetze. Das berühmteste Beispiel dafür – das Kunstgeschichte gemacht hat – ist wohl die Warholsche Campbell-Suppendose, die eine neue Qualität dadurch erhielt, daß sie aus ihrer normalen Umgebung, dem Regal im Supermarkt, ins Museum gebracht wurde. Diese Verfremdung macht für Jean Cocteau den „wahren Realismus" aus: „Wahrer Realismus entkleidet die Dinge ihrer normalen Zusammenhänge und isoliert ihr fremdartiges Wesen. Unser Name, des Morgens vom Briefträger im einsamen Hotelkorridor gerufen, erscheint uns absurd und spukhaft. Ein Fauteuil Louis Seize, vor einem Antiquitätenladen auf dem Trottoir angekettet, frappiert uns. Was für ein drolliger Hund! Es ist ein Fauteuil Louis Seize. In einem Salon hätten wir ihn nicht

bemerkt." Jean Cocteau, in: Neue Rundschau, Sept. 1930, S. 412, zit. nach: Clemens Lugowski, Die Form der Individualität im Roman, Berlin 1932, Anm. zu S. 56

46 In den Anmerkungen zu „Die Mutter" beschreibt Brecht diese Technik bei Helene Weigel: „In der ersten Szene sprach die Darstellerin, in einer bestimmten typischen Haltung in der Mitte der Bühne stehend, die Sätze so, als seien sie eigentlich in der dritten Person verfaßt, sie täuschte also nicht nur nicht vor, in Wirklichkeit die Wlassowa zu sein oder sich dafür zu halten und diese Sätze in Wirklichkeit zu sagen, sondern sie verhinderte sogar, daß der Zuschauer, aus Nachlässigkeit und alter Gewohnheit, sich in eine bestimmte Stube versetzte und sich für den unsichtbaren Augenzeugen und Belauscher einer einmaligen intimen Szene hielt." a.a.O., Bd. 17, S. 1039

47 Der Begriff stammt zwar von Benjamin: „Seine Gebärden muß der Schauspieler sperren können wie ein Setzer die Wörter." (Walter Benjamin, Schriften Bd. 2, Hrg. Th. W. Adorno und Gretel Adorno, Frankfurt/Main 1955). Dieser hat nur pointiert formuliert, was Brecht selbst so beschrieben hat: „Über Gestik (. . .) ist hier zu sagen, daß alles Gefühlsmäßige nach außen gebracht werden muß, das heißt, es ist zur Geste zu entwickeln. Der Schauspieler muß einen sinnfälligen, äußeren Ausdruck für die Emotionen seiner Person finden, womöglich eine Handlung, die jene inneren Vorgänge in ihm verrät. Die betreffende Emotion muß heraustreten, sich emanzipieren, damit sie groß behandelt werden kann. Besondere Eleganz, Kraft und Anmut der Geste ergibt den V-Effekt." a.a.O., Bd. 15, S. 345

48 „Bestie" ist die übliche Bezeichnung in der Bild-Zeitung für einen besonders brutalen Kiminellen.

49 Eine besondere Form dieser Jagd bietet die Fernsehsendung „Aktenzeichen XY-ungelöst", die eine „realistische" oder besser reale Jagd auf Verbrecher veranstaltet. Die Erfolge der Jagd zeigen sich in der Realität: der gejagte Verbrecher kommt, wenn er aufgrund der Hinweise in der Sendung gefaßt wird, eben wirklich ins Gefängnis.

50 Der frühe Brecht z. B. wendet sich gegen das Gefühl: „Das Gefühl ist Privatsache und borniert" (Gespräch mit Guillemin, zit. bei Werner Hecht, Brechts Weg zum epischen Theater, in: Reinhold Grimm (Hrg.), Episches Theater, Köln, Berlin 1966, S. 59). Später relativiert er diese Einstellung: „Es liegt im Wesen der menschlichen Natur, daß Emotionen nie an und für sich, das heißt getrennt von Vernunftsregungen, vorkommen können." (Kann man das Theater eine Schule der Emotionen nennen?, in: Gesammelte Werke, Bd. 16, a.a.O., S. 927; und: „Das Wesentliche am epischen Theater ist es vielleicht, daß es nicht so sehr an das Gefühl, sondern mehr an die Ratio des Zuschauers appelliert. Nicht miterleben soll der Zuschauer, sondern sich auseinandersetzen. Dabei wäre es ganz und gar unrichtig, diesem Theater das Gefühl absprechen zu wollen." (Betrachtungen über die Schwierigkeiten des epischen Theaters, in: a.a.O., Bd. 15, S. 131 Vergl. dazu: Werner Hecht, Brechts Weg zum epischen Theater, a.a.O., S. 59, und: Reiner Steinweg, Das Lehrstück, Stuttgart 1972, S. 189f.

51 Michael Walter, Das darstellende Spiel im Strafvollzug, Recklinghausen 1972. Im

Inhaltsverzeichnis finden wir unter „Resozialisierende Wirkungen des darstellenden Spiels" nicht weniger als 21 „Wirkungen", darunter z.B. „Darstellendes Spiel als Ansporn zur Leistung", „als Entfaltung von Fähigkeiten und Anlagen", „als Berührung mit dem Existentiellen".

Die Überschätzung der pädagogischen Wirksamkeit des Laienspiels – besonders im Strafvollzug – zeigt sich noch deutlicher bei Paul Eversmann, In seinem Aufsatz „Laienspiel und Strafvollzug" (Zeitschrift für Strafvollzug, 14. Jg., 1965, Heft 6, S. 352ff.) stellt er fest: „Ein besseres Erziehungsmittel (als Laienspiel) gibt es meines Erachtens nicht." (S. 355). Die völlige Verschiebung der Maßstäbe bei Eversmann zeigt sich bei der Darstellung der Probleme, die er beim Laienspiel im Strafvollzug sieht: „Und die schwerste Frage, können wir weibliche Mitspielerinnen, z.B. bei Krippenspielen die Maria, einsetzen?" (S. 352)

52 Insofern unterscheiden wir uns von Grotowski und auch vom Living Theatre, die für ihr Theater eigentlich kein Publikum benötigen, es aber trotzdem benutzen.

53 Bertolt Brecht, Antigone-Modell (Hrg. Ruth Berlau), Berlin (Ost) 1949; ders., Couragemodell (Hrg. Ruth Berlau), Berlin (Ost) 1958; Bertolt Brecht/Hanns Eisler, Aufbau einer Rolle. Galilei, Berlin (Ost) 1958; vergl. ferner: Berliner Ensemble/Helene Weigel (Hrg.), Theaterarbeit, Berlin (Ost) 1961. In diesem Band werden 6 Aufführungen des Berliner Ensemble dokumentiert.

54 Brecht schreibt dazu: „Ein solches Modell steht und fällt natürlich mit seiner Nachahmbarkeit und Variabilität." a.a.O., S. 1214

55 So Alfredo Corrado, der Leiter der Truppe; vergl.: Die Welt vom 2. 5. 1979

56 Der Bericht über das Heidelberger Straßentheater beruht auf eigenen Beobachtungen und Gesprächen mit den Mitgliedern.

57 Diesen Versuch, mit Aussiedlern aus Polen Lerntheater zu machen, habe ich an einer Hamburger Schule unternommen.

58 Wir arbeiten mit einer tragbaren 1/2"-Anlage von Sony.

59 Unter bestimmten Voraussetzungen können auch Heranwachsende nach dem Jugendstrafrecht verurteilt werden. Dies kann geschehen, wenn „1. die Gesamtwürdigung der Persönlichkeit des Täters bei Berücksichtigung auch der Umweltbedingungen ergibt, daß er zur Zeit der Tat nach seiner sittlichen und geistigen Entwicklung noch einem Jugendlichen gleichstand, oder 2. es sich nach der Art, den Umständen oder den Beweggründen der Tat um eine Jugendverfehlung handelt." (§ 105 JGG)
Wenn ein Jugendlicher oder ein Heranwachsender zu Jugendstrafe verurteilt worden ist, bleibt er auch als Erwachsener im Jugendstrafvollzug; erst wenn er das 24. Lebensjahr vollendet hat, „so soll Jugendstrafe nach den Vorschriften des Strafvollzugs für Erwachsene vollzogen werden". (§ 92 JGG)
Vergl. dazu: Karl Peters, Die allgemeinen Probleme der Kriminalpädagogik, in: Karl-J. Kluge (Hrg.), Kriminalpädagogik, Bd. 1, Darmstadt 1977, S. 78

60 Dem Strafgesetzbuch für Erwachsene entspricht das Jugendgerichtsgesetz für Jugendliche, das sie vom allgemeinen Strafrecht abweichenden Vorschriften enthält. Für das Strafvollzugsgesetz, das sich bis auf eine Ausnahme (§ 176) nur mit dem Strafvollzug für Erwachsene beschäftigt, gibt es kein entsprechendes Gesetz für Jugendliche. Der Jugendstrafvollzug wird bis zum Erlaß eines bundes-

einheitlichen Jugendstrafvollzugsgesetzes im JGG und in einzelnen Verwaltungs-
vorschriften der Länder geregelt. Vergl. dazu: Rolf-Peter Calliess, Strafvollzugsrecht, Reinbek bei Hamburg 1978

61 Vergl. §7 StvollzG

62 Vergl. dazu Benjamins Ausführungen zum Film, die sich zum großen Teil auf die
Video-Technik übertragen lassen. Walter Benjamin, Das Kunstwerk im Zeitalter
seiner technischen Reproduzierbarkeit, Frankfurt/Main 1963, bes. S. 27ff.

63 Vergl.: Bertolt Brecht, Der Rundfunk als Kommunikationsapparat: „Der Rundfunk ist aus einem Distributionsapparat in einen Kommunikationsapparat zu
verwandeln. Der Rundfunk wäre der denkbar großartigste Kommunikationsapparat des öffentlichen Lebens, ein ungeheures Kanalsystem, das heißt, er wäre es,
wenn er es verstünde, nicht nur auszusenden, sondern auch zu empfangen, also
den Zuhörer nicht nur hören, sondern auch sprechen zu machen und ihn nicht zu
isolieren, sondern ihn in Beziehung zu setzen." in: Gesammelte Werke, Bd. 18,
a.a.O., S. 129

64 Seit einiger Zeit sind einige Funkfrequenzen für das „Citizen-Band" freigegeben
worden, auf denen jedermann ohne Prüfung frei funken kann. In den USA gibt es
diese Einrichtung schon seit längerer Zeit, sie wird vor allem für den Straßenver-
kehr eingesetzt und dient nicht zuletzt der gegenseitigen Warnung der Autofahrer
vor Geschwindigkeitskontrollen der Polizei.

65 Diese Funktion des Mediums spielte zum Beispiel eine große Rolle bei der
Auseinandersetzung um die Kernkraftwerke. Die offiziellen Informationen wurden durch Viedeo-Aufnahmen von Kernkraftgegnern relativiert, wenn nicht als
falsch erwiesen. Zugleich wurde in dieser Auseinandersetzung deutlich, daß
selbst mit der einfachen Aufzeichnung von Bild und Ton keine „objektive
Wahrheit" dokumentiert werden kann: Über die gleichen Ereignisse lagen in
Köln ein Video-Film der Polizei und einer von der „Kölner Wochenschau" vor.
Dazu schreibt Winfried Honert im Kölner Stadtanzeiger: „Wer beide Filme
gesehen hat (. . .), wird sich vermutlich anschließend fragen, wie ein und derselbe
Vorfall mit ein und derselben Technik auf ein und dieselbe Weise für die
staunende Nachwelt verewigt und doch so verschieden anzusehen sein kann."
(Nr. 109 vom 11. 5. 77, zitiert in: Videomagazin 8/9, November 1977, S. 15

66 In Stuttgart z.B. hat das *Kommunale Kontaktteater* in Zusammenarbeit mit
Bewohnern eines Altenwohn- und -pflegeheims einen *Sozialen Videodienst*
gegründet. Bei diesem Modellversuch werden auf speziellen Wunsch der Heimbe-
wohner (hauptsächlich der Pflegefälle) Videofilme gedreht: mit Verwandten,
Freunden und Bekannten, die nur selten zu Besuch kommen können oder auch
Tierfilme in der Wilhelma u. a.

Ein zweiter Versuch, „Heimfernsehen", wurde vor kurzem vom *KKT* (s. o.) in
Zusammenarbeit mit dem Altenheim „Haus am Kappelberg" in Stuttgart-Fell-
bach gestartet.

Im Augenblick sieht das Modell so aus, daß alle 14 Tage eine halbstündige
Sendung zur Ausstrahlung kommt. Mit der Installation einer Heimfernsehanlage,
die die Videofilme dann auf alle Fernsehapparate im Heim übertragen kann,
wurde schon begonnen.

Im Redaktionsteam sind bisher zwei Mitarbeiterinnen des Altenheims vertreten. Man bemüht sich ständig, auch die Bewohner dahingehend zu motivieren, sich an der Gestaltung der Beiträge zu beteiligen, ihre diesbezüglichen Wünsche zu artikulieren.
Adresse des Kommunalen Kontaktteaters: Kissingerstr. 66a, 7000 Stuttgart 50

67 Vergl.: Hans Magnus Enzensberger, Baukasten zu einer Theorie der Medien, in: Kursbuch 20, 1970. Bei Brecht heißt es über die alternative Anwendung „der Apparate": „Undurchführbar in dieser Gesellschaftsordnung, durchführbar in einer anderen, dienen die Vorschläge, welche doch nur eine natürliche Konsequenz der technischen Entwicklung bilden, der Propagierung und Formung dieser anderen Ordnung". Gesammelte Werke, Bd. 18, a.a.O., S. 134

In das Literaturverzeichnis wurden nicht nur die zitierten Werke aufgenommen, sondern auch diejenigen, die sonst in die Untersuchung eingeflossen sind.

Achberger, Fritz u. a.: Wirkungen in der Praxis? Naturalismus, Neue Sachlichkeit, Dokumentarismus. In: Reinhold Grimm, Jost Hermand (Hrg.), Realismustheorien, Stuttgart 1975

Adorno, Theodor W.: Standort des Erzählers im zeitgenössischen Roman. In: Noten zur Literatur, Gesammelte Schriften, Bd. 2, Frankfurt/Main 1974

Literaturverzeichnis

Amtmann, Paul (Hrg.): Darstellendes Spiel, Kassel 1966

Anders, Michael: Verurteilt. Strafvollzug in der Bundesrepublik, Köln 1972

Arbeitskreis für Rechtssoziologie der Universität Köln: Ergebnisse einer Repräsentativumfrage über den Strafvollzug. In: Vorgänge, Heft 2 (1973), S. 161 ff.

Arbeitskreis junger Kriminologen: Kritische Kriminologie, München 1974

Artaud, Antonin: Das Theater und sein Double, Frankfurt/Main 1969

Auerbach, Erich: Mimesis. Dargestellte Wirklichkeit in der abendländischen Literatur, Bern/München ⁶1977

Autorenkollektiv: Gewalt- und Sexualkriminalität, Berlin (Ost) 1970

Autorenkollektiv: Konzeption für einen politisch-emanzipatorischen Gebrauch von Rollenspielen. In: Ästhetik und Kommunikation, Heft 5/6, 1972

Auwärter, Manfred; Kirsch, Edit; Schröder, Klaus (Hrg.): Seminar: Kommunikation, Interaktion, Identität, Frankfurt/Main 1976

Balon, Karl-Heinz; Sokoll, Detlev: Planspiel. Soziales Lernen in simulierter Wirklichkeit, Starnberg 1974

Bauer, Fritz: Das Strafrecht und das heutige Bild vom Menschen. In: Leonhard Reinisch (Hrg.), Die deutsche Strafrechtsreform, München 1967

Bauer, Fritz u. a. (Hrg.): Sexualität und Verbrechen, Frankfurt/Main 1963

Bauer, Karl W.: Brechts Lehrstück-Konzept in der Schule? Beispiele, Fragen, Thesen. In: Reiner Steinweg (Hrg.), Auf Anregung Bertolt Brechts: Lehrstücke mit Schülern, Arbeitern, Theaterleuten, Frankfurt/Main 1978

Baumann, Jürgen: Die Reform des Strafvollzugs. In: Leonhard Reinisch (Hrg.), Die deutsche Strafrechtsreform, München 1967

Baumann, Jürgen: Die Reform des allgemeinen Teils eines Strafgesetzbuches. In: Leonhard Reinisch (Hrg.), Die deutsche Strafrechtsreform, München 1967

Baumann, Jürgen: Die Strafvollzugsreform aus der Sicht des Alternativ-Entwurfs der Strafrechtslehrer. In: Artur Kaufmann (Hrg.), Die Strafvollzugsreform, Karlsruhe 1971

Benjamin, Walter: Was ist das epische Theater? In: Reinhold Grimm (Hrg.), Episches Theater, Köln/Berlin 1966

Benjamin, Walter: Das Kunstwerk im Zeitalter seiner technischen Reproduzierbarkeit, Frankfurt/Main 1968

Benjamin, Walter: Programm eines proletarischen Kindertheaters. In: Über Kinder, Jugend und Erziehung, Frankfurt/Main 1969

Benjamin, Walter: Ursprung des deutschen Trauerspiels, Frankfurt/Main 1972

Berliner Ensemble; Helene Weigel: Theaterarbeit, Berlin/Frankfurt/Main o.J.

Bernays, Jakob: Zwei Abhandlungen über die aristotelische Theorie des Dramas, Berlin 1880

Berne, Eric: Spiele der Erwachsenen, Reinbek bei Hamburg 1970

Binnerts, Paul: „Die Maßnahme" von Bertolt Brecht. Ein politisch-didaktisches Experiment im Fachbereich Regie-Pädagogik an der Theaterschule Amsterdam. In: Reiner Steinweg (Hrg.), Brechts Modell der Lehrstücke. Zeugnisse, Diskussion, Erfahrungen, Frankfurt/Main 1976

Bitter, Wilhelm (Hrg.): Verbrechen – Schuld oder Schicksal? Ein Tagungsbericht, Stuttgart 1969

Blau, Günter: Aufgaben und Grenzen der Kriminalpädagogik. In: Karl-J. Kluge (Hrg.), Kriminalpädagogik, Bd. 1, Darmstadt 1977

Bley, Volker: Was ist eigentlich der Mensch? Über die Bedeutung der Lehrstücke für die politische Bildungsarbeit. In: Reiner Steinweg (Hrg.), Brechts Modell der Lehrstücke. Zeugnisse, Diskussion, Erfahrungen, Frankfurt/Main 1976

Blume, Horst-Dieter: Einführung in das antike Theaterwesen, Darmstadt 1978

Bonstedt, Christoph: Organisierte Verfestigung abweichenden Verhaltens. Eine Falluntersuchung, München ²1974

Bottenberg, Heinrich; Gareis, Balthasar: Das soziale Erlebnisfeld jugendlicher Strafgefangener. In: Karl-J. Kluge (Hrg.), Kriminalpädagogik, Bd. 1, Darmstadt 1977

Boyd, John D.: The Function of Mimesis and Its Decline, Cambridge Mass. 1968

Brecht, Bertolt: Gesammelte Werke in 20 Bänden, Frankfurt/Main 1967

Brecht, Bertolt: Antigone-Modell (Hrg. Ruth Berlau), Berlin 1958

Brecht, Bertolt; Eisler, Hanns: Aufbau einer Rolle. Galilei, Berlin 1958

Brenner, Hildegard: Die Fehldeutung der Lehrstücke. Zur Methode einer bürgerlichen Wissenschaft, in: Alternative, Heft 78/79 (1971)

Brinkmann, Richard (Hrg.): Begriffsbestimmung des literarischen Realismus, Darmstadt 1974

Brinkmann, Richard: Wirklichkeit und Illusion, Tübingen ³1977

Brook, Peter: Der leere Raum, Hamburg ²1970

Bundesminister der Justiz: Kunst im Knast (Ausstellungskatalog) o.O., o.J.

Busch, Max: Vergünstigungen im Strafvollzug. In: Dietrich Rollmann (Hrg.), Strafvollzug in Deutschland, Frankfurt/Main 1967

Busch, Max: Sozialisation und Freiheitsentzug. In: Karl-J. Kluge (Hrg.), Kriminalpädagogik, Bd. 2, Darmstadt 1977

Busch, Max; Edel, Gottfried: Erziehung zur Freiheit durch Freiheitsentzug, Neuwied/Berlin 1969

Butzke, Fritz: Ein Beitrag zur These „Resozialisierung durch Bildung". In: Zeitschrift für Strafvollzug, Heft 22 (1973); (abgedruckt in: Karl-J. Kluge (Hrg.), Kriminalpädagogik, Bd. 3, Darmstadt 1978)

Calliess, Rolf-Peter: Strafvollzug, Institution im Wandel, Stuttgart 1970

Calliess, Rolf-Peter: Arbeit und Erwachsenenbildung – Strafvollzug als Teil des

Bildungssystems der Gesellschaft. In: Artur Kaufmann (Hrg.), Die Strafvollzugsreform, Karlsruhe 1971

Calliess, Rolf-Peter: Theorie der Strafe im demokratischen und sozialen Rechtsstaat,
Frankfurt/Main 1974

Calliess, Rolf-Peter: Strafvollzugsrecht, Reinbek bei Hamburg 1978

Carl, Rolf-Peter: Dokumentarisches Theater der sechziger Jahre. In: Werner Keller
(Hrg.), Beiträge zur Poetik des Dramas, Darmstadt 1976

Cicourel, Aaron V.: Methode und Messung in der Soziologie, Frankfurt/Main 1974

Claessens, Dieter: Kind und Rolle – anthropologische Vorüberlegungen. In: Marion
Klewitz & Hans-Wolfgang Nickel (Hrg.), Kindertheater und Interaktionspädagogik, Stuttgart 1972

Coburn-Staege, Ursula: Lernen durch Rollenspiel, Frankfurt/Main 1977

Däumling, Martin: Selbstbild und Fremdbild der Aufsichtsbeamten im Strafvollzug,
Stuttgart 1970

Dahrendorf, Ralf: Homo Sociologicus, Köln/Opladen [5]1964

Darmstädter Gespräch: Realismus und Realität, Darmstadt 1975

Daublewski, Benita (Hrg.): Spielen in der Schule. Vorschläge und Begründungen für
ein Spielcurriculum, Stuttgart [6]1978

Deimling, Gerhard: Theorie und Praxis des Jugendstrafvollzugs in pädagogischer
Sicht, Darmstadt/Berlin 1969

Deimling, Gerhard: Über die Möglichkeiten der Erwachsenenbildung in Vollzugsanstalten. In: Zeitschrift für Strafvollzug, Heft 10 (1961) (Abgedruckt in: Karl-J.
Kluge (Hrg.), Kriminalpädagogik, Bd. 3, Darmstadt 1978

Deimling, Gerhard; Häußling, Josef M. (Hrg.): Erziehung und Recht im Vollzug der
Freiheitsstrafe, Wuppertal 1974

Dertinger, Christian: Die Ausgestaltung des Vollzugs im Pädagogischen Zentrum bei
der JVA Münster. In: Karl-J. Kluge (Hrg.), Kriminalpädagogik, Bd. 1, Darmstadt
1977

Dietrich, Margarete: Episches Theater? In: Reinhold Grimm (Hrg.), Episches
Theater, Köln/Berlin 1966

Dilthey, Wilhelm: Gesammelte Schriften, Bd. VII, Göttingen/Stuttgart 1960

Dosenheimer, Elise: Das deutsche soziale Drame von Lessing bis Sternheim, Darmstadt 1974

Dürkop, Marlis; Hardtmann, Gertrud: Frauen im Gefängnis, Frankfurt/Main 1978

Dürrenmatt, Friedrich: Theater ist Theater. In: Henning Rischbieter (Hrg.), Theater
im Umbruch, München 1970

Einsele, Helga: Die sozialtherapeutische Anstalt. In: Artur Kaufmann (Hrg.), Die
Strafvollzugsreform, Karlsruhe 1971

Enzensberger, Hans Magnus: Baukasten zu einer Theorie der Medien, in: Kursbuch
20 (1970)

Erikson, Erik H.: Kindheit und Gesellschaft, Stuttgart [5]1974

Erikson, Erik H.: Identität und Lebenszyklus, Frankfurt/Main 1977

Esslin, Martin: Das Theater des Absurden, Reinbek bei Hamburg 1965

Eversmann, Paul: Laienspiel und Strafvollzug. In: Zeitschrift für Strafvollzug, Heft 6
(1965)

Fargier, J. P.: Laßt das militante Kino sterben. In: Video-Magazin, Heft 3 (1976)

Feige, Johannes: Aufgaben und Grenzen der Freizeitgestaltung im Strafvollzug. In: Karl-J. Kluge (Hrg.), Kriminalpädagogik, Bd. 1, Darmstadt 1977

Fittkau, Bernd: Notwendigkeit und Möglichkeit von Kommunikations- und Verhaltenstraining für Lehrer und Erzieher. In: Bernd Fittkau, Hans-Martin Müller-Wolf & Friedemann Schulz von Thun (Hrg.), Kommunikations- und Verhaltenstraining für Erziehung, Unterricht und Ausbildung, Pullach bei München 1974

Franzen, Erich: Das epische Theater. In: Reinhold Grimm (Hrg.), Episches Theater, Köln/Berlin 1966

Freud, Sigmund: Studienausgabe, Frankfurt/Main 1969

Frey, Hans-Erich: Das Buch im Strafvollzug der Vollzugsanstalt Dieburg. In: Zeitschrift für Strafvollzug, Heft 12 (1963) (abgedruckt in: Karl-J. Kluge (Hrg.), Kriminalpädagogik, Bd. 3, Darmstadt 1978)

Fucks, Wilhelm; Lauter Josef: Mathematische Analyse des literarischen Stils. In: Hellmut Kreuzer (Hrg.), Mathematik und Dichtung, München [3]1969

Furth, Peter: Nachträgliche Warnung vor dem Rollenbegriff. In: Das Argument, Heft 66, (1971)

Gadamer, Hans-Georg: Wahrheit und Methode, Tübingen 1965

Garfinkel, Harold: Bedingungen für den Erfolg von Degradierungszeremonien. In: Klaus Lüdersen, Fritz Sack (Hrg.), Seminar: Abweichendes Verhalten, Bd. 3, Frankfurt/Main 1976

Geismar, Eduard: Sören Kierkegaard, Gütersloh 1929

Göppinger, Hans: Kriminologie, München [2]1973

Goethe, Johann Wolfgang v.: Werke. Hamburger Ausgabe, Hamburg [3]1964

Goffman, Erving: Asyle. Über die soziale Situation psychiatrischer Patienten und anderer Insassen, Frankfurt/Main 1973

Goffman, Erving: Interaktion: Spaß am Spiel / Rollendistanz, München 1973

Goffman, Erving: Stigma. Über Techniken der Bewältigung beschädigter Identität, Frankfurt/M. 1977

Gogarten, Friedrich: Das abendländische Geschichtsdenken. Bemerkungen zu dem Buch von Erich Auerbach „Mimesis". In: Zeitschrift für Theologie und Kirche, Heft 3 (1954)

Gold, Volker; Wagner, Mignon; Ranftl, Wolfgang L.; Vogel, Marianne; Weger, Inge: Kinder spielen Konflikte, Neuwied/Darmstadt [2]1975

Gottsched, Johann Christoph: Versuch einer Critischen Dichtkunst, Leipzig [4]1751 (reprograph. Nachdruck: Darmstadt 1977)

Grimm, Reinhold (Hrg.): Episches Theater, Köln/Berlin 1966

Grimm, Reinhold: Naturalismus und episches Drama. In: Reinhold Grimm (Hrg.), Episches Theater, Köln/Berlin 1966

Grimm, Reinhold; Hermand, Jost (Hrg.): Realismustheorien, Stuttgart 1975

Grotowski, Jerzy: Das arme Theater, Velber bei Hannover 1969

Gruppe „leren leren": Die Entstehung des Lehrstücks „Die Schüler". Die Praxis der Gruppe „leren leren" (Delft) mit Aspekten des Lehrstücks (1972–1973), in: Reiner Steinweg (Hrg.), Auf Anregung Bertolt Brechts: Lehrstücke mit Schülern, Arbeitern, Theaterleuten, Frankfurt/Main 1978

Gündisch, Jürgen: Strafen und Sicherungsmaßnahmen in Haftanstalten. In: Dietrich Rollmann (Hrg.), Strafvollzug in Deutschland, Frankfurt/Main 1967

Haarmann, Hermann; Walach, Dagmar: Brechts Theater – Theater als Wissenschaft, in: Reiner Steinweg (Hrg.), Brechts Modell der Lehrstücke. Zeugnisse, Diskussionen, Erfahrungen, Frankfurt/Main 1976

Habermas, Jürgen: Zur Logik der Sozialwissenschaften, Tübingen 1967

Habermas, Jürgen: Erkenntnis und Interesse, Frankfurt/Main 1968

Hachfeld, Rainer: Über das Schreiben von Szenen für Kinder. In: M. Klewitz, H.-W. Nickel (Hrg.), Kindertheater und Interaktionspädagogik, Stuttgart 1970

Harbordt, Steffen: Die Subkultur des Gefängnisses, Stuttgart 1972

Harsdörffer, Georg Philipp: Poetischer Trichter, II. Teil, Nürnberg 1648 (reprograph. Nachdruck: Darmstadt 1975)

Haug, Frigga: Kritik der Rollentheorie, Frankfurt/M. 1972

Haug, Frigga: Erziehung und gesellschaftliche Produktion: Kritik des Rollenspiels, Frankfurt/Main / New York 1977

Hecht, Werner: Brechts Weg zum epischen Theater. In: Reinhold Grimm (Hrg.), Episches Theater Köln/Berlin 1966

Hegel, Georg Wilhelm Friedrich: Grundlinien der Philosophie des Rechts, Theorie-Werkausgabe, Bd. 7, Frankfurt/Main 1970

Heinz, Werner; Korn, Salomon: Sozialtherapie als Alibi? Frankfurt/Main 1973

Heinze, Thomas; Müller, Ernst; Stickelmann, Bernd; Zinnecker, Jürgen: Handlungsforschung im pädagogischen Feld, München 1975

Herrmann, Joachim: Verfassungsrecht und Strafjustiz in den Vereinigten Staaten, Sonderdruck aus: Schriften der Philosophischen Fachbereiche der Universität Augsburg, Nr. 10, o.O., o.J.

Herrmann, Walter: Freizeit und Bildung im Strafvollzug. In: Dietrich Rollmann (Hrg.), Strafvollzug in Deutschland, Frankfurt/Main. 1967

Hinck, Walter: Die Dramaturgie des späten Brecht. In: Reinhold Grimm (Hrg.), Episches Theater, Köln/Berlin 1966

Hochheimer, Wolfgang: Zur Psychologie von strafender Gesellschaft. In: Kritische Justiz, Heft 1 (1969)

Hoeck-Gradenwitz, E.: Strafvollzug, Behandlung und Resozialisierung. In: Neue Juristische Wochenschrift, Heft 17 (1964)

Hoeck-Gradenwitz, E.: Sozialpsychologische Behandlungsmethoden und ihre Ergebnisse – ein Erfahrungsbericht mit kriminellen Psychopaten. In: Gustav Nass (Hrg.), Prognose und Bewährung, Berlin 1966

Hofmann, Theodor; Pönitz, Herbert; Herz, Reinhold: Jugend im Gefängnis, München 1975

Hoffmann, Günther H.: Kunst im Knast. In: Diskussion, Das deutsche Vollzugsmagazin, Nr. 9/10 (1973)

Hohmeier, Jürgen: Die Strafvollzugsanstalt als Organisation. In: Artur Kaufmann (Hrg.), Die Strafvollzugsreform, Karlsruhe 1971

Hohmeier, Jürgen: Die soziale Situation des Strafgefangenen: Deprivation der Haft und ihre Folgen. In: Klaus Lüdersen, Fritz Sack (Hrg.), Seminar: Abweichendes Verhalten, Bd. 3, Frankfurt/Main 1976

Holzkamp, Klaus: Sinnliche Erkenntnis, Frankfurt/Main 1973

Huber, August; Küppers, Hans; Still, Günther: Das Tübinger Wohnkollektiv Froschgasse 1. In: Karl-J. Kluge (Hrg.), Kriminalpädagogik, Bd. 3, Darmstadt 1978

Huizinga, Johan: Homo Ludens, Reinbek bei Hamburg 1956

Jäger, Herbert: Psychologie des Strafrechts und der strafenden Gesellschaft. In: Paul Reiwald, Die Gesellschaft und ihre Verbrecher (hrg. von Herbert Jäger und Tilmann Moser), Frankfurt/Main 1973

Jaspers, Karl: Philosophie II, Berlin 1932

Kaiser, Günther: Kriminologie, Karlsruhe [2]1973

Kaiser, Günther: Jugendrecht und Jugendkriminalität, Weinheim/Basel 1973

Kaiser, Günther; Kerner, Hans-Jürgen; Schöch, Heinz: Strafvollzug, Karlsruhe [2]1978

Kant, Immanuel: Metaphysik der Sitten, Theorie-Werkausgabe, Bd. 8, Frankfurt 1960

Kant, Immanuel: Über Pädagogik, Theorie-Werkausgabe, Bd. 12, Frankfurt 1960

Kaufmann, Arthur (Hrg.): Die Strafvollzugsreform, Karlsruhe 1971

Kaufmann, Artur: Strafrecht und Strafvollzug. In: Artur Kaufmann (Hrg.), Die Strafvollzugsreform, Karlsruhe 1971

Kaufmann, Hilde: Die Gefängnissubkultur. In: Gerhard Deimling, Josef M. Häußling (Hrg.), Erziehung und Recht im Vollzug der Freiheitsstrafe, Wuppertal 1974

Keller, Werner: Beiträge zur Poetik des Dramas, Darmstadt 1976

Kesting, Marianne: Zur Struktur des modernen Dramas. In: Reinhold Grimm (Hrg.), Episches Theater Köln/Berlin 1966

Kesting, Marianne: Das epische Theater, Stuttgart 1959

Klee, Ernst: Prügelknaben der Gesellschaft. Häftlingsberichte, Düsseldorf 1971

Klee, Ernst: Resozialisierung. Ein Handbuch zur Arbeit mit Strafgefangenen und Entlassenen, München 1973

Klein, Melanie: Die Rollenbildung im Kinderspiel. In: Antiautoritäre Erziehung III, o.O., o.J.

Kleinert, Ulfried (Hrg.): Strafvollzug, München 1972

Kleist, Heinrich von: Sämtliche Werke und Briefe, 2 Bde., München [3]1964

Klewitz, Marion; Nickel, Hans-Wolfgang (Hrg.): Kindertheater und Interaktionspädagogik, Stuttgart 1972

Klotz, Volker (Hrg.): Zur Poetik des Romans, Darmstadt 1965

Klotz, Volker: Dramaturgie des Publikums, München/Wien 1976

Klug, Ulrich: Rechtfertigung oder Abschaffung des Strafrechts? In: Gerhard Deimling, Josef M. Häußling (Hrg.), Erziehung und Recht im Vollzug der Freiheitsstrafe, Wuppertal 1974

Kluge, Karl-J. (Hrg.): Kriminalpädagogik, Bd. 1–3, Darmstadt 1977 f.

Klünder, Jürgen: Theaterwissenschaft als Medienwissenschaft, Hamburg 1971

Kochan, Barbara (Hrg.): Rollenspiel als Methode sprachlichen und sozialen Lernens, Kronberg/Ts. 1974

Kohl, Stephan: Realismus: Theorie und Geschichte, München 1977

Koller, Horst: Simulation und Planspieltechnik, Wiesbaden 1969

Kommerell, Max: Lessing und Aristoteles, Frankfurt/Main 1940

Krappmann, Lothar: Lernen durch Rollenspiel. In: Marion Klewitz, Hans-Wolfgang Nickel (Hrg.), Kindertheater und Interaktionspädagogik, Stuttgart 1972

Krappmann, Lothar: Neuere Rollenkonzepte als Erklärungsmöglichkeit für Sozialisationsprozesse. In: Manfred Auwärter u. a., Seminar Kommunikation, Interaktion, Identität, Frankfurt/Main 1976

Krebs, Albert: Nikolaus Heinrich Julius, Vorlesungen über Gefängniskunde . . . gehalten 1827 zu Berlin. Eine Studie. In: Monatsschrift für Kriminologie, Heft 56 (1973)

Krebs, Albert: Der Strafvollzugsbedienstete. In: Dietrich Rollmann (Hrg.), Strafvollzug in Deutschland, Frankfurt/Main 1967

Krebs, Albert: Behandlungsziele des Vollzugs der Freiheitsstrafe in Deutschland seit der Aufklärung. In: Gerhard Deimling, Josef M. Häußling (Hrg.), Erziehung und Recht im Vollzug der Freiheitsstrafe, Wuppertal 1974

Lange, Richard: Das Rätsel Kriminalität, Frankfurt/Main 1970

Lauff, Werner; Homfeldt, Hans Günter: Erziehungsfeld Ferienlager, München 1979

Laux, Bernhard: „Erlaubt, daß wir Euch vortragen . . .". Bericht über die Erarbeitung einer Fassung des „Brotladen"-Fragments durch den „workshop" des sechsten Norddeutschen Theatertreffens. In: Reiner Steinweg (Hrg.), Auf Anregung Bertolt Brechts: Lehrstücke mit Schülern, Arbeitern und Theaterleuten, Frankfurt/Main 1978

Lautenbach, Michael; Lottmann, Eckart: „Friedhofsgemüse"? Überlegungen zur Medienarbeit mit alten Menschen. In: Medium (Videoarbeit II) Frankfurt, M. o.J.

Lessing, Gotthold Ephraim: Werke, Frankfurt/Main 1967

Levita, David J. de: Der Begriff der Identität, Frankfurt/Main ²1976

Linz, Gertraut: Straffälligenhilfe und Öffentlichkeitsarbeit. In: Straffälligenhilfe im Umbruch, Schriftenreihe des Bundeszusammenschlusses für Straffälligenhilfe, Bonn-Bad Godesberg 1972

Liszt, Franz von: Strafrechtliche Aufsätze und Vorträge, Berlin 1905

Living Theatre: The Living Theatre in Europe, o.O. 1966

Loch, Werner (Hrg.): Modelle pädagogischen Verstehens, Essen 1978

Loch, Werner: Lebenslauf und Erziehung, Essen 1979

Loschütz, Gert: Sofern die Verhältnisse es zulassen. Drei Rollenspiele, Frankfurt/Main 1972

Lüderssen, Klaus; Sack, Fritz (Hrg.): Seminar: Abweichendes Verhalten, 3 Bde., Frankfurt/Main 1975 f.

Lüers, Ulf u. a.: Selbsterfahrung und Klassenlage, München 1971

Lugowski, Clemens: Die Form der Individualität im Roman, Berlin 1932

Lugowski, Clemens: Wirklichkeit und Dichtung, Frankfurt/Main 1936

Lukacs, Georg: Es geht um den Realismus. In: Essays über Realismus, Berlin (Ost) 1948

Lukacs, Georg; Seghers, Anna: Ein Briefwechsel zwischen Anna Seghers und Georg Lukacs. In: Georg Lukacs, Essays über Realismus, Berlin (Ost) 1948

Lutz, Edmund Johannes: Das Schulspiel. Die Praxis des darstellenden Spiels in den Volks- und höheren Schulen auf entwicklungspsychologischer und pädagogischer Grundlage, München 1965

Mahal, Günther: Naturalismus, München 1975

Maier, Hansjörg; Praml, Willy; Ring, Reinhard; Schüler, Matthias: Theaterarbeit mit Lehrlingen. In: Ästhetik und Kommunikation, Heft 13 (1973)

Maier, Hansjörg; Praml, Willy; Schüler, Matthias: Einfühlung und Nachahmung. Probleme einer Lehrstückübung mit dem Text der „Maßnahme". In: Reiner Steinweg (Hrg.), Brechts Modell der Lehrstücke. Zeugnisse, Diskussion, Erfahrungen, Frankfurt/Main 1976

Maier, Hansjörg; Praml, Willy; Schüler, Matthias: „Die Ausnahme und die Regel" – präsentiert von einer einmaligen Theatergruppe. In: Reiner Steinweg (Hrg.), Auf Anregung Bertolt Brechts: Lehrstücke mit Schülern, Arbeitern und Theaterleuten, Frankfurt/M. 1978

Mao Tse-tung: Über die Praxis (Raubdruck), o.O., o.J.

Martini, Fritz: Soziale Thematik und Formwandlung des Dramas. In: Reinhold Grimm (Hrg.), Episches Theater, Köln/Berlin 1966

Mauch, Gerhard; Mauch, Roland: Sozialtherapie in der Strafanstalt – Möglichkeiten und Grenzen. In: Wilhelm Bitter (Hrg.), Verbrechen – Schuld oder Schicksal?, Stuttgart 1969

McCall, Georges J.; Simmons, J. L.: Identität und Interaktion. Untersuchungen über zwischenmenschliche Beziehungen im Alltagsleben, Düsseldorf 1974

Mead, George, Herbert: Geist, Identität und Gesellschaft, Frankfurt/Main ³1978

Mergen, Armand: Die Antwort der Gesellschaft auf das Verbrechen. In: Leonhard Reinisch (Hrg.), Die deutsche Strafrechtsreform, München 1967

Mileski, Maureen: Angeklagte vor Gericht. Beobachtungen bei einem niederen Strafgericht. In: Klaus Lüderssen & Fritz Sack (Hrg.), Seminar: Abweichendes Verhalten, Bd. 3, Frankfurt/Main 1976

Milfull, John: Zur Funktion der „Verfremdung" in den Lehrstücken. In: Reiner Steinweg (Hrg.), Brechts Modell der Lehrstücke, Zeugnisse, Diskussion, Erfahrungen, Frankfurt/Main 1976

Mittenzwei, Werner: Die Spur der Brechtschen Lehrstücktheorie. Gedanken zur neueren Lehrstück-Interpretation. In: Reiner Steinweg (Hrg.), Brechts Modell der Lehrstücke. Zeugnisse, Diskussion, Erfahrungen, Frankfurt/Main 1976

Moers, Jürgen: Das Freizeitproblem im Deutschen Erwachsenenstrafvollzug, Stuttgart 1969

Mollenhauer, Wilhelm: Zur Problematik langer Freiheitsstrafen, vollzogen an jungen Gefangenen. In: Karl-J. Kluge (Hrg.), Kriminalpädagogik, Bd. 1, Darmstadt 1977

Moreno, Jakob Levi: Das Stehgreiftheater, Potsdam 1924

Moreno, Jakob Levi: Gruppentherapie und Psychodrama, Stuttgart 1959

Moreno, Jakob Levi: Die Grundlagen der Soziometrie, Köln/Opladen ²1967

Moser, Tilmann: Jugendkriminalität und Gesellschaftsstruktur. Zum Verhältnis von soziologischen, psychologischen und psychoanalytischen Theorien des Verbrechens, Frankfurt/Main 1972

Moser, Tilmann; Künzel, Eberhardt: Gespräche mit Eingeschlossenen. Gruppenprotokolle aus einer Jugendstrafanstalt / Tiefenpsychologische Analyse des Gruppenprozesses, Frankfurt/Main 1971

Müller, Joachim: Dramatisches, episches und dialektisches Theater. In: Reinhold Grimm (Hrg.), Episches Theater, Köln/Berlin 1966

Müller-Dietz, Heinz: Die bisherige Entwicklung auf dem Gebiet des Strafvollzugsrechts. In: Artur Kaufmann (Hrg.), Die Strafvollzugsreform, Karlsruhe 1971

Müller-Dietz, Heinz: Pädagogische und psychologische Probleme bei der Behandlung von Straftätern. In: Karl-J. Kluge (Hrg.), Kriminalpädagogik Bd. 1, Darmstadt 1977

Müllges, Udo: Zur Ortsbestimmung der Pädagogik im Strafvollzug. In: Karl-J. Kluge (Hrg.), Kriminalpädagogik, Bd. 1, Darmstadt 1977

Naegeli, Eduard: Die Gesellschaft und die Kriminellen – Ausstoßung des Sündenbocks. In: W. Bitter (Hrg.), Verbrechen – Schuld oder Schicksal?, Stuttgart 1969

Nedelmann, Carl; Thoss, Peter; Bacia, Hubert; Ammann, Walter: Kritik der Strafrechtsreform, Frankfurt/Main 1968

Nickel, Hans-Wolfgang: Theaterrolle, Rollentheorie, Interaktionspädagogik. In: Marion Klewitz & Hans-Wolfgang Nickel (Hrg.), Kindertheater und Interaktionspädagogik, Stuttgart 1972

Nickel, Hans-Wolfgang: Grundformen des Kindertheaters und ihre didaktischen Forderungen. In: Marion Klewitz, Hans-Wolfgang Nickel (Hrg.), Kindertheater und Interaktionspädagogik, Stuttgart 1972

Opitz, Martin: Buch von der deutschen Poeterey, Breßlau 1624 (reprograph. Nachdruck: Tübingen 1954)

Ostermeyer, Helmut: Strafunrecht, München 1971

Paul, Arno: Theaterspiel mit Arbeiterkindern. In: Marion Klewitz & Hans-Wolfgang Nickel (Hrg.), Kindertheater und Interaktionspädagogik, Stuttgart 1970

Peters, Karl: Die allgemeinen Probleme der Kriminalpädagogik, Bd. 1, Darmstadt 1977

Pietschmann, Annaluise: Gedanken zur Gruppenarbeit in Strafanstalten. In: Karl-J. Kluge (Hrg.), Kriminalpädagogik, Bd. 1, Darmstadt 1977

Piscator, Erwin: Das politische Theater, Reinbek bei Hamburg 1963

Piscator, Erwin: Theater der Auseinandersetzung. Ausgewählte Schriften und Reden, Frankfurt/Main 1977

Plack, Arno: Plädoyer für die Abschaffung des Strafrechts, München 1974

Plato: Hauptwerke (hrg. von Wilhelm Nestle), Stuttgart 1958

POFO München: Zur politischen Phantasie der Neuen Linken. Ästhetik und Strategie. In: Agnes Hüfner (Hrg.), Straßentheater Frankfurt/Main 1970

Pörtner, Paul: Experiment Theater, Zürich 1960

Pörtner, Paul: Psychodrama. Theater der Spontaneität. Morenos Weg von Wien nach den USA. In: Theater heute, Heft 9 (1967)

Preetorius, Emil: Kunst und Wirklichkeit, München o.J.

Quensel, Stephan; Quensel, Hildegard: Probleme der Behandlung im geschlossenen Vollzug. In: Artur Kaufmann (Hrg.), Die Strafvollzugsreform, Karlsruhe 1971

Radbruch, Gustav: Die Psychologie der Gefangenschaft. In: Zeitschrift für die gesamte Strafrechtswissenschaft, Heft 32 (1911); (abgedruckt in: Klaus Lüderssen & Fritz Sack (Hrg.), Seminar: Abweichendes Verhalten III. Die gesellschaftliche Reaktion auf Kriminalität, Bd. 2, Frankfurt/Main 1977

Rasmussen, Dennis: Poetry and Truth, Den Haag/Paris 1974

Rehm, Max: Das Planspiel als Bildungsmittel, Heidelberg 1964

Reinisch, Leonhard (Hrg.): Die deutsche Strafrechtsreform, München 1967

Reitz, Edgar: Filmstunde – Filmexperimente mit Jugendlichen im Fernsehen, in: Fernsehen und Bildung Heft 3 (1969)

Reiwald, Paul: Die Gesellschaft und ihre Verbrecher, (hrg. von Herbert Jäger und Tilmann Moser), Frankfurt/Main 1973

Richard, Jörg: Zum angeleiteten Rollenspiel mit Arbeiterkindern im Schulalter. In: Gesamtschulinformationen Heft 3 (1972)

Richard, Jörg: Spielpädagogik und politisch-ästhetische Erziehung. In: Gesellschaft und Schule, Heft 3/4 (1972)

Richard, Jörg: Brechts Lehrstück-Theater und Lernen in der Schule. In: Reiner Steinweg (Hrg.), Auf Anregung Bertolt Brechts: Lehrstücke mit Schülern, Arbeitern, Theaterleuten, Frankfurt/Main 1978

Rischbieter, Henning (Hrg.): Theater im Umbruch, München 1970

Ritzel, Wolfgang: Strafe in der Erziehung – Erziehung im Strafvollzug. In: Gerhard Deimling, Josef M. Häußling (Hrg.), Erziehung und Recht im Vollzug der Freiheitsstrafe, Wuppertal 1974

Rodenberg, Ilse: Irrwege und Lösungsversuche. In: Theater der Zeit, Heft 9 (1971)

Rollmann, Dietrich (Hrg.): Strafvollzug in Deutschland, Frankfurt/Main 1967

Rote Steine, Berlin: Lehrlinge als Zielgruppe. In: Agitation im Freizeitbereich, Proletarisches Lehrlingstheater Rote Steine, Berlin (West) 1970

Roxin, Claus: Sinn und Grenzen staatlicher Strafe. In: Schulung, Heft 10 (1966)

Rühle, Jürgen: Theater und Revolution, München 1973

Rülicke-Weiler, Käthe: Die Dramaturgie Brechts, Berlin (Ost) 1968

Runge, Erika: Einordnung schwieriger junger Krimineller in die Gesellschaft. In: Karl-J. Kluge (Hrg.), Kriminalpädagogik, Bd. 3, Darmstadt 1978

Ruttenbeck, Walter: Sören Kierkegaard, Berlin / Frankfurt/Oder 1929

Sack, Fritz; König René (Hrg.): Kriminalsoziologie, Frankfurt/Main 1968

Schaffstein, Friedrich; Miehe, Olaf (Hrg.): Weg und Aufgabe des Jugendstrafrechts, Darmstadt 1975

Scherf, Elisabeth: Aus dem Stehgreif. Spiele mit Arbeiterkindern, in: Kursbuch Heft 34 (1973)

Scheu, Werner: Verhaltensweisen deutscher Strafgefangener, Göttingen ³1972

Schiller, Friedrich: Sämtliche Werke, Stuttgart 1881

Schmidhäuser, Eberhard: Vom Sinn der Strafe, Göttingen 1963

Schöne, Albrecht: Bertolt Brecht. Theatertheorie und dramatische Dichtung. In: Werner Keller (Hrg.), Beiträge zur Poetik des Dramas, Darmstadt 1976

Schriever, Bernt; Wolf, Heinz E.: Zur Bedeutung von Einstellungen für die soziale Gruppenarbeit im Strafvollzug. In: Karl-J. Kluge (Hrg.), Kriminalpädagogik, Bd. 1, Darmstadt 1977

Schüler-Springorum, Horst: Die Jugendkriminalrechtspflege im Lichte kriminologischer Forschung. In: Monatsschrift für Kriminologie und Strafrechtsreform, Heft 52 (1969); (abgedruckt in: Karl-J. Kluge (Hrg.), Kriminalpädagogik, Bd. 2, Darmstadt 1977

Schüler-Springorum, Horst: Die Rechtsstellung des Gefangenen. In: Tagungsberichte der Strafvollzugskommission, Bd. 2, 1968

Schüler-Springorum, Horst: Was stimmt nicht mit dem Strafvollzug, Hamburg 1970

Schulz, Wolfgang: Zur Bedeutung des Rollenspiels in Kindergarten und Grundschule. In: Marion Klewitz & Hans-Wolfgang Nickel (Hrg.), Kindertheater und Interaktionspädagogik, Stuttgart 1972

Schwäbisch, Lutz; Siems, Martin: Anleitung zum sozialen Lernen für Paare, Gruppen und Erzieher, Reinbek bei Hamburg 1974

Shaftel, Fanny R.; Shaftel George: Rollenspiel als soziales Entscheidungstraining, völlig neu bearb. und übers. von Christine und Wulf Weinmann, München ²1974

Shedler, Melchior: Kindertheater. Geschichte, Modelle, Projekte, Frankfurt/Main 1972

Sichtermann, Barbara; Johler, Jens: Über den autoritären Geist des deutschen Theaters. In: Henning Rischbieter (Hrg.), Theater im Umbruch, München 1970

Siekmann, Gerd: Straffälligenhilfe und Öffentlichkeitsarbeit. In: Straffälligenhilfe im Umbruch, Schriftenreihe des Bundeszusammenschlusses für Straffälligenhilfe, Bonn-Bad Godesberg 1972

Sieverts, Rudolf: Zur Geschichte der Reformversuche im Freiheitsstrafvollzug. In: Dietrich Rollmann (Hrg.), Strafvollzug in Deutschland, Frankfurt/Main 1967

Stark, Dietrich: Sozialverhalten als Lernvorgang. In: Karl-J. Kluge (Hrg.), Kriminalpädagogik, Bd. 1, Darmstadt 1977

Steinweg, Reiner: Das Lehrstück – ein Modell des sozialistischen Theaters. In: Alternative, Heft 78/79 (1971)

Steinweg, Reiner: Das Lehrstück. Brechts Theorie einer politisch-ästhetischen Erziehung, Stuttgart 1972

Steinweg, Reiner: Begriff und Erfahrung. Anmerkungen zur Lehrstück-Diskussion. In: Reiner Steinweg (Hrg.), Brechts Modell der Lehrstücke. Zeugnisse, Diskussion, Erfahrungen, Frankfurt/Main 1976

Steinweg, Reiner (Hrg.): Brechts Modell der Lehrstücke. Zeugnisse, Diskussion, Erfahrungen, Frankfurt/Main 1976

Steinweg, Reiner (Hrg.): Auf Anregung Bertolt Brechts: Lehrstücke mit Schülern, Arbeitern, Theaterleuten, Frankfurt/Main 1978

Stürup, Georg K.: Fünfundzwanzig Jahre Erfahrung in der Behandlung von Rückfallverbrechern. In: Wilhelm Bitter (Hrg.), Verbrechen – Schuld oder Schicksal?, Stuttgart 1969

Styan, J. L.: Drama, Stage and Audience, Cambridge 1975

Szondi, Peter: Das Drama. In: Reinhold Grimm (Hrg.), Episches Theater, Köln/Berlin 1966

Szondi, Peter: Theorie des modernen Drama, Frankfurt/Main 1966

Tasche, Elke: Das Seminar „Die Ausnahme und die Regel" mit Partnerbetrieben der Volksbühne (Berlin/DDR). In: Reiner Steinweg (Hrg.), Auf Anregung Bertolt Brechts: Lehrstücke mit Schülern, Arbeitern und Theaterleuten, Frankfurt/Main 1978

Thielicke, Berthold: Keiner wollte den Angeklagten spielen. In: Frankfurter Allgemeine Zeitung vom 7. 6. 1975

Thielicke, Berthold: Der Todeskandidat muß haftfähig bleiben. In: Frankfurter Allgemeine Zeitung vom 30. 4. 1977

Thiess, Frank: Dichtung und Wirklichkeit. In: Akademie der Wissenschaften und der Literatur, Abhandlungen der Klasse für Literatur, Jahrg. 1952, Nr. 1, Mainz o.J. (1952)

Turk, Horst: Wirkungsästhetik. Theorie und Interpretation der literarischen Wirkung, München 1976

Uexküll, Jakob von: Niegeschaute Welten, München 1957

Vesseu, Theo: Improvisieren und dramatisieren mit Kindern. Didaktische Spiele, Stuttgart 1970

Video Audio Media: Video = Ich sehe. In: Medium (Videoarbeit II) Frankfurt, M. o.J.

Video kann sehend machen: Ein Interview mit Robert Jungk. In: Medium (Videoarbeit II) Frankfurt/Main o.J.

Vogt, Jochen (Hrg.): Literaturdidaktik, Düsseldorf 1972; (darin: Karl W. Bauer, Laienspiel oder Lehrstück?)

Waldmann, Peter: Zielkonflikte in einer Strafanstalt, Stuttgart 1968

Walter, Michael: Das darstellende Spiel im Strafvollzug, Recklinghausen 1972

Wassermann, Rudolf: Der politische Richter, München 1972

Watzlawick, Paul; Beavin, Janet; Jackson, Don P.: Menschliche Kommunikation, Bern/Stuttgart 1969

Watzlawick, Paul: Wie wirklich ist die Wirklichkeit?, München 1977

Wehrli, Beatrice: Imitatio und Mimesis in der Geschichte der deutschen Erzähltheorie unter besonderer Berücksichtigung des 19. Jahrhunderts, Göppingen 1974

Weiss, Peter: Der historische Prozeß. In: Henning Rischbieter (Hrg.), Theater im Umbruch, München 1970

Weiss, Peter: Das Material und die Modelle. In: Henning Rischbieter (Hrg.), Theater im Umbruch, München 1970

Wiethölter, Rudolf: Rechtswissenschaft, Frankfurt/Main 1971

Würtenberger, Thomas: Strafvollzug im sozialen Rechtsstaat. In: Artur Kaufmann (Hrg.), Die Strafvollzugsreform, Karlsruhe 1971

Würtenberger, Thomas: Erziehung und Recht im Strafvollzug. In: Gerhard Deimling & Josef M. Häußling (Hrg.), Erziehung und Recht im Vollzug der Freiheitsstrafe, Wuppertal 1974

Zapotoczky, Hans-Georg: Kindertheater und Psychodrama. In: Marion Klewitz & Hans-Wolfgang Nickel (Hrg.), Kindertheater und Interaktionspädagogik, Stuttgart 1970

Zulliger, Hans: Heilende Kräfte im kindlichen Spiel, Stuttgart [6]1979

Zumkley-Münkel, Cordula: Imitationslernen, Düsseldorf 1976

Konzepte der Humanwissenschaften – Modelle für die Praxis

Gerhild Heuer

Problem Sexualität im Strafvollzug

1978, 180 Seiten, kartoniert DM 20,– ISBN 3-12 923770-4

Anlaß zur Auseinandersetzung mit dieser Thematik war für die Verfasserin der Selbstmord eines jungen Mannes nach seiner Entlassung aus dem Strafvollzug. Im Mittelpunkt seiner Schwierigkeiten hatte die homosexuelle Beziehung zu einem ehemaligen Mithäftling gestanden.
Aus der genauen Beschreibung der Erscheinungsformen menschlicher Sexualität, der Darstellung dieser Problematik in der Öffentlichkeit und Sexualität unter den institutionellen Bedingungen des Strafvollzuges entwickelt die Autorin Vorschläge für ein Betreuungs- und Handlungskonzept.

Siegfried Kosubeck

Praxis der Straffälligenhilfe

1978, 176 Seiten, kartoniert DM 16,– ISBN 3-12-924361-5

Mangelhafte Vorbereitung der Häftlinge auf ihre Entlassung, fehlende Hilfestellung bei den ersten Versuchen, sich außerhalb der Gefängnismauern zurechtzufinden, und die ablehnende Haltung der Mitbürger versperren Strafentlassenen den Weg zurück in ein normales Leben.
Der in der Strafentlassenenhilfe tätige Sozialarbeiter versucht, diese Schwierigkeiten abzubauen und Eingliederungshilfen zu geben. Die Praxis zeigt jedoch, daß diese Hilfe allein nicht ausreicht. Eine sinnvolle Entlassungsvorbereitung beginnt vielmehr bei der Inhaftierung.
Dieses Buch gibt dem Sozialarbeiter praktische Anleitungen für den gesamten Aufgabenbereich der Straffälligenhilfe: Beratung und Unterstützung von der Inhaftierung an und während der gesamten Haftdauer, Entlassungsvorbereitung, Hilfen zur Existenzsicherung nach der Entlassung und bei der Eingliederung in die Gesellschaft.

Preise: Stand 1. Januar 1981

Konzepte der Humanwissenschaften

H. Hottelet / P. Braasch / P. Flosdorf / A. Müller-Schöll / D. Sengling

Offensive Jugendhilfe

Neue Wege für die Jugend
1978, 130 Seiten, kartoniert DM 12,– ISBN 3-12-925551-6

Ein neues Konzept für moderne Jugendhilfe setzt ein neues Selbstverständnis voraus. Allzulange wurde ihre Aufgabe in der Flickschuster-Funktion bei Mißständen gesehen: Jugendhilfe springt ein, wenn Schäden entstanden sind. Offensive Jugendhilfe versteht sich demgegenüber als vierte Erziehungsinstanz – neben Familie, Schule, beruflicher Bildung – mit einer eigenen Erziehungsstrategie. Motto: Helfen und Verändern.

Jugendhilfe muß für alle Kinder und Jugendlichen wirksam werden. An fünf Richtwerten, die die Interessen und Bedürfnisse der jungen Generation widerspiegeln, entwickeln die Autoren ihr Konzept mit Vorschlägen für die Umsetzung dieser Grundsätze in die Praxis. Durch Jugendarbeitslosigkeit, Schulstreß, Mangel an Arbeitsplätzen sind viele neue Probleme und damit gesellschaftspolitische Aufgaben entstanden. Das Buch führt in die vielfältigen Aufgabenbereiche der modernen Jugendhilfe ein. Es enthält Informationen über Einrichtungen und Träger, Zahlenmaterial und viele Beispiele.

R. Plinke / I. Sell / H. Sell

Erziehung in der Pflegefamilie

1979, 127 Seiten, kartoniert DM 16,– ISBN 3-12-926331-4

Die Autoren gehen von der Annahme aus, daß die normalen Erziehungsprobleme einer Kleinfamilie rasch und stark ansteigen, wenn die Belastungen einer Pflegschaft für fremde Kinder hinzutreten. Die Anzahl gescheiterter Pflegeverhältnisse beweist dies nur zu deutlich.

In dem praxisorientierten Teil gewinnt der Leser einen „hautnahen" Eindruck von diesen Problemen. Er ist das Tagebuch der ersten Integrationsschritte von Heimkind und Ersatzfamilie und gibt wertvolle Ratschläge zu den Schwierigkeiten der Pflegepraxis, die alle drei Verfasser aus eigener Erfahrung kennen. Sie legen deshalb Wert auf die Feststellung, daß nur illusionsfreie, ausreichend motivierte und qualifizierte Pflegeltern in der Lage sind, die psychische Verwahrlosung, die bei Heimkarrieren häufig zu beobachten sind, rechtzeitig aufzufangen und eine menschenwürdige Entwicklung vernachlässigter Kinder dauerhaft zu sichern.

Preise: Stand 1. Januar 1981